蘇る『社会分業論』
——デュルケームの「経済学」——

吉本 惣一 著

創風社

はしがき

　本書は，2013年9月に横浜国立大学大学院国際社会科学研究科に提出した博士学位論文『「経済学」としてのエミール・デュルケーム社会学——『社会分業論』の新しい解釈——』に，若干の加筆修正を加えたものである。至らない点，直したりない点は多々あるものの，これが現在の自分の到達点であると考えるより仕方がない。

　各章で内容が重なる部分があるが，各章単独で読んでも問題がないようにと考えたためである。また，デュルケーム研究者からすれば，第1章は既知のことが多いとは思うが，『社会分業論』に馴染みのない人のほうが多いこともふまえ，あえて『社会分業論』を概観することから始めた。『社会分業論』は非常に著名な書物であるものの，その著名度に相応するほど今日読まれているかというと甚だ疑問が残るところである。また，昨今のデュルケーム研究においても，『宗教生活の原初形態』等と比べて閑却されがちであるように感じる。本書を手に取った人が，デュルケーム，そして『社会分業論』に少しでも興味を持ってくれたならば幸甚である。本書をきっかけに——それが本書に対して好意的な態度からであろうと，批判的な態度からであろうと——『社会分業論』，あるいはデュルケーム自身の魅力を（再）発見することになったならば猶の事。本書がデュルケーム研究の発展に僅かばかりでも寄与することを願い，これまで出会ってきた人，いまだ出会っていない人，全ての人に本書を捧ぐ。

　本書は，筆者の研究人生の，他人から見れば小さな，しかし私自身にとっては大きな，一歩目である。経済学専攻でありながら，社会学者デュルケームという，経済学ではほとんど扱われないテーマを選び，幾たびも右往左往してきた。しかし，拙いながらもなんとかこのような形として，一区切りつく地点にまで辿りつけたのは，これまで出会ってきた多くの指導者，研究仲間，友人，家族，その他諸々の人々のおかげである。すべての人の名を挙げることはできないが，この場を借りて厚くお礼申し述べたい。

　修士の時から私の指導教授をしてくださり，その深い教養と温かい心で辛抱強く的確な助言をしてくださった有江大介先生には感謝の言葉しかない。2016年3月の有江先生の退官に本書の出版を間に合わせることができなかったのは，私

の至らなさであり,不甲斐ない気持ちで一杯である。デュルケームをテーマになんとかここまで来ることができたのは,ひとえに有江先生のおかげである。感謝の言葉以外見つからない。初めてお会いした日のことはいまだに鮮明に覚えている。デュルケームの『社会分業論』をテーマに研究していきたいと言った私を,快く受け入れてくださった。あの日がなければ今日はなかったことであろう。遅々として研究が進まず,博士論文提出の最後の最後までお手を煩わせたのも,今となっては良い思い出である。

また,副査をしてくださり,コンヴァンシオン理論等,デュルケームと経済学との結びつきの糸口を与えてくださった植村博恭先生のご指導も,博士論文を書き上げるにあたり欠かせないものであった。植村先生には,ブルーノ・アマーブル,ロベール・ボワイエ,アンドレ・オルレアン等も紹介していただき,指導以外の面でも大変お世話になっている。とくに,オルレアンとデュルケームについて少しばかり議論できたのは非常に貴重な体験であった。

下地誠先生のゼミでは,ゲーム理論の基礎を教えていただいた。修士のゼミで読んだ Reny の arrow's theorem は,自分自身の研究とは直接結びついてはいないが,知的刺激を大いに受けた。武岡則男先生には,『社会分業論』をゲーム理論で試論的に読み解くことについて助言をいただいた。そこでいただいた助言,学んだことを十分に活かせてはいないが,博士論文執筆には欠かせないものであった。深貝保則先生からは,思想史の観点から多くの有意義なコメントを頂いた。深貝先生の鋭い視点は,身につけることが困難ではあるものの,参考になることばかりであった。また,学外から博士論文の審査に加わってくださった梅澤靖先生には,社会学者,そしてデュルケーム研究者の立場から貴重な指摘を受けると同時に,やさしい言葉で研究の後押しをしていただき,非常に勇気づけられた。

さらに,横浜国立大学との交換留学,日仏共同博士課程による二度のパリ 12 大学へのフランス留学で,お世話になったのはボリス・ナジマン先生である。とくに,二度目の留学のさいには,留学中の指導教官となっていただき,美容院の社会調査のための手ほどきをしていただいた。残念ながら,いまだ仕上げ切れていないが貴重な体験であった。研究生活だけでなく,フランスで生活していくうえでも色々お世話になった。

デュルケーム研究という観点では,デュルケーム研究会の各会員にも大変お世話になっている。デュルケーム研究者でありながら,研究会に加入するのが遅かったため,そこでの貴重な体験をまだ活かし切れていないが,各会員からは非常

に大きな刺激を与えてもらっている。経済学専攻という，デュルケーム研究からすると異質な私を温かく迎えてくださった。紙幅の関係で各会員の名前を挙げることはできないが，心から感謝している。

そして，修士，博士を通じて研究生活を共に歩んだ院生時代の仲間がいなければ，ここまで研究を続けてくることはできなかったかもしれない。とくに，清水雅貴，鈴木理彦，水上祐二の各氏には，分野は違えど大いに刺激を受けた。修士の夏季期間中に，古典をまとめて輪読したり，院生研究会を立ち上げそれぞれに自身の研究を報告し議論しあったのは良い思い出であり，貴重な機会であった。ほかにも感謝の言葉をささげたい人は大勢いるが，名前を全て挙げられないことについてはご容赦願いたい。言うまでもないが，本書が陽の目を見ることができたのは，各研究会を通じてお世話になった先生方，研究者の皆さん，そして今まで出会ってきたすべての人のおかげである。本当に心から感謝を申し上げたい。

本書の出版にあたっては，創風社の千田顯史氏に大変お世話になった。なかなか原稿の校正が進まず，迷惑のかけ通しであった。それでも，辛抱強く原稿があがるのをお待ちいただき，本当にありがとうございました。

最後に，私事ではあるが，傍から見ると何をしているのかよくわからない研究生活を送り，人の倍以上ゆっくり人生を歩んでいる私を，これまで温かく見守ってくれた両親，姉妹に心から感謝の気持ちを伝えたい。そして，本書で最も誇れる，素晴らしい表紙を作成してくれたデザイナーである，従姉の松田澄子に感謝を込めて。

本書を刊行するにあたっては，横浜国立大学社会科学系80周年記念（鎗田基金）の出版助成を受けることができた。学術書の出版が困難を極めるなかで，このような助成を受けることができたのは望外の喜びである。横浜国立大学経済学部・大学院経済学研究科・国際開発研究科OBの鎗田邦男氏には，この場を借りて感謝の言葉を申し上げたい。

なお，本研究の一部はJSPS科研費JP15H03409の助成を受けたものである。

2016年9月

吉本　惣一

初出一覧

第2章:「デュルケームと経済──経済学批判から社会経済学へ──」『横浜国際社会科学研究』12 (2), 2007.
第3章:「『社会分業論』におけるデュルケーム「社会経済学」」『エコノミア』65 (2), 2014.
補論:「19世紀フランス経済学におけるデュルケーム」『経済学史学会第79回大会』(滋賀大学), 2015.

凡　　例

1, 引用, 参照の出典表記は欧文・邦文とも原則として, (著者名 発行年：頁数／邦訳がある場合の頁数) とする。発行年は原則として使用した版の初版の発行年である。どの版を使用したかは, 文献一覧に表記した。
2, 外国人の著書で原著が示されていないものは, 邦訳のみを参照したことを意味する。
3, 邦訳のある場合には翻訳は原則としてそれに依拠したが, 必ずしも訳文通りではない。
4, 『社会分業論』に関しては, 井伊版, 田原版両者を参考にしつつ, 筆者自身が翻訳した。そのため, 原著の頁数のみを表記した。
5, 長文にわたる引用は「　」を付けず, 前後一行空け, 行頭を下げて表記した。
6, テキスト原文中にイタリックで示されていたものに関しては, 引用文に傍点強調で表記した。
7, ［　］内の語句は, 原則引用者による補足である。
8, 外国人の片仮名表記については, 原則『経済思想史辞典』を参考にし, 『経済思想史辞典』に記載されていないものについては, 慣用にも配慮して適宜表記した。
9, 文中の人名は, 外国人, 邦人問わず存命者も含めて敬称は略した。

目　次

はしがき……………………………………………………………………3

凡　例………………………………………………………………6

序…………………………………………………………………………11

第Ⅰ部　デュルケーム社会学の経済的領域

第1章　『社会分業論』の構造……………………………………21
　はじめに……………………………………………………………21
　第1節　分業としての連帯…………………………………………21
　第2節　連帯としての分業…………………………………………26
　第3節　分業の発展…………………………………………………44
　第4節　近代社会が直面している問題……………………………53
　第5節　近代社会の理念型…………………………………………59
　おわりに……………………………………………………………64

第2章　デュルケームと経済………………………………………65
　　　　　——経済学批判から社会経済学へ——
　はじめに……………………………………………………………65
　第1節　経済学の「社会的」側面…………………………………67
　第2節　経済学と道徳………………………………………………81
　第3節　デュルケームの社会主義…………………………………90
　おわりに……………………………………………………………95

第3章　デュルケームの「社会経済学」…………………………99
　はじめに……………………………………………………………99
　第1節　機械的連帯による社会と有機的連帯による社会………101
　第2節　有機的連帯による社会としての経済社会………………110

第3節　道徳をともなう「社会経済学」……………………………118
　　お わ り に……………………………………………………………129

補　論　デュルケーム「社会経済学」の経済思想史的位置…………133
　　は じ め に……………………………………………………………133
　　第1節　19世紀後半におけるフランス経済学……………………133
　　第2節　デュルケームの経済思想…………………………………145
　　第3節　フランス経済学とデュルケームの「社会経済学」……151
　　お わ り に……………………………………………………………155

第Ⅱ部　デュルケーム社会理論のミクロ・アプローチ：ゲーム論による現代社会制度分析

第4章　デュルケーム社会理論における制度変化……………………161
　　は じ め に……………………………………………………………161
　　第1節　2つの社会　——機械的連帯と有機的連帯——………161
　　第2節　社会の変容　——機械的連帯から有機的連帯へ——…167
　　お わ り に……………………………………………………………175

第5章　デュルケーム社会理論のゲーム論的解釈……………………177
　　は じ め に……………………………………………………………177
　　第1節　制度選択としてのゲーム…………………………………177
　　第2節　移行のダイナミズム………………………………………179
　　お わ り に……………………………………………………………182

結 ……………………………………………………………………………183

参考文献……………………………………………………………………187
　　外国語文献　187
　　日本語文献　194

索　引………………………………………………………………………197

蘇る『社会分業論』
―― デュルケームの「経済学」――

序

　本書は，デュルケーム社会学を経済学的観点から分析し，デュルケーム社会学に内在する経済的側面の重要性を明らかにすることを目的としている。さらに，このことを通じて，逆に，経済学が無視してきた社会的側面を考察し，ジャン＝バティスト・セイ（Jean-Baptiste Say: 1767-1832）やフレデリック・バスティア（Frédéric Bastiat: 1801-1850）等を代表とする自由主義を基調とした当時のフランス主流派経済学やマンチェスター学派等への批判を下地にした，エミール・デュルケーム（Émile Durkheim: 1958-1917）の「社会経済学」が，実は，方法論的個人主義に立脚し，社会から独立した個人像を想定する伝統的な経済学の抱える問題を乗り越える一つの手掛かりを提供していることを明らかにする。社会学の巨匠として，社会学者デュルケームに関する研究は厖大に存在している[1]。とくに，1960年代から1970年代にかけて，デュルケームを再解釈，再評価する運動が起きた[2]。小関は，カラディ編纂によるデュルケームの著作集三巻 *Textes*, 3 Vol. の刊行された1975年を中心とした1970年代を，「デュルケーム研究にとっては非常に注目すべき時期」（小関 1991: 1頁）と指摘している。この時期，多くのデュルケーム研究書が刊行され，その流れは1980年代になっても続き，たとえば，

---

1) たとえば，Lukes 1973 の巻末でわれわれはデュルケームの著作に関する，あるいは直接関係のある文献一覧をみることができるが，その一覧は25頁にわたる（当然のことながらそれらがすべてのデュルケーム研究の文献を網羅していないにもかかわらず！）。また，1971年までに刊行されたデュルケームの全文献についても，そこでみることができる。その数30頁にわたる。

2) ピカリングは，このようなデュルケーム研究の復興の要因として，クロード・レヴィ＝ストロース（Claude Lévi-Strauss:1908-2009）による文化人類学の展開とスティーブン・ルークスの働きを挙げている（cf.Pickering 2002: p.13）。また，ゲインは，1970年代から1980年代に進展したデュルケーム批判への反論のよりどころとされたものとして，主に以下の2つを挙げている。1つは，主に文化人類学者たちによってなされた，『宗教生活の原初形態』の主要テーマである儀礼，シンボリック・システム，知識社会学，人間本性の二重性の分析に関する研究であり，1つは，デュルケームの方法論の複雑さに関する研究である（cf. Gane 2002: p.23）。

Giddens 1972, Jones 1986, Lukes 1973, Pickering 1984 等が挙げられる。また，日本においても[3]「1970年代には宮島喬，佐々木交賢，小関藤一郎，中久郎などの研究書が相次いで刊行された」(Ibid: 4頁)。こうしたデュルケーム研究の展開は，デュルケームの方法論，宗教論，認識論等，デュルケーム社会学の様々な側面に焦点を当てて分析が行われている (cf. Pickering 2002: p.12)。しかし，これらの研究は主に社会学的分析を目的としたものである。デュルケームと経済に関する研究は，たとえば，Logue 1993, Steiner 1994a, 2002, 2005, 海野1990, 佐藤2006, 白鳥2003, 宮島1978等があげられるが，デュルケームの方法論や宗教論の研究と比して十分とはいえない。また，これらのほとんどは社会学の分野からの研究であり[4]，経済学においてデュルケームが参照されることはほとんどなく[5]，経済学の分野からのデュルケーム研究は全く不十分といわざるをえない。デュルケームが対峙していた近代社会とは，デュルケーム自身が認めているように経済社会であり[6]，デュルケーム社会学において経済的領域の分析は欠くことのできないものといえる。それゆえ，デュルケーム社会学に内包する「社会経済学」を経済学の中で発掘することは，社会学においても軽視されがちであったデュルケーム

---

3) フランスでは，デュルケームの死後，デュルケーム社会学は厳しい批判にさらされており，第二次世界大戦前には，デュルケーム学派は弱い立場に追いやられていた (cf. Pickering 2002: pp.10-11)。アメリカでは，第一次世界大戦のころからデュルケームは高く評価されており，1915年に『宗教生活の原初形態』が英訳されたのを皮切りに『社会分業論』や『社会学的方法の規準』等が英訳され，デュルケームの業績が英語圏で広く知れわたっていた (Ibid: p.12)。

4) この中では，佐藤2006のみが経済学の分野からなされたデュルケーム研究である。ただし，シュタイナーは社会学者ではあるものの，パリ10大学で社会経済学の講義を担当している (cf. Steiner 2005)。彼はデュルケーム社会学の社会経済学的側面の分析を行なっており，たとえば，Nau and Steiner 2002 では，デュルケームとシュモラーを比較し，デュルケームとアメリカの制度学派との類似性を指摘している。また，Steiner 2005 では，デュルケーム，さらにはマルセル・モース (Marcel Mauss: 1872-1950)，フランソワ・シミアン (François Joseph Charles Simiand:1873-1935)，モーリス・アルヴァックス (Maurice Halbwachs；1877-1945) といったデュルケーム学派に引き継がれた経済社会学の重要性を指摘している。本書で中心的に扱う『社会分業論』に関連した近年の研究としては重田の『連帯の哲学I』等があげられる。重田は「連帯」をキーワードに『社会分業論』を分析しており，デュルケームの「社会経済学」として『社会分業論』を分析する本書とは異なった視点からの分析である。ただし『社会分業論』

の経済的側面を「社会経済学」として再評価するという点でも重要である。

　デュルケームの主要著作としては,『社会分業論』,『社会学的方法の規準』,『自殺論』,『宗教生活の原初形態』があげられるが,本書では,主に『社会分業論』を中心に検討する。なぜならば,『社会分業論』は分業の進展する社会,つまり経済的領域が拡大する近代社会が分析の対象であり,その意味で,デュルケームの経済社会分析とみなすことができるからである。また,デュルケームは,1881年から数年間,経済学の勉強を行なったが,結局ポジティブな成果を経済学から得ることはできなかったと,1896年のセレスタン・ブーグレ(Célestin Bouglé；1870-1940)宛の手紙に綴っている(cf. Durkheim 1896: p.392)。実際,経済学にたいするデュルケームの言及は,彼の研究人生の前半に集中している。たとえば,シュタイナーは,経済学にたいするデュルケームの言及が1885年から1889年に集中しており,『社会分業論』が刊行された1893年までで,それは59%に達している[7]と指摘している(cf. Steiner 2005: p.23)。

　それゆえ,本書では,デュルケーム前期を中心に,デュルケームと経済学のか

　　の経済的側面にも焦点を当てた分析がなされている(cf. 重田 2010: 19-25頁, 31-35頁)。
5)　ほんの少しの言及ながらも,松井は,近代経済学とデュルケーム流の社会学,両者の間には大きな溝があることを認めつつも,それぞれが想定する経済学的人間と社会学的人間の差異や,それぞれの分析単位の違いはそれほど大きくないと指摘している(cf. 松井 2002: 16-19頁)。
6)　たとえば,デュルケームは「経済的諸機能は第二次的役割しか果たしていなかったが,今では第1位の座についている」(Durkheim 1893: p.IV)と述べている。
7)　シュタイナーは,経済学にたいするデュルケームの言及を,18世紀に関するもの,古典派経済学者に関するもの,社会主義者に関するもの,フランス経済学者に関するもの,ドイツ経済学者に関するもの,その他の外国の経済学者に関するもの,経済学一般に関するものに分類し,デュルケーム主要著作においてそれぞれどれだけ言及されているのかを抽出している。この分類は以下のようなものになっている。「18世紀:ジャン=ジョゼフ=ルイ・グラスラン,ジャック・ネケール,フェルディナンド・ガリアーニ等。古典派:アダム・スミス,デイヴィッド・リカードウ,ジャン=バティスト・セイ,ジョン・スチュアート・ミル等。社会主義者:マルクス,ジャン=シャルル=レオナール・シモンド・ド・シスモンディ,講壇社会主義者たち。フランス:シャルル・ジッド,ポール・コヴェス,モーリス・ブロック,ギュスタヴ・ド・モリナリ,エミール・ルヴァッスール等。ドイツ:グスタフ・シュモラー,アルベルト・シェフレ,アドルフ・ヴァーグナー,カール・ビュッヒャーと『ドイツ経済学者たち』という総称。外国:ヘンリー・

かわりを考察し，その中でも『社会分業論』をデュルケムの「社会経済学」として分析する。『社会分業論』における機械的連帯の社会と有機的連帯の社会を単純化した形として解釈し，当時の経済学をデュルケムがどのようにとらえ，批判していたのかを考慮に入れることによって，『社会分業論』で展開されているデュルケムの「社会経済学」が，素朴な方法論的個人主義を前提とする伝統的な「古典派経済学」[8]が抱える問題を乗り越える一つの示唆を与えていることを明らかにする。それは，行動経済学や応用ゲーム理論の近年の発展等にみられる，現代経済学における経済主体把握の修正の先駆的なものであったとみなすことができる。あるいは，デュルケムの「社会経済学」が想定する個人像を，ホモ・エコノミカスとは異なるホモ・インスティテュショナリスという人間像としてとらえ

 C. ケアリー，W. J. アシュレー。経済学一般：『経済学者たち（économistes）』，『経済主義（économisme）』，『経済科学（science économique）』，『政治経済学（économie politique）』といった用語」（Steiner 2005: p.23）。ただし，シュタイナーは，経済学にたいするデュルケムの言及の多くが『社会分業論』までに行われているものの，経済学一般に関する言及が『自殺論』以降も比較的行なわれている点に着目し，『社会分業論』よりも『宗教生活の原初形態』や，モース，アルヴァックス，シミアン等のデュルケム学派に引き継がれた経済社会学に重点を置いて，デュルケム経済社会学の分析を行なっている。確かに，デュルケム社会学を考える上で，『宗教生活の原初形態』を代表とするデュルケム後期の検討は欠かせないものといえるが，デュルケムが経済学に関心を寄せていたデュルケム前期にこそ，デュルケムの「経済学」は色濃く出ていると私は考える。それゆえ，本書では『社会分業論』に焦点を当てて分析を行なった。デュルケム後期までを視野に入れたデュルケムの「経済学」に関する分析は，別途検討すべき課題である。経済分析において，『宗教生活の原初形態』に着目し，経済理論を展開しているものとして Orléan 2011 を指摘しておく。

8）古典派経済学という場合，アダム・スミス（Adam Smith:1723-1790）やジョン・ステュアート・ミル（John Stuart Mill:1806-1873）等を念頭に置けば，そこには無味乾燥な人間像ではなく，社会的側面も考慮した人間像が想定されているという評価もあるが，本研究において「古典派経済学」という場合，それはそうした社会的側面を捨象した素朴な方法論的個人主義に立脚したものとして扱う。古典派経済学者たちについてデュルケムが言及するさい，それぞれの古典派経済学者たちの差異について詳細に検討し理解していたとは言い難い。たとえば，シュタイナーによれば，古典派経済学者たちへのデュルケムの言及は『社会主義およびサン＝シモン』において最もなされているが，「大半はシスモンディとサン＝シモンが批判した正統派経済学の観点を想起するために用いられている」（Ibid: p.24）。

るならば，制度派やコンヴァンシオン理論といったヘテロドクス経済学の先陣であったともいえる。つまり，経済学においてほとんど言及されることのないデュルケームだが，経済学的視点からとらえなおすことによって，デュルケームの「社会経済学」が現代の経済学につながる視座を内在していたとみなせるのである。

本書の構成は以下のようになっている。第Ⅰ部では，デュルケーム社会学に内在する「社会経済学」とはどのようなものであるのか，またそれは，デュルケームの批判した当時の経済学とどのように異なるのかを分析する。まず第1章では，デュルケームになじみが薄い経済学界の現状を踏まえ，『社会分業論』を概観し，全体像を把握できるよう努める。『社会分業論』でデュルケームは，社会類型を二つに分類し，一つを機械的連帯の社会，一つを有機的連帯の社会として，それぞれ前者をアルカイックな社会，後者を近代社会ととらえて分析している。そして，機械的連帯の社会が，集合意識によって統合されているのにたいして，有機的連帯の社会は，分業によって統合されている[9]。先行研究を踏まえながら，『社会分業論』を詳細に検討し，デュルケームがどのような社会を，アルカイックな社会，近代社会と特徴づけ，解釈していたのかを考察する。

第2章では，経済学的側面からデュルケーム社会学を分析する。具体的には，当時のヨーロッパの主流派経済学，とくにイギリス古典派，ドイツ歴史学派をデュルケームはどのように位置づけていたのか，さらにはデュルケームの経済学にたいするスタンス，また当時の経済学とは異なったデュルケーム独特の「経済学」の考え方をみる。そして，デュルケーム社会学が実は経済学を内包することを示し，さらにそれが「社会経済学」として概括できる内容を有していることを明らかにする。このデュルケームの「社会経済学」は，伝統的な「古典派経済学」では無視されてきた，道徳等の社会的側面を経済現象の分析にとりいれる点がその特徴としてあげられる。

デュルケーム社会学における経済的領域を検討することによって，今まで見過ごされてきたデュルケーム社会学の経済学としての一側面が浮かび上がり，デュルケーム社会学の新たな解釈が可能となる。従来の研究では，デュルケーム社会学にとっての経済的領域はあまり大きなウェイトをおいて考察されておらず，デュルケーム社会学と「社会経済学」とまとめられる内容との関連についてもあまり言及されてこなかった。しかし，実はデュルケーム社会学それ自体も，経済との関わりから考察することによって，その内容や構造がより理解されるといえる。なぜなら，経済的諸問題もまた一つの「社会的事実」ととらえることができるか

らである。また,「社会経済学」としてデュルケーム社会学を解釈することにより,デュルケームが実質的におこなった経済学批判が,当時の「古典派経済学」のどのような点を,主に問題視していたのかがより明らかとなる。

　第3章では,デュルケームの「社会経済学」が一体どのようなものなのかについて詳細に検討する。経済学と道徳には緊密な関係があるとデュルケームは考えていた。たとえば, *La science sociale et l'action*（1970）のなかで,経済学はそれ自体では不十分であり,道徳を必要とすると述べている。このように,デュルケームは経済学すべてを否定していたわけではなく,道徳をその理論から切り離した経済学にたいして否定的であった。つまり,デュルケームは社会的側面,道徳を内包する「経済学」こそ経済学に求められるものと考え,そのような「経済学」にたいしては肯定的であった。このような「経済学」を「社会経済学」として第

9）たとえば,ルークスは,機械的連帯の社会と有機的連帯の社会を以下のように図示している（cf. Lukes 1973: p.158）。

	機械的連帯	有機的連帯
形態学的（構造的）基礎	・類似にもとづく（あまり進歩していない社会において支配的） ・環節的社会（原初においてはクランにもとづいており,次第に地域の区画に） ・相互依存は少ない（社会的紐帯は比較的弱い） ・比較的人口量が低い ・物的,道徳的密度が比較的低い	・分業にもとづく（進歩した社会において支配的） ・組織的社会（諸市場の融合と都市の発達） ・相互依存が多い（社会的紐帯は比較的強い） ・比較的人口量が高い ・物的,道徳的密度が比較的高い
社会規範の型（法的特徴）	・禁止的制裁による規則 ・刑法が中心	・原状回復的制裁による規則 ・協同法が中心（民法,商法,訴訟法,行政法,憲法）
集合意識の形式的特徴	・多量 ・強度：強い ・限定性：高い ・絶対的な集合的権威	・少量 ・強度：弱い ・限定性：低い ・個人的活動の範囲がよりひらかれている
集合意識の内容	・非常に宗教的 ・超越的 ・社会に至上の価値を置き,社会的利益は全体としてとらえられる ・具体的で特定のもの	・世俗化の拡大 ・人間本位 ・個人的尊厳,機会の平等,労働倫理,社会正義に至上の価値を置く ・抽象的で一般的

3章で検討する。

　デュルケームにとって，このような「社会経済学」は道徳の科学として経済を分析するものである。それゆえ，道徳の分析を目的とするデュルケームの社会学は，本質的に経済的側面の分析と不可分であるといえる。つまり，この意味においては，デュルケームの社会学それ自体が「社会経済学」の側面を有しているといえるのである。

　ところで，実際に『社会分業論』は道徳の分析を主たる目的としている。そして，デュルケームにとって「社会経済学」が道徳の科学として経済を分析するものであるならば，『社会分業論』はある意味「社会経済学」的分析であるといえる。換言すれば，『社会分業論』はデュルケームの「社会経済学」としての考察とみなすことができる。この点から，第3章で，再び『社会分業論』を検討する。『社会分業論』を，デュルケームの「経済学」として再解釈することによって，デュルケームの「社会経済学」が具体的にどのようなものなのかを明らかにする。

　続いて，補論では，デュルケームの「社会経済学」を当時のフランス経済思想においてどのように位置づけることができるかを明らかにする。デュルケームは，社会学者であるため，一般的には経済思想の流れの中で分析されることはほとんどない。しかし，『社会分業論』において近代社会が分析対象となっているということは，経済が中心的地位を占めるようになっていく社会の分析をデュルケームがおこなっているということである。その点からしても，デュルケームの「社会経済学」が，当時のフランス経済思想の流れとどのような関係にあるかを分析することは意味のあることといえる。まずデュルケームが念頭においていた当時のフランス経済学を簡単に概観し，次にデュルケームの「社会経済学」とそれらを比較する。このことによって，デュルケームの「社会経済学」の理解が一層深まる。そして，フランス経済思想史の流れの中に，デュルケームの「社会経済学」を位置づける。

　第Ⅱ部においては，デュルケーム社会学を，制度的な観点からミクロ的側面も踏まえて分析する。そのために，第四章でも，再び『社会分業論』をとりあげる。ここでは，アルカイックな社会，近代社会それぞれをもう一度整理しなおし，機械的連帯の社会から有機的連帯の社会への移行に焦点を当てて分析する。

　アルカイックな社会と近代社会は，デュルケームにとって，それぞれ異なった制度の社会である。アルカイックな社会から近代社会への変容をデュルケームはどのように分析しているのか。『社会分業論』の中で，それがどのように展開さ

れているのかを考察する。このことを通じて，デュルケームの制度の移行を明らかにし，さらにそれをミクロ的視点から再解釈する。

　第5章では，第四章で整理した二つの社会類型，つまり，デュルケームが定式化した，アルカイックな社会と近代社会を単純化した形で，ゲーム論によって解釈しなおす。ここでは，機械的連帯の社会から有機的連帯の社会への移行に焦点を当てて分析する。このことを通じて，デュルケームの「社会経済学」が含意する，伝統的な「古典派経済学」が抱える問題点，またその問題点にたいしてどのような解決策がありうるのかを検討する。

　現代社会における経済的領域はますます拡大する傾向にあり，経済的側面はわれわれの社会生活の隅々に至るまで浸透している。確かに，デュルケームは社会学者であったが，デュルケーム社会学には経済的問題が内在しているといえる。デュルケームの「社会経済学」が一体どのようなものであるかをあきらかにし，デュルケーム社会学を経済的側面から捉えなおすことは，デュルケーム社会学それ自体への問いかけでもある。それゆえ，デュルケームの「社会経済学」を検討し，光をあてることは重要である。

　本書の目的は，経済的側面に焦点をあててデュルケーム社会学を考察することにある。このことを通じて，デュルケームの「社会経済学」がどのようなものであるのかを検討し，デュルケーム社会学を「社会経済学」として捉えなおし，デュルケーム社会学の経済的射程を表顕する。道徳科学という側面をもつデュルケームの「社会経済学」は，功利主義的個人主義を前提とする伝統的な「古典派経済学」とは異なった「経済学」である。デュルケームの「社会経済学」のそうした視点は，経済を分析する上で不可欠でありながら，伝統的な「古典派経済学」が無視してきた側面をあきらかにし，現代経済分析における先駆的な視座を含蓄している。

第Ⅰ部　デュルケーム社会学の経済的領域

第1章 『社会分業論』の構造

はじめに

　デュルケームの『社会分業論』は，そのタイトルからわかるとおり，分業に関する分析である。3篇から構成されており，第1篇では分業の機能について，第2編ではその原因と条件について，第3編では分業の異常形態（formes anormales）について述べられている。なぜ，デュルケームは分業を考察しているのであろうか。それは，分業が，デュルケームにとって，近代社会の1つの大きな特徴といえるからである。

　分業を近代社会の1つの大きな特徴ととらえ，それを中心に分析が行われている『社会分業論』は，それゆえ産業化の進展する経済社会を分析していると解釈することができる[1]。しかし，『社会分業論』を経済学の分野において考察した研究は非常に少ない。社会的側面から経済社会に向きあう『社会分業論』は，現代経済社会を分析する上で，伝統的な「古典派経済学」とは異なる視点からのアプローチとして示唆に富むものである。

　それゆえ，本章では『社会分業論』を詳細に検討し，デュルケームが分業を通して，近代社会をどのように解釈していたのかを分析する。

第1節　分業としての連帯

　デュルケームによれば，分業はアダム・スミス（Adam Smith: 1723-1790）に

1）実際，Giddens 1972 や Logue 1993 等は，『社会分業論』が自由主義経済学とみなされた古典派経済学批判を念頭に書かれたものであることを指摘している。『社会分業論』をデュルケームが執筆するさい，彼の念頭に置かれていたものとしては，自由主義経済学のほかに，ドイツ歴史学派，オーギュスト・コント（Auguste Comte: 1798-1857），ハーバート・スペンサー（Herbert Spencer: 1820-1909），フェルディナント・テンニース（Ferdinand Tönnies: 1855-1936）等が指摘されている（cf. Borlandi 1993, Parsons 1937, Lukes 1973 等）。当時の経済学が想定する素朴な方法論的個人主義にたいして，デュルケームは非常に批判的であり，『社会分業論』においてその経済的人間像を支持する代表者として最も批判的に言及されているのはスペンサーである。

よって最初に理論化されたが，それまでも分業自体は存在していた。しかし，「社会がこの法則〔分業〕を意識しはじめたのは，前世紀〔18世紀〕末になってからに過ぎない。それまでは，社会はほとんど知らずにこの法則を受けいれていた」。近代社会は，「ますます強力なメカニズム，力と資本との巨大な集積に，したがって極度の分業に向かっている」(Durkheim 1893: p. 1)。こうした現状にたいして，デュルケームによれば，経済学者たちは，専門化がより一層進むことを評価し，それを必然のものとみなしている。デュルケームにとっても，こうした分業による専門化は必ずしも否定的なものではない。しかし，デュルケームは，分業を経済界特有のものではなく，社会全体で広く行われているものとしてとらえる。経済的領域のみならず，「社会のもっとも異なる領域においても，その〔分業の〕影響力の増大がみられる」(Ibid: p. 2)。その例として，政治的・行政的・司法的・芸術的・科学的諸機能をあげている。つまり，分業といえば，一般的には労働の分割であり，経済的分業を想起させるが，デュルケームは，分業をより広義の意味でとらえている。経済学者とデュルケームの間には，このような分業にたいするとらえ方の差異はあるが，デュルケームも経済学者たちと同様，分業の進展を評価している[2]。

そして，分業の進展にたいして，デュルケームは，人間の，社会の発展方向として2つの道を提示する。1つは，分業のより一層の進展であり，1つは分業の進展を阻止する方向である。

---

2) デュルケームは，『社会分業論』において，しばしば生物学的説明をもちだして自身の論を進める。これは，分業の説明にもみられる。

> それ〔分業〕は人間の知性と意志に由来する単なる一つの社会制度であるというにとどまらない。分業は一般生物学の一現象である。この現象の条件は，有機物の本質的特性に求められねばならないであろう。社会的分業はこの一般的過程の特殊形態としてのみあらわれるのであり，諸社会は，この法則に適応することによって，諸社会以前に発生し，生物界全体を同一方向に押しやる一つの潮流に従っているようである (Durkheim 1893: pp.3-4)。

しかし，実際に生物界の流れが，デュルケームが述べているような専門化傾向にあるかどうかは疑問の残るところである。デュルケームによれば，有機体はその体内の諸機能を専門化していればいるほど進化している。そして，この有機体内の傾向を社会体にも適用する。だが，ここで比較すべきは，諸有機体によって構成される社会とわれわれの社会の傾向なのではないであろうか。諸有機体の社会は，一見すると力によ

この2つの方向のうち,どちらを望むべきなのか? われわれの義務は,完全無欠の存在,つまりそれ自体で自足しうる一全体となることを求めよということにあるのか,それとも,それとは逆に単なる一全体の部分,つまり一有機体の器官でしかないようにあれということにあるのか。要するに,分業は,自然法則の1つであり,且つ人間行為の道徳的基準の1つでもあるのか,そして,もしそうであるならば,それはどのような理由によって,どの程度そうであるのか(Ibid: p.4)。

このような2つの方向のうち,デュルケームは分業が「社会秩序の根本的な基礎の1つであり,またますますそうなってゆきつつある」(Ibid: p.4)と考えている。

だが,デュルケームによれば,当時の分業にたいする見解は,相反する2つの傾向にあった。1つは,かつての人間の道徳モデルが,万能であることにこそ価値をおいていたのにたいし,近代になるにつれて,人間像は多様化し,1つの事柄に専門化することこそが価値をもつようになっているという考え方である。つまり,近代の人間像を個人的人格の発達したものととらえ,分業による専門化の進展,人々が1つの物事に特化することを肯定的にとらえる。

かつては1つの,単純な,非人格的なものであった道徳的理想は,次第に多様化してきている。われわれは,人間の唯一の義務は人間一般の特質を自己において実現することにある,とはもはや考えない。しかし,それでも自己の仕事の特質を備えていなければならない,と考えている(Ibid: p. 5-6)。

そして,「道徳的意識の定言命法はその一面において次の形態をとろうとしている。確定的な一機能を有効に果たしうる状態に汝をおけ」(Ibid: p. 6)。このような考え方にたいして,もう1つは,分業を否定的にとらえる見解である。たとえば,ジャン=バティスト・セイ(Jean-Baptiste Say: 1767-1832),ピエール=エド

る支配,または諸構成員の天性から生ずる生まれながらに決定された役割によって固定化されている。それと比べ,われわれの社会は現代に近づくにつれ,かつての力による支配,血による固定化された身分等から,より柔軟な構造となっているように思われる。われわれの社会に関するこうした考えについては,おそらくデュルケームも同意するであろう。また,デュルケームにとっては,こうした諸個人の役割の柔軟化,つまり身分の固定化からの解放が,分業のポジティブな側面の1つであろう。

ゥアール・ルモンティ（Pierre-Edouard Lemontey: 1762-1826）やアレクシ・ド・トクヴィル（Alexis de Tocqueville: 1805-1859）などは，分業が個人を機械化し，人間らしさの損失を生じさせるとして，分業にネガティブな側面をみる。

こうした，分業のポジティブな評価とネガティブな評価が混在する中で，デュルケームは，まず分業それ自体の定義から出発することによって，分業を評価しなおす。

> 分業を客観的に評価しうる唯一の方法は，まず分業をそれ自体において全く思弁的に研究し，それが何に役立っているのか，そして何に依存しているのかを探究すること，要するに，分業についてできうるかぎり適切な一観念をつくることである。そのうえでこそ，われわれは分業をそのほかの道徳的現象と比較することができ，分業がこれらの現象とどのような関係にあるかを理解することができるであろう。誰もが認める道徳的かつ正常な特質を有するほかの慣行と同じような役割を，分業が果たしていること，若干の場合に分業がこの役割を果たさないことがあっても，それは異常な逸脱のためであること，分業を決定する諸原因がその他の道徳的基準の決定条件でもあること，以上のことが明らかにされるならば，分業がこれらの道徳的基準のうちに分類されなければならない，とわれわれは結論しうるであろう（Ibid: p. 8）。

こうして『社会分業論』において，まず分業の機能が検討される。デュルケームは，自説を展開するさい，はじめに，分析対象が通常どう理解されているかを考察し，それにたいする反論から自説の論の正しさを示そうとする。また，そうしてえられた自説にたいして，想定されうる反論をあげつつ，その反論の論理的問題を指摘し自説の正当性を補強する。分業を定義するときにもこれは同様である。

では，分業は，通常どのように理解されているのであろうか。デュルケームによれば，一般的に，「分業は労働者の生産力と腕前を同時に増大させるのであるから，社会の知的並びに物質的発展の必要条件である。つまり，分業は文明の源泉である」（Ibid: p. 12）。分業による生産力の向上，そしてそれにともなう経済発展という理解は，典型的な経済学における分業の解釈といえる。このように分業を経済的側面によってとらえるならば，分業は道徳とは無関係のものとみなされる。

……分業が他の結果をもたらさず,そして他のものに役立っていなかったならば,分業に道徳的特質があると認める理由はまったくないであろう。

　実際,分業がこのようにして果たす用役は,道徳生活にはほとんどまったく無縁である,あるいは少なくとも道徳的生活とは極めて間接的で,わずかな関係しかないのである(Ibid: p. 12)。

しかし,デュルケームは,文明は不道徳なものであるとまでは言えないとしても,すくなくとも文明は道徳に対して中立的なものであると考えている[3]。分業が文明に役立つのみであるならば,分業もまた道徳に対して中立的であるはずだが,分業は人々の専門化を要求する。つまり,分業が機能するためには,人々が1つの事柄,経済活動においてはある職種,に特化し,それに専心することが必要となる。それゆえ,一方で,効率性の観点からいえば,生産力をより向上させるために分業が進展するといえるが,その一方で,分業は人々の専門化を強いる。分業が人々に専門化を強制するという観点から,デュルケームは分業が道徳的特質を有していると考えている。なぜならば,道徳とは,まさに人々にたいして,意識的にせよ,無意識的にせよ,強制力をもって働くからである。分業が,このよ

---

3) デュルケームによれば,「文明のあらゆる要素のうちで,ある一定の条件において,科学は道徳的特質を示す唯一の要素である。実際,社会は,確立された科学的真理を自分のものとし,自己の知性を発展させることを個人にたいする義務とますますみなすようになってきている」(Ibid: p. 14)。ここでは,デュルケームは文明の諸要素のうち科学のみを道徳的特質をもつものとしている。つまり,文明に常に付随する経済的活動の道徳的特質は考えていない。経済的活動が諸個人をますます覆うようになれば,それだけ諸個人は経済化する。このとき,デュルケームが想定する社会では,この経済化された諸個人が何らかの道徳によって社会に結ばれていなければならない。1つの可能性としては,経済的活動を規制する何らかの道徳の存在,つまり『社会分業論』においてこの道徳とは分業である。それゆえ,『社会分業論』は経済的活動を道徳によって規制しようという試みであると単純に解釈されがちである。しかし,たとえば,中島が「デュルケムの関心ごとは道徳による経済の規制だとする従来の解釈に疑問を提出しながら,デュルケムの中に『人間の活動 → モノ』という視点を読みこみ,〈経済―道徳〉を素材とすることで,デュルケム社会学を〈制度〉の理論として再定式化」(中島 1984:15-16頁) しているように,デュルケームは,必ずしも,単純な道徳による経済の規制を『社会分業論』で主張しているわけではない。

うな道徳的特質を有しているとするならば，分業は道徳とは無関係であるとする一般的見解は否定される。

また，文明が進歩すればするほど集合的不道徳性を強める傾向にあるとデュルケームは主張する。たとえば，経済的発展が必ずしも人々を幸福にするとはかぎらないとして，犯罪と自殺が大産業中心地に最も多く発生していることを指摘する[4]。仮に，分業が経済的効率性を目的としており，経済活動の拡大に寄与するとしても，それだけが分業の目的であるならば，分業によってえられる効果は経済発展における犯罪と自殺の増加というマイナスによって相殺されるはずである。つまり，分業の機能が生産力の増大のみであるならば，経済発展にともなう弊害によって，分業の進展は抑制されるはずであり，分業の進展という近代社会の現状と矛盾する。それゆえ，生産力の拡大という経済的観点からのみとらえる分業把握は否定される。こうして，経済学では分業が効率性の観点からのみとらえられるのにたいして，デュルケームにとって分業はそれ以外の機能をももつものとしてとらえられる。

第2節　連帯としての分業

それでは，経済的機能とは異なる分業の機能とはどのようなものなのか。こうした問いに答えるために，デュルケームはまず，人々が結びつく様式として，2種類の様式をあげる。1つは，お互いに類似しているということによって相互に好意をもつものであり，もう1つは，お互いに異なっているということによって相互に好意をもつものである。

> われわれに似ている者，つまり，われわれと同じように考え，感じる者をわれわれは愛するということは，誰もが知っている。しかし，その逆の現象に出く

---

[4] 近年の犯罪学の研究においても，貧困と犯罪の直接的な関連にたいする統一的な見解は示されていない。たとえば，Sampson 2000, Fajnzylber, Lederman and Loayza 2002, 津島 2010 等を参照せよ。自殺と経済成長との関連については，たとえば，インドにおけるマクロ経済指標と自殺の関係を調査した研究として Rajkumar et al. 2015 が挙げられる。インドでは，近年の経済成長に伴い自殺率が上昇しており，顕著な関連がみられる。その原因として格差問題が指摘されている（cf. Rajkumar et al. 2015）。また，経済成長と幸福との関連についての調査研究として，De Neve et al. 2015 が挙げ

わすことも少なくない。まさに，似ていないからこそ，われわれは自分に似ていないものに好意を持つということがよくある。(Ibid: p. 17)。

ただし，後者の，この非類似による結びつきは，お互いが対立関係ではなく補完関係にあるときのみに限られる。種々の諸機能のうちのある諸機能に専門化された人々が相互に結びつきあう関係とは，まさに非類似による結びつきである。つまり，多様化した諸個人は，分業を通じて，このような非類似による結びつきによって連帯しているとデュルケームは考える。「この［分業の］真の機能は，2人あるいは複数の人々の間に連帯感を作りだすことである」(Ibid: p.19)。デュルケームにとって，この分業の機能は，独自の社会的・道徳的秩序の確立と結びつく。これは，往々考えられている分業の経済的機能を超越した，道徳的機能である。こうして，仮説がたてられる。近代社会は分業によってのみ，つまり専門化によってのみ均衡をたもちうる。分業は，相異なる人々を結びつけあうものであり，その機能は，生産性の拡大といった経済的機能に限られるのではなく，道徳的機能をも果たす。それゆえ，分業は近代社会における社会的連帯の根源の一つではないか[5]。

こうした仮説のもと，分業による連帯が，近代社会にとって本質的なものかどうかを確かめるため，この社会的連帯とほかの社会的連帯の比較検討がなされる。そのために，まず2種類の異なる社会的連帯をデュルケームは分類する。この2種類の連帯は，上述の，人々が結びつく2種類の様式に対応している。そして，社会的連帯を分析する尺度として法律が用いられる。デュルケームによれば，法律のあらゆる規定は制裁をともなう行為規則である。それゆえ，『社会分業論』では，制裁の種類によって法律が分類される。制裁の種類は2種類あり，1つは抑止的制裁であり，もう1つは復原的制裁である。前者は刑法であり，後者は民

られる。De Neve らによれば，プラスの経済成長よりもマイナスの経済成長のほうが幸福感に与える影響は大きい。したがって，経済成長が単純に幸福の増大に結びつくとは限らず，その過程が重要とされる (cf. De Neve et al. 2015)。経済成長が幸福につながるという見解はあるものの，必ずしも単純に経済成長と幸福を結びつけることはできない。むしろ，経済的，社会的格差が幸福において重要な要因となっているケースもある。したがって，現在においても，経済発展と幸福の関係に関するデュルケームの指摘は示唆に富むものといえる。

5) 分業を，単に経済的側面のみからとらえるのではなく，分業の社会的側面も対象と

法・商法・訴訟法・行政法・憲法である。

　法律を２種類に分類し，それぞれの法律が対応する社会像が検討される。抑止的法律は刑法に対応しており，それは犯罪に対する刑罰を示している。それゆえ，抑止的法律にもとづく社会的連帯がいかなるものであるかを知るためには，刑罰が何にもとづいているのか，つまり犯罪を定義することが必要となる。デュルケームによれば，社会の集合意識の強力で確定的な諸状態を冒涜する行為が犯罪である。したがって，あらゆる犯罪は集合意識を源泉としている。

> 直接的にせよ間接的にせよ，すべての犯罪の源泉となっているのは集合意識である。たとえそれが重大なものであろうと，犯罪は単なる損害というだけでなく，いわば超越的な権威にたいする冒涜である。ところで，経験的に言って，個人を越える道徳的な力は集合的な力のみである（Ibid: p. 52）。

ここでの集合意識とは，たんに全成員に共通な感情というだけでなく，それが平均的強度をもって諸個人に強く刻み込まれている感情のことを指す。この集合意識は犯罪にたいする制裁を形成し，道徳の構成要素となっている。つまり，この集合意識は道徳的機能を果たす。この集合意識を象徴するものとして指導権が挙げられる。デュルケームによれば，それは具象化された集合類型である。一般的な解釈と異なり，デュルケームにとって犯罪とは，本質的に集合意識の強力な確固とした状態に反する行為であり，刑罰的諸規則は最も本質的な社会的類似を説明している。それゆえ，この抑止的法律に象徴される社会の連帯は，社会の構成員の意識が共通であることから生ずる。つまり，諸個人の類似にもとづく連帯である。この社会は，その集合意識が諸個人を構成する要素に占める割合が多ければ多いほど強固に連帯している。デュルケームは，この強度を測る尺度として抑

　　　したものとして，デュルケームはコントを挙げている。デュルケームによれば，コントは社会学者のうち，「分業のうちに単なる経済現象以外のものを指摘した最初の人」（Ibid: p. 26）である。
6）抑止的法律をアルカイックな社会の特徴とするデュルケームの考えは，アルカイックな社会における抑止的法律を過度に重視しすぎている，と多くの研究者たちによって指摘されている。また，近代社会における抑止的法律の過度の軽視についても同様の指摘がなされている。たとえば，Lukes 1973 や Jones 1986 を参照せよ。
7）復原的制裁の例として，デュルケームは，損害賠償をあげている。「それは，単に，

止的法律の数をその指標としている。モーセ五書や，古ゲルマン人等の例をとりあげ，抑止的法律がアルカイックな社会の主要な特徴であるとデュルケームは結論づける[6]。

抑止的制裁が贖罪的であるのにたいして，復原的制裁[7]の特徴はその名のとおり単なる状態の復原にある。つまり，それは違反にたいして，賠償を求めるといったような，元の状態への復帰のみを命令する。復原的法律は，全成員に一致する強力な集合意識にもとづくのではなく，一部の成員の集合意識，あるいは緩やかな集合意識にもとづく。それは，集合意識の核心，中心ではなく，外縁または外部にある意識である。それゆえ，復原的法律における諸関係は，直接的に特殊意識を集合意識に，つまり個人を社会に直接結びつけることはない。その関係は，個人と個人の関係である。しかし，そこでは社会がもはや存在しないというわけではなく，社会は間接的に，あるいは諸個人の関係の背後に存在している。デュルケームにとって，抑止的制裁による社会的連帯があるように，復原的制裁による社会的連帯がある。抑止的制裁を特徴とする社会が諸個人の類似にもとづく連帯であるのにたいして，復原的制裁を特徴とする社会は諸個人の非類似にもとづく社会である。なぜならば，後者の社会において，諸個人は直接的に，強力に社会に結びついていないため，個人の自発性の余地が広がっており，諸個人間における差異が大きくなっているからである（cf. Ibid: pp. 79-83）。こうして，デュルケームは，抑止的制裁による社会的連帯と復原的制裁による連帯の2種類の社会的連帯を設定する。そして，抑止的法律がアルカイックな社会の主要な特徴であるのにたいして，復原的法律が近代社会の主要な特徴とされる[8]。

さらに，デュルケームによれば，復原的法律のうち，親族法・契約法・商法・訴訟法・行政法・憲法は，本質的に分業に由来する協同すなわち積極的協力の関係をあらわしている[9]。伝統的な「古典派経済学」において，契約は諸個人が自身の利害を追及する過程において自発的に結ばれるものとされる[10]。しかし，デュルケームにとって，契約が結ばれるためには契約当事者間に協同関係が存在していることが前提とされる。

できうるかぎり正常な形として復元するために，過去にたちかえる一手段にすぎない」（Ibid: p. 79）。
8）抑止的法律，復原的法律それぞれは異なった連帯に対応するが，連帯それ自体も，

これ［好意契約］以外の契約，つまり大部分の契約についていえば，契約によって生じる義務は，相互的な義務であったり，あるいはすでに履行された給付というように，双務的である。一方の契約当事者の約束は，他方の当事者によりなされた約束，あるいは他方の当事者によってすでに提供されたサーヴィス

> デュルケームは2種類に分類している。1つは消極的連帯であり，1つは積極的連帯である。デュルケームによれば，消極的連帯とは，物権または物権から生じる関係である。これは，社会の異なる諸部分を別々のものとし，その分離の境界を明確にすることを機能としている。つまり，諸部分が相互に衝突しないようにする。それゆえ，この連帯は，諸部分が相互に調和するように働く積極的連帯にたいして，消極的連帯ということになる。この消極的連帯は，積極的連帯が存在することによって機能しうる。そして，諸個人が社会に結合されるかぎりにおいて，諸個人は常に積極的連帯によって社会に統合されている。「消極的連帯は，それ自体ではいかなる統合も生みださない，そもそも，それは何の特性も有していない」（Ibid: p. 98)。ところで，人と人との関係の場合，諸意志は衝突することがある。その場合，連帯は諸意志の自由を認めつつ互いに衝突することがないよう働きかける。それゆえ，物権または物権から生じる関係が消極的連帯であり，人と人との関係が積極的連帯であるとデュルケームは考える。消極的連帯とは一般的には道徳における正義の層であり，積極的連帯とは隣人愛の層である。諸個人が社会に結合されるかぎり，諸個人は常に積極的連帯によって社会に統合されているのであるから，社会が存在しうるかぎり，そこには利他的精神が存在する（cf. Ibid: pp. 84-91)。伝統的な経済学が利己主義的な個人から出発するのにたいして，デュルケームは人々が社会において存在するかぎり，常に利他的精神が存在すると考えている。また，社会が常に個人に先行するというデュルケームの考えからしても，利他的精神が利己的精神の前提にあるものとされる。

9) デュルケームにとって，経済的関係だけでなく，そのほかの社会的関係においても分業は存在している。たとえば，親族法は，家族的分業によって家族の成員相互を結びつける連帯を説明している。

> ……家族の法的組織は，……これらの様々な機能的相違が実在することとそれらの重要性とをはっきりと示している。当初から，家族の歴史は絶え間ない分解運動でしかない。その分解過程において，初めは未分化で一体となっていたこれら多様な機能は，少しずつ分化し，別々に構成され，それぞれの性，年齢，従属関係にしたがって，それぞれが家族的な社会の特殊な機能担当者となるように，種々の親族間で分けられた。この家族的分業は，付随的で2次的な一現象にすぎないのではなく，それとはまったく逆で，家族の全発展の中心にある（Ibid: p. 92)。

の結果生じる。ところで，この相互性は協同が存する場合にのみ可能である。そして，この協同は分業なしにはたちゆかない（Ibid: p. 93）。

つまり，契約が結ばれる際，契約当事者間には事前に双方の果たす義務が共有され，さらに社会において明示的にあるいは暗黙のうちに規定されていなければならない[11]。こうした専門化した諸機能の対面，協同形態の契約は，「異なる専門的機能を互いに調整することを目的としている」（Ibid: p. 94）。したがって，デュルケームによれば，復原的法律によって表象されている連帯とは，社会的分業によって生じている。この社会では，専門化が進展し，諸個人は確固たる具体的な集合意識を強くもっていない。復原的，協同的法律によって，諸個人はそれぞれの役割を調和的に果たす。抑止的法律を特徴とする社会では，具体的で強力な集合意識によって，諸個人は直接社会に結びついている。それにたいして，復原的法律を特徴とする社会では，抑止的法律においてみられるような全成員に共通する強力な集合意識は弱まっており，専門化した諸機能が「規則正しく協力する」（Ibid: p. 98）ことによって，諸個人は間接的に社会に結びついている。社会的分業

こうした家族的関係は，デュルケームにとって，分業による諸個人間の連帯の１つである。経済学において分業は水平的関係としてとらえられるが，デュルケームは垂直的関係にも分業を拡大して解釈しているといえる。佐藤も，このようなデュルケームの分業解釈における垂直的関係を指摘している。さらに，佐藤は，デュルケームが分業の垂直的関係に着目したことによって，デュルケームの平等論が機会の平等のみならず結果の平等をも主張することにつながったと解釈している（cf. 佐藤 2006：99-100頁）。しかし，理念型としてのデュルケームの有機的連帯の社会は，外的諸条件の平等という，機会の均等が求められるが，諸個人に内在する能力による不平等は肯定されている。それゆえ，デュルケームが結果の平等をも主張したとはいえない。

10）当時の経済学の契約に関するこのような考え方の代表として，『社会分業論』において，デュルケームはスペンサーを最も意識している。デュルケームとスペンサーの関係に関しては，たとえば Borlandi 1993 を参照せよ。

11）ただし，こうした諸機能が果たす義務は，必ずしもその社会の全成員において共通に認識されるわけではない。なぜならば，「諸機能が専門化すればするほど，その機能をそれぞれ意識する人々の数も限定されるようになる。したがって，諸機能は共通意識からぬけおちていく」（Ibid: p. 97）からである。それゆえ，協同的法律は，抑止的法律のような強力な力をもって諸個人を直接社会に結びつけるようなことはしない。

にもとづく連帯の社会の統合度は,復原的法律の発達度によってはかられる。

こうして,抑止的法律と復原的法律,それぞれに対応する連帯は,前者が機械的連帯（solidarité mécanique）,後者が有機的連帯（solidarité organique）とされる。機械的連帯の社会とは類似に由来する連帯である。その特徴は,「いかなる媒介もなしに,個人を社会に直接結びつける」ことが挙げられる。この連帯において,「社会とよばれているものは,集団の全成員に共通な信念と感情の多少とも組織化された一全体である。すなわち,集合類型である」。類似による連帯の社会では,その連帯が最高限に達しているとき,個人は完全に社会と同一視される。それにたいして,有機的連帯の社会とは人々が異なっていることにより生ずる連帯である。その特徴として,「個人は社会を構成している諸部分に依存しているから,社会に依存する」ことが挙げられる。この連帯において,社会とは「確定的諸関係によって結ばれた相異なる特殊な諸機能の一体系である」(Ibid: pp. 99)。

経済学においては,通常,アルカイックな社会は有機的社会であり,近代的な経済社会は機械的社会とされる。しかし,デュルケームは,それとは反対に,アルカイックな社会を機械的,近代社会を有機的とよぶ。このような真逆の解釈が生じる原因として,まず第1に社会にたいする理解の違いがあげられる[12]。近代社会における諸個人は抽象化された存在として記号化され,同質的なものとして,社会はそうした諸個人の単なる総和にすぎないものと伝統的な「古典派経済学」ではみなされる。それゆえ,諸個人の集合にすぎない社会は機械的社会とみなされる。しかし,デュルケームにとって,社会とは,アルカイックな社会であろうと近代社会であろうと,諸個人の単なる総和以上のものである。なぜならば,諸個人は常に社会において存在するのであり,その意味で社会は個人に先行するものだからである。つまり,アルカイックな社会であろうと,近代社会であろうと,デュルケームにとって社会とは有機的社会なのである。アルカイックな社会と近代社会との違いは,社会そのものの在り方ではなく,社会における諸個人の連帯の様式としてとらえられる。

---

12) ルークスは,「ドイツ社会思想,特にテンニースの伝統的社会と近代社会の特徴に関する二分法を,デュルケームが意図的に逆転させている」(Lukes 1973: pp. 147-148)と指摘している。しかし,デュルケームは,テンニースの伝統的社会にたいする解釈に関しては同意しており,単純に逆転させているとはいえない。テンニースの伝統的社会と近代社会の解釈にたいするデュルケームの言及に関しては第2章を参照せよ。

デュルケームにとって，機械的連帯の社会がアルカイックな社会に対応するのは，社会が原始的であればあるほど，諸個人が一層類似しているからである。このような社会では，宗教はすべてを含み，すべてにひろがっている。宗教は社会の中心的役割をはたし，諸個人は宗教によって拘束されている。そこでは，諸個人をほぼ同一視することが可能である[13]。それゆえ，諸個人の活動は同一運動を行っているものとして，有機体内における諸器官が個々の機能をもって働く様式としてではなく，むしろ無機物に近いものとされる。それゆえ，アルカイックな社会を機械的連帯の社会とデュルケームはよぶが，有機的連帯の社会との比較において，無機的連帯の社会とよぶ方がより理解しやすいであろう[14]。

さらに，未開社会の法律が抑止的特性を強くもつことから，その社会が機械的連帯の社会であるとデュルケームは主張する。なぜならば，法律が抑止的特性を強くもつということは，それだけ集合意識が強いということであり，諸個人は大いに類似していることになるからである。また，こうした未開社会では個人の人格の発展はあまり大きくなく，分業は発達していない。未開社会では，モーセ五書等にみられるように，抑止的法律が法律の中心を占めている。デュルケームによれば，抑止的法律はもともと宗教的特色をもっていた。なぜなら，未開社会では，あらゆる社会生活に宗教が浸透しているように，法律生活にも浸透しているからである。近代に近づくにつれ，抑止的法律に代わって，復原的法律が大きな地位を占めるようになってくる。つまり，抑止的法律と復原的法律は負の相関関係にある。それゆえ，未開社会において，抑止的法律が発達しているのは，分業がまだ発達しておらず，確定的な集合意識が社会の広範囲において強力であるからである。

こうしたアルカイックな社会にたいして，近代社会に近づくにつれ，専門化は

---

13) アルカイックな社会ほど，諸個人が類似していると想定される一方で，デュルケームは，文明が社会的類似を増大させる効果をもつとも考えている。だが，これは，諸個人の類似を増大させるのではなく，集合類型を一様化させるのである。つまり，たとえば，ヨーロッパ社会とアジア社会が，文明化によって似たような社会の様相となっていくように，異なる集合類型の社会が同一の集合類型の社会へと収束していく。この同一化した社会の内部では，逆に個人類型は多様化している。

14) ジョーンズによれば，連帯（la solidalité）とはそもそも有機的なものであり，デュルケームの造語である機械的連帯とはある意味矛盾した表現である。そして，デュルケームは『社会分業論』において，機械的連帯を明確に説明しておらず，テンニース

進展し，協同的法律はますます抑止的法律に優越するようになっている[15]。このような社会では，機械的連帯の社会とは異なり，諸個人を同一の方向に強制する力は弱まっており，諸個人の自由度が増している。つまり，諸個人の活動は個々において，より自律的なものとなっている。しかし，それは個々人がバラバラに自己の利害を追求するというものではなく，分業による協力関係のもと，相互に依存しあう中で行われるものである。こうした諸個人の活動が，有機体の諸器官が機能する様式に類似しているところから，デュルケームはこのような社会を有機的連帯とよぶ。また，類似にもとづく連帯の社会は，分業にもとづく連帯の社会と比べて凝集力が弱い。そこでは，容易に個人は社会に参入することも退出することもできる。しかし，分業にもとづく連帯の社会では，集団のそれぞれの部分は，それぞれ異なった機能を果たしているため，容易に相互に分離することが

の『ゲマインシャフトとゲゼルシャフト』に関する論文によって機械的連帯がどのようなものであるかをより理解することができると指摘している。ジョーンズにしたがえば，機械的とは単純な並列関係を意味しており，テンニースにとってもデュルケームにとっても機械的とは同じ意味をもつものとされる。そして，ジョーンズも，ルークスと同様，テンニースの社会の二分法とデュルケームの社会の二分法は，単に機械的と有機的の順序が逆転したものであるととらえている (cf. Jones 1986: pp. 4-5)。しかし，デュルケームがゲゼルシャフトの社会を機械的なものとして批判するとき，それは，テンニースがゲゼルシャフトを機械的連帯の社会としてとらえている点にあるのではなく，ゲマインシャフトが有機的社会であるのにたいして，ゲゼルシャフトを機械的社会とする点にある。この点に関しては，注12，さらには第2章を参照せよ。

15) 抑止的法律にたいし，協同的法律が近代では主流となっていることに加えて，犯罪類型の消滅傾向をデュルケームは指摘する。デュルケームによれば，犯罪類型は減少傾向にある。とくに宗教的犯罪はほぼ消滅している。宗教的意識は，集合意識の強力な確固たる感情であり，この意識の世俗的生活からの分離，機能の低下は集合意識の弱体化の表れである。集合意識は，より一般的に，そして抽象的に，単純になり，より自由度の高い社会へとなる。つまり，近代に近づくにつれ，具体性をもった個人像は抽象化され，諸個人は類似した存在から，次第に自己の人格の発揮が可能な存在となっていく (cf. Durkheim 1893: pp. 119-148)。それゆえ，近代社会は，類似にもとづく機械的連帯の社会ではなく，有機的連帯の社会としてとらえられる。デュルケームは，現実的には，未開社会においても個人の存在を肯定している (cf. Ibid: p. 149)。理論的側面においてのみ，機械的連帯の社会では個人は存在しないと解釈すべきである。

困難となる。デュルケームは，アルカイックな社会の特徴を機械的連帯の社会，近代社会の特徴を有機的連帯の社会としているが，必ずしも，どちらか片方だけによって社会が現実に成立していると考えているわけではない。『社会分業論』においてはっきりと明示されているとは言えないが，デュルケームは社会には常に2種類の連帯，つまり機械的連帯と有機的連帯が存在すると考えているととらえるほうが妥当である。両者は常に存在するが，それぞれ反発しあうものであり，基本的にはどちらかが優勢なのである。そして，近代社会は機械的連帯より有機的連帯が優勢であると考え，近代社会の特徴を有機的連帯と述べていると考えられる。

　機械的連帯と有機的連帯は，それぞれ異なった方法で諸個人を結びつけるが，その結合力は同等ではない。デュルケームによれば，機械的連帯の結合力よりも，有機的連帯の結合力，つまり分業による結合力の方が大きいとされる。こうした考えの根底には，人は常に個人化の傾向があるということを前提としているように思われる。つまり，デュルケームはしばしば個人主義にたいして批判的であり，全体主義的傾向にあると解釈されることもあるが，個人化の傾向にたいして必ずしも否定的であるということはできない。むしろ，分業による連帯の社会のもとでは，個人の人格はより発展するのであり，そうした意味での個人化にデュルケームは肯定的である[16]。しかし，デュルケームにとって，そうした個人化のためには，分業が連帯として機能する必要がある。分業の機能とは，かつての確固とした強力な集合意識が果たした役割であり，「社会的集合の統一性を維持するもの」(Ibid: p. 148) である。

　機械的連帯から有機的連帯へと連帯の諸様式が変化するとき，社会構造も変化する。類似にもとづく社会の理念型は，独立した諸個人，または諸集団が存在しない，「絶対的に同質的な一集団」としての社会である。「これは真の社会の原形質であり，あらゆる社会類型の源となる萌芽とみなせる」(Ibid: p. 149)。この特性をもつ集合体をホルド (horde) とデュルケームはよぶ。これは未開社会にみられるものであり，そこでは氏族という基本的集合体の反復によって社会が形成

---

[16] たとえば，デュルケームが徹底的に敵視した個人主義とは，功利主義的な「個人主義」であり，社会的要因（道徳）をその内部に含む社会的存在として理解された「個人主義」にたいしては精力的に擁護していたとギデンズは指摘している (cf. Giddens 1971: pp. 227-228)。

されている。このような社会を「氏族からなる環節社会（sociétés segmentaires à base de clans）」（Ibid: p. 150）とデュルケームは命名する。家族のような血縁関係を必須の要件としないため，氏族は家族とは異なるが，その成員の関係には家族的特質[17]がみられる。「さらに，氏族は基本的な政治単位である。そして，氏族の首長は唯一の社会的権威である」（Ibid: p. 151）。それゆえ，この組織は政治-家族的（politico-familiale）とされる。こうした環節的社会において，諸環節が連帯的であるためには，諸環節が相互に類似していると同時に，相互に異なっている必要がある。なぜならば，諸環節が全く同質的なものであったならば，諸環節は融合し1つの環節となってしまうからである（cf. Ibid: p. 152）。しかし，諸環節は，相互に異なった諸機能を果たしているわけではないため，諸環節相互の結びつきは，非類似にもとづく有機的連帯ではなく，機械的連帯による。中央集権化された原始的社会では，分業が出現しているが，それはまだ新たな連帯を生むまでにはいたっていない。なぜなら，この分業による関係は，一方的関係であり，諸個人は依然として社会に，あるいはその象徴としての権力者に直接結びついているからである。この権力者の権力は，集合意識から発している。そして，集合意識の力が，このように一定の器官によって行使される時，機械的連帯の結合力は最も強くなるとされる。デュルケームによれば，こうした機械的連帯が対応する社会の構造は，同質的・類似的諸環節の一体系である（cf. Ibid: pp. 154-157）。

それにたいして，有機的連帯の社会は，「それぞれ特別な役割を有す，またそれ自体分化した諸部分からなる，様々な器官の一体系によって」構成されている。そこでの社会要素は，「有機体のその他の器官にたいして調整作用のはたらきをする同種の中心器官の周りで，相互に調整的，従属的関係におかれている」（Ibid: p. 157）。さらに，この中心器官もまた，他の諸器官と相互依存の関係にある。それゆえ，機械的連帯の社会と比べて，中心器官は特別な力をもってはいない。そして，諸個人が所属する集団も機械的連帯の社会とは異なる。

> この社会では，……人々が従事している社会活動が有する固有な性質によって，諸個人は統合されている。彼らの自然にして必要な環境は，かつてのような出

---

17) 家族的特質とは，「集合的制裁，集合的責任そして個人的所有が出現して以降における相互的相続」（Durkheim 1893: p. 151）のことである。

自にもとづく環境ではなく，職業にもとづく環境である。それぞれの地位を示すもの，それは，現実にそうであるにせよ見かけ上そうであるにせよ，血縁関係ではなく，彼の果たす機能である（Ibid: p. 158）。

未開社会にも分業は存在するが，それは幼稚なものであり，従来の家族的組織を超えて発展するものではない[18]。機械的連帯の社会構造が弱体化することによって，はじめて分業が十分に発展する。なぜならば，機械的連帯の社会では，諸個人は同質化することが求められ，専門化による諸個人の差異化が抑制されるため，諸個人の非類似化が求められる分業が進展するためには，こうした機械的連帯の社会構造の弱体化が必要とされるからである。デュルケームによれば，未開社会の環節的組織は，もともと家族的組織であったが，次第にそれは地域的区画によるものとなった。この機械的連帯の社会構造は近代にも存続している。ただし，この力は弱体化し，諸環節組織からなる社会構造は，もはや諸器官からなる社会構造へと変化している。諸器官は職業的組織であり，この職業的環境が新たな社会の枠組みとなる（cf. Ibid: pp. 161-167）。この新たな構造がより確固としたものになるにつれて，有機的連帯が社会において優勢となるとされる。こうした，機械的連帯の社会構造から有機的連帯の社会構造への移行を単純化して図示するならば，図表1—1のようなものとなろう[19]。

ただし，近代においても，いまだ職業的組織はこうした必要性にこたえる様式に至っていないとデュルケームは考えている。つまり，職業的組織としての諸器官において，職業的道徳といえるものが存在していない。

この経済という機能の領域において，実際，職業的道徳はまったく未発達の状

---

18) 機械的連帯から有機的連帯の社会類型への移行の過渡期にある社会として，サリカ法典時代のフランク族やローマ等があげられている。

　実際，この民族［サリカ法典時代のフランク族］では，一定の安定した中心的権威のほかに，行政的・司法的諸機能をになう大器官がみられる。他方，確かにまだ非常に未発達ではあるものの，契約法が存在している。つまり，それは，経済的機能自体が分化し，組織化し始めていることの証左である。また，政治-家族的組織形態もひどく不安定になっている（Ibid: p. 159）。

デュルケームは，経済的諸機能の発展の表象的側面を契約法にみている。

図表 1 ― 1

機械的連帯の社会	○ 環節	○ 環節	○ 環節	諸環節は家族的組織
	⇓			
	□ 環節	◇ 環節	△ 環節	地域的区画：家族的組織にもとづく社会よりも諸環節間の差異が大
⇓				
有機的連帯の社会	■ 器官	◆ 器官	▲ 器官	諸環節間の差異はさらに拡大し、それぞれの環節はそれぞれの機能を果たす諸器官へ。諸器官は職業的組織

態でしかない。弁護士，司法官，軍人，教授，医師，神父等々には職業的道徳がある。しかし，雇用者と被雇用者，工場労働者と企業主，競合する工場経営者間あるいは彼らと一般大衆，以上の人たちの関係がどうあるべきなのか，このことに関する通念を少しばかり明確な言葉で規定してみようとしても，不明確な決まり文句しかない！（Ibid: p. II）。

近代社会が経済的社会であると認めつつも，デュルケームはこうした社会が伝統的な「古典派経済学」の想定するような利己的な個人による社会であることを否定する。こうした，「古典派経済学」的理解にたいする批判は，『社会分業論』では，主にスペンサー批判を通じておこなわれる。

19）環節的社会の構造が組織的社会の構造，つまり社会の構造が諸環節から諸器官へと変化するさい，諸環節が融合し拡大したものの中に諸器官が発生すると解釈することもできるが，ここでは単純化のために，差異の拡大した諸環節がそれぞれ諸機能を果たすようになり，諸器官へと変形するとしている。実際，デュルケームは以下のように述べている。

最初は家族的組織と適合しようとしたように，もちろん，ある程度まで，この職業的組織は，それ以前に存在していた組織に合致しようとする。……それに，新しい制度は何よりもまず旧制度の鋳型に流し込まれるものであるというのは極めて一般的な事実であるしたがって，かつての氏族がそうであったように，地域的区画は，さまざまな組織や器官の形態をとって専門化していく傾向にある（Ibid: p. 165）。

デュルケームは，文明の進歩にともなって個人的人格がより発達するようになるとするスペンサーの主張に同意する。しかし，その中身にたいして反論を加える。まず第1に，未開社会の没個人性は，中央集権的な軍事的社会[20]によるものではない。未開社会で個人的人格がほぼ無に等しいのは，強力な集合意識が支配的なためである[21]。デュルケームにとって，人間は原初において利他主義的であった。なぜならば，類似による連帯の未開社会では，個人的人格は発達しておらず，個人よりも集団，あるいは社会が優先され，それはまさに，一個の人格としての自分自身よりも，他者，または社会を優先することを意味するからである。未開社会における権威は，それが集合意識を代表しているところから発している。

　したがって，利他主義は利己主義から生まれたというべきではない，そのような導出は無からの創造によってのみ可能であろう。しかし，厳密に言って，この2つの行為の原動力は，あらゆる人間意識のうちに，初めから存在していた。なぜなら，個人にのみ関わるものと個人に関わりのないものとを，同時に表わす人間意識などあるはずがないからである（Ibid: p. 175）。

こうした前提に立つならば，機械的連帯の社会は利他主義の部分が優勢であり，

20）デュルケームによる，スペンサーの軍事的社会の解釈は以下のようなものである。「集団への個人のこの埋没は，低級社会において慢性的にみられる戦争状態によって必然化された，拘束と人為的組織化の結果といえるであろう」。つまり，戦争状態において，没個人性が最も強力にあらわれる。なぜならば，敵にたいして，集団は一致団結を必要とするからである。そして，集団を団結させ，規律に従属させる最も有効な手段は，中央集権的な強力な権力の確立にある。それゆえ，「したがって，諸個人を没個人化するのは組織化された独裁制である，そしてこの組織は主として軍事的であるから，スペンサー氏はこの種の社会を軍国主義と定義している」（Ibid: p. 170）。

21）理論的側面において，デュルケームは原初において個人的人格は存在しないと想定しているが，現実的には個人的人格の存在を認めている。たとえば，「集合類型がどれほど発展していようとも，人それぞれ異なっており，各人それぞれに属する自然的生活の領域が存在する」。この自然的生活の領域とは，デュルケームにとって個人的なものである。また，「あらゆる個性におけるこの第一義的基礎［人それぞれ異なっており，各人それぞれに属する自然的生活の領域］は譲渡不可能なものであり，社会状態に依存しない」（Ibid: p. 175）。

有機的連帯の社会では利己主義の部分が優勢ということになる。この点では，近代社会の理解は非常に「古典派」的理解に近い。しかし，デュルケームにとって，社会は常に道徳を，つまり社会としての均衡を必要としているため，利己主義のみにもとづく社会という考え方は受けいれがたい。それゆえ，文明が進歩するにつれて，個人主義がより拡大してきたが，こうした個人主義的な社会においても，利己主義のみによって社会が構成されているわけではない。

　さらに，スペンサー批判を通じて，デュルケームは伝統的な「古典派経済学」の契約とは異なった契約概念を提示する。スペンサーの産業社会では，強制的装置は全く必要なく，社会的活動の範囲は縮小傾向にある。また，この社会の紐帯は自由交換にあり，それは契約的関係である。デュルケームは，スペンサーの産業社会，つまり近代社会観を以下のようにまとめている。産業社会は「諸個人間で結ばれる個々の契約の広大な体系」を基礎としている。そこでの諸個人は，「相互に依存しあうかぎりにおいてのみ，集団に依存する，そして私的な，自由に結ばれた慣習で示されている範囲内でのみ相互に依存するであろう」。こうした社会関係の典型とは，経済的関係とされる。「要するに，社会とは，労働生産物を交換する諸個人の関係でしかない，そして，本来社会的な作用がこの交換を規制するようなことは一切ない」(Ibid: p. 180)。デュルケームにとって，社会の連帯が私的契約にもとづくとするならば，その紐帯は非常に不安定であり肯定しがたい。なぜなら，利害にもとづく結びつきは，一時的で皮相的なものであり，束の間の結合しかうみださないからである。また，スペンサーによれば，社会的活動の範囲は，個人的活動の範囲が拡大するほど，縮小するとされる。しかし，現実には社会的作用の範囲は縮小傾向にはない。社会的作用の最たるものである，法律形態はより増大し，複雑になってきている。抑止的法律は減少しているが，復原的法律が増加している。「命令的なものであろうと禁止的なものであろうと，行為を決定している諸規則が増加しているならば，その行為がますます完全に個人の自発性から生じている，ということは正しくない」(Ibid: p. 183)。ここで，デュルケームは，行為を決定している諸規則は増大しているのであるから，個人的自発性は進歩していないと主張している。しかし，それは，スペンサーの論理にしたがうと，こうした矛盾が起きると主張しているのであって，近代における個人的自発性の増大自体を否定しているのではない。

　デュルケームによれば，契約関係において，実際には非契約的関係が常に存在している。たとえば，親族法において，契約がそこで演ずる役割は減じていって

いる一方，家族的責務が結ばれたり，解かれたり，変化したりする様式についての社会的統制はもっぱら増加している[22]。これは，環節的組織の消滅と，それに替わる諸器官の増大による。家族はもともと社会的環節であったが，家族的組織にもとづく環節は，地域的区画にもとづくものへと変化していく。さらに，諸環節はその変化にともない相互の差異を拡大し，諸器官の1つとなって専門の機能を担当するようになった。契約とは，諸個人相互の合意にもとづくものであるが，それと同時に，デュルケームにとって，契約は社会的規制を前提とする。そして，その規制は「つねにどんどん数を増やし，より複雑なものとなってきている」（Ibid: p. 189）。つまり，諸個人間で契約を結ぶ際，実はそこには様々な社会的規制が存在している。また，それは複雑化し雑多なものとなってきている。

> 契約法は，われわれが明確にしなかった行為の法律的帰結を確定する。……[契約法には]無数の多様な経験が要約されている，個人的には予見しえないものがそこでは予見され，われわれが規制しえないものがそこでは規制されている，そして，この規制は，われわれが作ったのではなく，社会や伝統によって作りだされたものにもかかわらず，われわれに強制的に課せられるものである。この規制は，言葉の厳密な意味において，われわれが契約しなかった義務に，われわれを服従させる（Ibid: p. 192）。

このように契約法をとらえることによって，契約法は，契約を成り立たしめるための根本的規範（la norme fondamentale）とみなされる。契約はそれ自体のみでは不安定なものであり，社会的規制が加えられて安定する。デュルケームにとって，契約は諸個人間における対等な関係のもと結ばれるものであるが，それが可能であるためには，契約の有効性を担保する社会の存在が前提とされる。こうした考えから，デュルケームは経済活動における無規制状態を問題視する。スペンサーにとっての契約の目的は，「労働にかかった費用と等価のものを労働者に保障すること」にあり，契約における社会の規制的活動は消極的なものとみなされ

---

[22] デュルケームは，親族法における契約の果たす役割の変遷に関して，婚姻や養子縁組を例にとって論証している。養子縁組は，かつて合意だけで十分であったのが，しだいに「司法官の調停を必要とする非常に複雑な法的行為」（Ibid: p.186）となり，制限的条件はますます増加している。

る。しかし，デュルケームは，現実には，「あるときには費用を越える収益があり，あるときには収益を超える費用があり，しばしばいちじるしい不均衡が生じている」と指摘する。デュルケームにとって，契約法の干渉は積極的なものであり，「結果としてわれわれが協同すべき仕方を決定している」(Ibid: p. 195)。つまり，交換が契約のすべてではなく，契約は協同関係を表すものとデュルケームは考える。そして，契約にかかわる規制的機能の積極的役割を重視し，経済活動における規制の必要性を強調する。

さらに，デュルケームは，行政的，政治的規制の発展についても言及している。デュルケームによれば，行政法とは中心器官，あるいは国家が機能する様式を規制するものである。そして，この国家の社会的作用は，「この専門的諸機能がどのような仕方で協同しなければならないかを決定することを目的としている。ある点では，社会的作用は協同を強制することすらある」(Ibid: p. 198)。こうした国家の機能もまた，近代社会に近づくにつれて増大している。スペンサーは軍事類型から産業類型になるにしたがい国家の機能は縮小され，司法と行政のみに還元されるとみる。そして，国家の社会的作用は縮小傾向にあり，個人的活動が拡大する。しかし，デュルケームにとって，近代社会は個人的活動の拡大と同時に国家の社会的作用も拡大している。また，中心器官である国家の役割は単純なものからより複雑で多様化したものになっている。こうした現象がどのような変遷を経ているのか，デュルケームは以下の2点をあげている。第1に，環節的社会から組織的社会になるにつれ，各環節の中心器官が全体の中心器官に吸収，統合され体積を増す。第2に，組織的社会は相互に影響しあう諸器官によって構成されているため，一器官における現象はより全体に影響を与え，中心器官の干渉が強化される (cf. Ibid: pp. 201-202)。それゆえ，分業の進歩する近代社会において国家の機能は拡大している[23]。

有機的連帯の社会における道徳は，機械的連帯の社会における共通道徳と異なり，それぞれの器官，社会的領域の範囲に局限された道徳である。そこでは，共通道徳と比べて，抑止的特性は弱くなっている。しかし，職業道徳と法律の諸規則もまた強制的なものである。これによって，諸個人は単なる一時的な関係としてではなく，継続的な関係として結びつきあっている。そして，この結びつきを安定化させる器官として，中心器官あるいは国家の役割が増大する。デュルケームにとって，諸個人は利己的なだけでは集団を形成することはできないのであり，すべての社会は道徳的社会である。この意味で，社会は常に利他主義を有し

ている。したがって，諸個人の行動も利己的な行動のみにとどまるのではなく，それ固有の内在的道徳性にもとづいて行われているはずであり，協同社会，つまり近代社会は単なる経済的集団ではなくある種の道徳が働いていなければならない。ただし，この道徳は個人の自発性を最大限許容するようなものである。機械的連帯の社会において，社会生活はほぼ宗教生活と同一視され，その経済的諸制度は共産主義的であるとデュルケームは指摘する[24]。それにたいし，分業の発展した社会では，社会生活は世俗化される。しかし，その経済的諸制度がいかなるものであるかデュルケームは明示していない。分化した諸機能は，その内部においてそれぞれ独自の道徳が存在するとされ，経済的諸機能内部では，それは職業道徳として想定される。だが現実には，職業道徳はあまり確立されておらず，それゆえ，そうした道徳の確立のために職業団体の必要性が主張される[25]。こうした，職業団体の必要性の主張は，近代社会においても，機械的連帯が必要であることを暗に示しているといえる。諸機能相互は分業によって連帯するのであるが，諸機能それ自体の内部においては，一定の同質性が存在する。それゆえ，近代社会が有機的連帯の社会であり，分業が新たな道徳として強調されるが，実際には，デュルケームの道徳は二重構造をもっているといえる。1つは，分業によって生ずる個人的人格の尊重であり，1つは諸機能あるいは諸職業内における道徳である。

23) こうした国家の役割に関するデュルケームの主張は，当時の主流派であったフランス自由主義経済学が主張する夜警国家的な国家像と異なるものである。デュルケームと当時のフランス経済思想との関係については補論で分析する。
24) ここで，機械的連帯の社会における経済的諸制度が共産主義的であるとデュルケームが指摘するのは，彼にとって，共産主義が経済的活動をできるだけ排除するものとみなされているからである。「プラトンの共産主義は経済的組織にできるだけ中心から最も遠い位置を与える」(Durkheim 1928: p. 62/47頁)。
25) デュルケームによれば，経済が社会に占める重要度は増大しているが，そこでは，極論すれば，道徳が存在していない。こうした社会において，同業組合は道徳的機能を果たすものとして必要である。『社会分業論』の第2版序文において，職業団体の必要性，その果たす役割が述べられている。

第3節　分業の発展

　アルカイックな社会と比較することによって，デュルケームは近代社会を描き出している。それは，類似にもとづく環節的社会から，相異なる諸器官からなる組織的社会への転換である。こうした近代社会の特徴を，デュルケームは分業にみており，その際，分業にたいして肯定的な立場にある。分業の進展する近代社会とは，結局のところ経済活動が中心的地位を占めるようになっていく社会であり，経済社会といえる。しかし，これまでみてきたように，その分業は「古典派経済学」が考えている分業とは異なるものである。

　デュルケームによれば，「古典派経済学」では，分業は経済効率性を目的としており，それゆえに，社会は単に分業が行われるために形成されている。つまり，社会とは，「分業の決定因ではなく，分業が実現されるための単なる手段にしかすぎず，分割された労働の組織化に必要な質量」(Ibid: p. 213) としてとらえられる。効率化による生産の増大は人々の幸福に結びつくのである，したがって，分業は幸福の追求を原因としているという主張にたいして，デュルケームは反論を加える。

　　したがって，上述［労働生産力の無限の発展］の前提の下，仮に幸福が労働生産力とともに規則的に増大するならば，幸福もまた際限なく増大することが可能でなければならない，あるいは，少なくとも，幸福が増大しうる量は労働生産力の増量に比例していなければならない。……しかし，現実には，われわれの幸福の能力は極めて限られている。(Ibid: p. 213) [26]。

　また，分業の主要因は外的諸条件，外的諸相異[27]の増加であるとするスペンサーにたいして，外的諸条件は機能的諸相異を説明することはできないと，デュルケームはスペンサーの論を否定する。デュルケームにとって，外的諸条件は，たとえば，その土地に合う作物を生産するといった分業を可能にするとしても，あらゆる分業を必然化するものではない。それゆえ，外的諸条件は，専門化を決

---

26) 幸福の能力の限界性について，デュルケームはウェーバー (Ernst Weber: 1795-1878), フェヒナー (Gustav Theodor Fechner: 1801-1887), ベルヌーイ (Daniel Bernoulli:

定するには十分ではない。さらに、諸相異が分業を進展させるためには、これらの諸相異が発展し組織されることが必要であるとデュルケームは主張する。そのため、次の問題は、このような分業の発展の原因、またその条件がいかなるものであるかということである。

　デュルケームにしたがえば、組織的構造、すなわち分業は、環節的構造が消滅するにしたがって規則的に発展する。環節的構造のもとでは、分業は発展しえないので、分業の発展は、環節的構造の消滅の原因ではなく結果である。なぜならば、環節的構造とは、類似による諸環節から構成されており、非類似を必要とする分業とは逆の力が働くからである。社会的諸環節がその個性を失い、諸環節を引離している諸隔壁の浸透性がより高まることによって、諸環節間の交流が進み、分業が発展する。さらに、相互に作用しまた反作用しあうことができるほどに十分に接触している諸個人が増加すればするほど分業が進展する。つまり、分業は動的または道徳的密度[28]に正比例して進展する。動的密度または道徳的密度は、物質的密度が増加することなしに増加することはできないとされ、前者を計量する尺度として後者が用いられる。

　ところで、デュルケームによれば、社会の漸進的凝集は以下の3つの主要様式にしたがっている。第1に、人口の集中化。第2に、都市の形成と発展。第3に、交通と交流との手段の数と速度の増加。これらが道徳的密度の代わりに、社会的密度を計量しうるものとされる。しかし、社会的密度の増加のみが分業の唯一の

　　1700-1782)、ラプラス（Pierre Simon Laplace: 1749-1827）の論を引用し、「快の刺激（un excitant agréable）の強度は、われわれが最初に述べた、上限と下限の両極の間よりも狭い範囲内でのみ有効（*utilement*）に増加しうる」(Durkheim 1893: p. 215) と指摘している。この例として、デュルケームは財産の過多によって資本の増加が与える快について述べている。デュルケームによれば、小額しかもたない者はその努力に対して得る量が少なく、多額の財産をもつ者は多少の増加では快を得ない。中位の者のみが、その変化に対して快を最も感じやすい。これを一人の人間としてとらえなおすと、ある点までは限界効用の変化は微増であり、ある点から増加量が大きくなり、その後逓減状態となる。つまり、効用曲線はS字カーブを描いているとデュルケームがとらえているといえる。したがって、経済学において通常想定される効用曲線と多少の違いはあるものの、デュルケームのなかに限界効用逓減の法則を見いだすことができる。

27) ここでの外的諸条件とは、土地や気候といった、諸個人のおかれている自然的環境を指す。

要因ではない。社会的体積の増加も分業に影響を与える。ただし，社会的体積の増加のみでは分業を促進することはなく，それと同時に諸個人が相互に影響を与えうるほどに十分内面的に接触していることが必要である。それゆえ，社会的体積の増加は附随的要因となる（cf. Ibid: pp. 236-245）。社会の物的密度の増加はそれだけ競争を激化するため，分業は生存競争が激化するために進展するといえる。しかし，「分業は，生存競争の一帰結であるが，その生存競争を緩和させた結果でもある」(Ibid: p. 253)。経済学において，分業は生産の増大を目的としているが，デュルケームにとって，分業は生存競争が激化する中で生活しうることを目的としている。つまり，分業の効率性にたいする貢献よりも，分業が人々相互の競争を緩和させ，生存をより容易にさせる点が強調される。

また，分業は孤立した，相互に無関係な諸個人間では生じず，同一社会内の諸成員の間においてのみ行われるとデュルケームは考える[29]。デュルケームによれば，孤立の，または無関係な諸個人間における競争は，協同ではなく分離を結果する。それゆえ，相互に無関係な諸個人の関係，あるいは純粋な敵対関係から社会関係は生じない[30]。しかし，分業は相互の対立と同時に結合をひきおこす。そして，競争それ自体は諸個人の結合をうむものではないので，諸個人間には既に連帯が存在している必要がある。それゆえ，分業の本質とは，従来共通なものであった諸機能を分担することにある。そして，諸機能の分担は，自生的，漸進的に行われるとデュルケームは指摘する。そのためには，専門化した諸機能相互の継続的接触が不可欠である。なぜならば，継続的に接触することによって，諸個人のあらゆる集合は社会を形成しているからである。それゆえ，分業は既存の社会の内部においてのみ生じうる。

28) 諸個人の接近と交流を，デュルケームは動的密度あるいは道徳的密度とよぶ（cf. Ibid: p. 238）。
29) 分業が，同一社会内の諸成員の間においてのみ行われるとするデュルケームの主張を考慮すれば，機械的連帯の社会と単純に対比される有機的連帯の社会においても，実は諸成員の類似にもとづく集合意識がそこには前提されていると考えられる。ただし，この集合意識は，機械的連帯でみられるような具体性を有したものではなく，より抽象化された形で現れる。この点に関しては，第4章でより詳しく検討する。
30) デュルケームは，諸個人の協同関係を前提とする分業にたいして，「時としてお互いを敵視するような，いかなる紐帯によっても統合されえない諸民族が多少なりとも定

しかしながら，分業が行われるためには，社会の内部において諸個人が相互に物質的に結合しているだけではなく，そこには道徳的紐帯がさらに必要である。つまり，諸個人間に契約が結ばれるためには，あらかじめ法律的規制，したがって社会が必要である。機械的連帯の社会から有機的連帯の社会へ向かうことから明らかなように，諸個人間の諸相異は，集合生活に先行しているどころではなく，集合生活から派生するものである。諸相異の調和，すなわち分業が統一を確保されていることは，諸機能の集合体としての社会を前提としている。集合意識によって結ばれた諸個人間においてのみ，協同が可能となる。協同は，集団が構成される時その内部に発展する内的諸運動から結果する。つまり，まず相互に類似した人々が集まることによって協同が生ずる。諸環節社会の結合において，諸機能の分化，協同が形成される。要するに，結合と協同とは２つの異なる事実であり，同一社会内における，諸個人の機能分担こそがデュルケームにとっての分業である。

　功利主義者たちは，初めに孤立し独立した諸個人を前提とし，これらの諸個人が協同するためにのみ契約関係に至ると仮定する。しかし，デュルケームにとって，原始社会型において，個人は完全に集団の中に吸収されており，自律的個性は発達していない。始原において個人がまず存在しているのではなく，むしろ，個人生活は集合生活から生まれる。個性は，先在する社会的環境の内部において徐々に輪郭を表すようになる。したがって，個性それ自体，社会的環境の刻印が施されている。この個性は，それと連帯的である集合的秩序を崩壊させないように構成される。それゆえ，この個性は自らが社会の産物といえる。

　集合意識は，抑止的法律の減少，復原的法律の増加，諸規則の抽象化にみられるように，アルカイックな社会から近代社会に向かうにつれ，つまり，分業が発展するにつれて次第に弱くなり曖昧となっていった。そして，集合意識の漸次的不確定化によって，分業が連帯の主要源泉となる。デュルケームによれば，分業

期的に諸生産物を交換」する関係を相互主義（mutualisme）と定義している。この「相互主義が，一般的に，異なる種族の諸個人間に生じるというのは確かであるが，同じ種族の諸個人間に生じた場合でもこの現象は変わらない」（Ibid: p. 266）。それゆえ，経済学が通常想定する分業は，ばらばらの諸個人が交換のためだけに結ばれるという点で，デュルケームにとって相互主義的なものであり，協同を前提とする分業ではないといえる。

の進歩は，諸個人がお互いに相手に向って加える圧力に，そして彼らをよりいっそう分岐的な方向に発展させずにはおかないより強力な圧力に，由来している。しかし，この圧力は，集合意識が各個別的意識にたいして及ぼす反対方向への圧力，つまり諸個人を同一傾向に縛ろうとする力によって，常に中和される。確固とした集合意識は，われわれが集合的類型から逸脱することを抑制したり妨げたりするのであるから，分業が進展するためには，個人的多様化が可能であることが必要となる。つまり，全集団が彼と同時にそして同一方向に動いていないときでさえ，各個人が独立した活動をしうることが許容されるようにならなければならない。

このように，分業の進歩は，社会的環境のうちで起きる諸変化，環節的構造から組織的構造への変化によって必然的に起きるが，これ以外に第二次的要因にも依存しているとデュルケームは指摘する。その1つは，集団との関係において諸個人の独立性が大であって，この独立性によって個人が自由に多様化することが許されるという点である。ただし，諸個人の独立性は，二次的要因であり，本源的事実ではない。諸個人の独立性は専門化の進展をひきおこしている諸原因に依存している。

原始的社会，小社会では，集合的環境は本質的に具体的である。そこでは，集合意識は一定の特性をもっている。また道徳律と同様，法律も確定的で具体的なものである。しかし，社会が拡大するにしたがって，つまり近代になるにつれて，集合意識はより抽象的なものとなる。道徳的なそして法律的な諸規則はその明白さと正確さを失い，規制はより一般的で抽象的な表現となっていく。この集合意識の希薄化，抽象化によって個人的多様性が発達する地平が拡大する。極めて種々様々に自由に適用されうる抽象的諸規則以外には確定的なものはなくなり，これらの抽象的諸規則は，従来のような威力も抵抗力ももたない。こうして，個人的多様性のより自由な発展が可能となる[31]。

ところで，デュルケームによれば，集合的諸状態の権威は，これらの集合的諸状態が現世代に共通であるということだけでなく，それらの大部分が先行する諸世代の遺産であるということにある。集合意識は極めて緩慢にしか構成されないし，緩慢にしか変化しない。それゆえ，集合意識は殆どまったく過去の産物とされる。つまり，集合意識の権威は，大部分伝統の権威によって形成されている。だが，伝統の権威は，環節的類型が消滅するにしたがって，必然的に減少する。環節的類型の社会では，諸環節は，多かれ少なかれ互いに閉鎖的になっている同

数の小社会を形成している。ここでは，諸家族は大きな密集的不可分的累積的集団を形成している。しかし，この均衡は諸環節の融合によって崩壊する。「諸個人は，もはや生まれ故郷のうちに押しとどめられないし，彼らの眼前に広がる自由な地平に惹きつけられて，その地へ向かわずにはいられない」(Ibid: p. 278)。そして，人びとの環節を越えた移住によって，人口の当初の相異性が失われる。「これらの移住現象が前提する社会的諸単位のより大きな流動性（mobilité）によって，あらゆる伝統が衰退する」(Ibid: p. 279)。伝統にその権威の大部分を与えているのは老齢の権威とされるが，社会的諸単位の変動によってその効果が弱められる。新しい環境における年長の人々は，子供時代に影響を受けた人々と異なるため，畏敬の念は減退する。そして，諸年齢は水平化される。つまり，成年に達した者たちは，すべてほとんど平等にとりあつかわれる。この水平化によって，祖先たちの風習はその権勢を失う。こうして，次第に集合意識は弱められ，連帯も弱くなっていく。デュルケームによれば，こうしたことが特に起こるのは大都市においてである。都市では，人口の流入によって，社会的諸単位の相異なる諸層が分断されている。それゆえ，集合生活は継続性をもちえず，伝統は衰退する。この流動性が続くかぎりこの過程は繰り返されていくのであるから，慣習の権威は継続的に減退してゆく。共通の信念と慣行とは，その力を大部分伝統の力からくみとっているため，伝統の衰退によって個人的多様性の自由な発展はより開かれた地平に置かれる（cf. Ibid: pp. 276-283）。

　また，社会の拡大と集中化によって，「社会は個人を包みこむことがより少なくなり，したがって，現出する分岐傾向を抑えきれなくなってくる」(Ibid: p. 283)。つまり，近代社会において，社会的監視，集合意識は衰退し，社会の個人（個人的人格，自律性）を拘束する力は弱くなる。したがって，個人的人格の発達を抑制する力も弱まる。小社会において，諸個人相互間の私的関係は，継続的で頻繁である。諸個人は濃密に結びつきあっており，それゆえ社会的監視，集合

---

31) デュルケームにとっても，近代社会における道徳的なそして法律的な諸規則はその明白さと正確さを失っている。つまり，法律的な諸規則は抽象的な，そして一般的なものに変化している。そして，このような集合意識の一般化によって，個人の自立性の拡大が可能となる。しかし，分業が同一社会内でのみ可能であるというデュルケームの仮定からすれば，この抽象化した集合意識は，それのみでは人々を連帯させることができないとしても，分業によって諸個人が連帯する近代社会においても不可欠な前提条件とみなすべきであろう。

意識は強い。社会の拡大と集中化により，私的関係は稀で弱いものとなる。この結果，集合的監視が緩和され，各個人の自由活動の範囲が拡大される。個人的自律性が容認されることにより，類似を求める集合意識は弱められ，個人的人格の権利が次第に確立される。諸環節の融合は，諸個人の社会的地平を拡大し，自律性をうながす。各環節の集合意識はその権威を失い，個人的多様化が増加する。こうしたデュルケームの主張は，一見すると，諸個人相互の密接な関係は，機械的連帯の社会より有機的連帯の社会の方が減少するように思える。しかし，機械的連帯の社会における諸個人相互の接触は，基本的に同質的な人々による接触であり，有機的連帯の社会における諸個人相互の接触は，相異なる人々との接触である。それゆえ，質的な意味において諸個人間の接触は増加しているとみなすことができる。

　環節的構造によって，社会は，より緊密に個人を把握することができる。

> この［環節的類型］特殊な構造によって，社会は個人をより緊密に捕捉することが可能となる，すなわち，個人をその家族環境に，したがって伝統により強く結びつけ，ついには社会的視野を限定するのに寄与することによって，この視野を具体的，確定的なものにすることにも貢献する（Ibid: p. 288）。

つまり，機械的連帯は環節的構造によって可能となる。環節的構造によって，個人的人格は集合的人格のうちに吸収される。また，環節的構造の消滅によって，個人的人格の集合的人格からの解放が進められる。この解放は分業の進歩を可能にする。組織的社会では，分業が進展するにつれて，多数の職業道徳と法律とが構成されるが，この規制は，個人の活動範囲を拡大する。なぜならば，第1に，「職業精神は職業生活にたいしてのみしかその影響を及ぼすことができない」からである。「この領域［職業生活］の外側においては，個人はより大きな自由を享受する」（Ibid: p. 289）[32]。第2に，これらの諸規則はそれぞれの職業生活内部における少数の諸意識のあらわれであって，社会全体のものではないため，変化を押しとどめようと働く力が少ないからである。また，「職業集団に共通な慣行は，社会全体に共通な慣行と同様に，より一般的そしてより抽象的になる」。それゆえ，個人的多様化が容認される。「職業的規制は，その性質そのものによって，その他のあらゆる規制よりも個人的多様性の発展を妨げないばかりでなく，さらには，この発展を妨げることがますます少なくなっていく」（Ibid: 290）。

分業は，社会構造の変化といった社会的原因に起因するが，さらに有機‐心理的諸条件にもデュルケームは言及している。つまり，天性の諸能力，遺伝にかんしてである。ここでもまた，デュルケームは通説から出発する。「通説によれば，本来的に備わっている能力の多様性にこそ分業の第一条件を認めなければならない。分業の主たる存在理由は『諸個人をその能力にしたがって分類する』[33] ことにある」(Ibid: p. 291)。遺伝とは祖先からわれわれに伝えられるものであり，われわれの祖先が生活した諸条件に関係する。種族と個人とは互いに逆比例する2つの矛盾する力であり，遺伝は分業の進歩を阻害する。この障害は，信念と慣行の共同体から現れる障害よりも困難なものである。なぜなら，集合意識は，外部から，そして道徳的作用によってのみ個人に強制されているが，遺伝的性向は先天的なものであり，解剖学的根底をもつものであるからである。原初において，遺伝は社会的機能の配分に重大な影響を与えていた。たとえば，カスト制等にみられる世襲的な身分社会は，遺伝にもとづいて社会的機能の配分が行われている。分業が発展しうるためには，こうした遺伝による社会的機能の固定化が破られる必要がある。デュルケームによれば，近代になるにつれ，遺伝の比重は減少しており，個人は大部分が個人自らの手によってつくられると信じられる傾向にある (cf. Ibid: pp. 291-296)。この傾向が正しいとするならば，近代社会は，個人的多様化にたいして広大な領域が開かれており，この領域は，労働がいっそう分割されるにしたがって，ますます拡大してゆく[34]。

　上述のように分業を理解すると，社会的分業は生理的分業と異なり，諸機能の可変性を含有する。諸機能はその役割を変えることができる。つまり，諸個人は

---

32) デュルケームは，経済的領域の拡大する近代社会において，職業的生活が生活の大部分を占めるようになると考えており，その点で，職業的生活の領域を出れば個人はより大きな自由を享受するという主張と矛盾する。職業的生活が生活の中心となっていくということが正しいとしても，現実には諸個人は職業的環境以外にも，家族的環境や地域的環境等様々な集団に属していると考えれば，1つの環節にのみ所属している状況よりも個人的人格の発達する余地が大きくなっているとみなすことができるであろう。

33) ここで，デュルケームは，分業の主原因として遺伝を想定する通説の一例に，ジョン・ステュアート・ミル (John Stuart Mill: 1806-1873) の言を引いている。ミルにたいする批判的言及は『社会学的方法の規準』にもみられる。この点については，デュルケームの経済学把握との関連で，第2章において軽く触れるので，そちらを参照せよ。

自身の機能の決定にたいしてある程度の自由を有する。そして，労働の分割の促進にともなって，諸個人の柔軟性と自由は拡大する。デュルケームによれば，諸機能の可変性が最も顕著にみられるのは経済界においてである。そこでは均衡は不安定であり，変化にたいする柔軟性が求められる。個人はその能力を特殊な機能に従事させ，これを専門化させなければならない。ただし，この専門化は，もっぱら個人的な努力から結果するので，固定性や厳格性をあまりもたず，より柔軟である。つまり，階級社会のような身分の固定化から解放されており，諸個人の地位はそれぞれの努力にしたがってえられるものとされる。社会的環境は複雑であり，複雑な環境はそれだけ本質的に不安定であるため，社会的諸機能の弾力性が高まる。そして，機能は器官からますます独立してゆき，機能と器官の形態[35]との関係が薄くなっていく。機能の多様化は進展するが，形態学的諸類型の差異は消失していっている（cf. Ibid: pp. 317-327）。つまり，諸機能を特徴づけるその器官としての特性が弱まっていく。それは，諸器官内部において規定される集合意識が希薄になっていくことを意味する[36]。

また，社会の密度，体積の変化によって個人が変化する。デュルケームによれば，人間は，遺伝等，生物学的影響よりも社会的原因に依存している。そして，人間の社会生活は，複雑で変りやすい。社会関係の増加は，よりいっそうそれを可能とする共通な信念と慣行を必要とする。他方，共同生活を営む諸個人の増加は，共同生活を豊富にし，多様化させる。そして，このことが可能となるためには，集合意識の抽象化，希薄化が必要となる。デュルケームは，近代になるにつれ，人間が自然的（有機的）影響からより解放され，精神化されると指摘する。精神的生活の最大の発展，つまり，意識の発達，自然からの解放は，人間のより大きな社会性に帰せられる。さらに，社会の密度と体積の増加は，諸個人の多様

---

34) デュルケームは，近代社会では，人間が自身にみあった専門的能力を彫琢することこそが重要であると考えている。

35) 器官の形態とは，単純に言えばその外観，見た目のことである。「仕事が一般的で単純なものである低級社会では，そうした仕事を分担する種々の階級それぞれの区別は形態学的特徴によりなされる。換言すれば，各器官はほかの器官から解剖学的に区別される」（Ibid: p. 324）。

36) たとえば，かつてある職業に従事する者は，その職業に附随する身体的特徴や，服装等の識別可能な外的特徴をもっていたが，次第にこのような外的特徴が消滅してい

化をうながし，各個人の行為は，他者への影響をもつようになり，自生的活動の源泉となる。「個人の人格が形成され，自我意識を持つようになる」このような個人の精神的生活の拡大は，社会の精神的生活の拡大を引きおこす。そして，「結果的に，個人意識は，拡大し，複雑となり，柔軟になる」(Ibid: p. 339)。人間は，有機体（生物学的要素）と外界（自然界）と社会の環境に依存しているが，デュルケームにとって，このうち，主として社会のみが個人的性質の諸変化を説明する。つまり，個人的諸性質は社会生活から結果する。それは，人々がひとたび団結するとき，他者と接触し，それにしたがって相互に影響しあう様式から生ずる。個人の体質は，集団生活の所産の条件にすぎない。「社会は諸個人なしには存在しないものの，各個人は，社会の創造者であるというよりも，むしろはるかに社会の産物である」(Ibid: p. 342) [37]。

第4節　近代社会が直面している問題

デュルケームにとって，近代社会は分業によって有機的に連帯した社会であるはずだが，現実に分業が連帯として機能していない。そこで，その現状を異常形態（formes anormales）として，3つの類型に分けて分析している。分業の異常形態の1つは無規制的分業（division du travail anomique）である。その例として恐慌や破産があげられる。これらは，有機体のある諸点において，ある社会的諸機能が相互に調整されていないことを示している。このような現象は，分業の進展にともない増加している。この社会的諸機能の機能不全の例として，他に労働

　　っているとデュルケームは指摘する（cf. Ibid: pp. 324-325）。デュルケームはこうした
　　変化を，形態学的諸類型の差異の消失と考えているが，むしろ，諸個人が単一の器官
　　にのみ属さず，いくつかの器官に属していることによって生じる部分のほうが大きい
　　のではないだろうか。形態学的諸類型の差異の消失を重視するデュルケームの考えの
　　背後には，おそらく，近代社会の理念型における，諸職業の社会的価値としてのある
　　種の平等化が想定されている。
37）このようなデュルケームの個人像把握は，明らかに「古典派経済学」的な個人像と
　　対照的なものといえる。デュルケームのこのような個人像把握は，社会の密度，体積
　　の変化による個人の変化という観点からみれば，伝統的な「古典派経済学」において
　　個人が不変のものとして無機質な個人像が想定されることにたいして，より生き生き
　　とした個人像といえる。

と資本との敵対関係がある[38]。「工業的諸機能がいっそう専門化するにしたがって，連帯は増すどころか，闘争がより激しくなる」(Ibid: p. 345)。この原因の1つは，労働者階級が受ける拘束にある。つまり，労働者階級は不当な条件を受けいれている。ただし，この拘束は，財産に恵まれない人々全般に影響している。しかし，デュルケームにとって，「この恒久的敵対状態は，まったく工業界に特有なものである」(Ibid: p. 346)。また，工業界において，この拘束はあらゆる労働者にとって無差別的に同一のものであるが，この敵対関係が激しいのは，特に大工業においてである。それゆえ，これらの敵対状態は部分的には他の原因にももとづいている。この現象の別の例として，諸科学があげられる。分業のこうした側面は，一般的には，分業がある程度の発展を超えると，分業の必然的結果として，分業による疎外が生じるためであると考えられている。つまり，分業は，社会を分散化させ解体させるとされる (cf. Ibid: pp. 344-349)。しかし，デュルケームはこうした分業観にたいしては否定的である。分業によって上記の問題が生じるのは，分業が本来もっている特性によるのではなく，分業が正しく機能していないからであるとデュルケームは考える。デュルケームにとって，分業は協同を前提としており，無規制状態のもと利害のみにもとづいて分業がおこなわれるならば，それはデュルケームが肯定的にとらえている分業とは異なるものである。

　分業の進展，すなわち諸機能の専門化において，「集合意識の衰退は正常現象である」。それゆえ，有機的連帯が機能していないとすれば，それは機械的連帯の衰退によるのではなく，「有機的連帯のすべての存在条件が実現されていない」(Ibid: p. 356) ためである。有機的連帯が存在するためには，一般的にその連帯性を感じていて互いに相手を必要する諸器官の体系が，存在するだけでなく，諸器官が協同しなければならない様式が，最低でも最も一般的な状況において，あらかじめ確定されていることが必要である。しかし，契約さえ行われればそれで良いというわけではない。「契約は，それ自体だけでは十分ではなく，契約生活

---

[38] デュルケームは労働と資本の敵対関係がどのようにして起ったかを，労働と資本の歴史的過程から分析している。中世においては，労働者は，同一の工場，同一の仕事場で労働を分担しており，親方のそばで生活していた。そして，両者の関係はほぼ平等であった。15世紀以降，こうした関係は変化しストライキ等が発生する。しかし，闘争は一時的なものであった。このころの経済制度は家内制手工業である。17世紀以降になると，大工業の時代になり，労働者と雇主は完全に分離する。こうして両者の関係はつながりを欠き，闘争は永続化し激化する (cf. Ibid: pp. 344-346)。

それ自体のように，拡大し複雑になる規制を前提としている」。それゆえ，契約のみでは諸器官の協同は担保されない。「正常的状態においては，これらの規則そのものが分業から導き出される」。分業とは，諸機能と諸機能の対面である。「所与の状況において，それ自体そのまま同じように繰り返される確定的行動様式」(Ibid: p. 357) である。反復は習慣となり，行為規則に変化する。それゆえ，デュルケームにとって，正常的には分業は規制を生み，連帯を生じさせる。しかし，経済的領域において，こうした規制は存在していない。規制のこの欠如によって，諸機能の規則正しい調和が実現されない。「仮に分業が連帯を生みだしていないとするならば，諸器官の関係が規制されていないからであり，無規制（anomie）状態にあるからである」(Ibid: p. 360)。この無規制状態は，諸器官が十分に接触を保っていないことから生ずる。市場の拡大による諸器官相互の関係の変革にたいして，それに対応する新たな組織化がなされていない。分業は往々個人を脱人間化された歯車にすると非難されるが，それは単に例外的異常的事情によって起っているにすぎないとデュルケームは指摘する。分業が正常に働くためには，諸機能相互の対面が感じられるようになっていなければならない。すなわち，諸個人が自己の能力を最大限発揮すること＝分業が新たな道徳となることが必要であり，さらに，諸機能相互の関係が正当な評価にしたがって規定されることが必要である (cf. Ibid: pp. 256-265)。近代社会の連帯において，デュルケームが問題視するのは，類似による連帯が機能していないことではなく，諸機能が組織化されていないことにある。そして，諸機能の組織化のためには，諸機能の協同化をうながす諸規則が必要であると，デュルケームは考えている[39]。

　分業の異常形態の2つめは，階級あるいはカスト制度による分業の組織化である。この厳重に規制された組織，労働の配分様式は内紛を生じさせる。なぜならば，個人の遺伝的素質と個人の果たす社会的機能との間には，大きな距離が存在しているからである。「分業が連帯を生みだすためには，したがって，各人が仕事をもつというだけでは十分ではなく，それに加えて，この仕事がその人に適していなければならない」(Ibid: p. 368)。なにものも諸個人の創意性を妨げることなく，分業が内部から自生的に確立される場合，個人的諸性質と社会的諸機能との調和が，少なくとも平均的にいって必ず生ずる。「この時，労働の分割様式を決定する唯一の原因は能力の多様性である。したがって，事物の力によって，労働の分担はその能力にあった方向で行われる」(Ibid: p. 369)[40]。階級やカスト制による拘束的分業 (division du travail contrainte) は，第2の病的類型である。分

業は規制なくしては立ちゆかないが，もっぱら力によって拘束されているとき分業は拘束的となる。したがって，分業は自生的であるときにのみ連帯を生む。「社会的不平等が自然的不平等を正確に表すように社会が構成されている場合にのみ，労働は自生的に分割される」(Ibid: p. 370)。つまり，分業が連帯を生むためには，闘争の外的条件の絶対的平等が前提とされる。確かに，こうしたことが実現されている社会は存在していない。しかし，近代社会は人々の平等をより求めるようになってきている。他方，分業の進歩は常に不平等の拡大を含んでいる。それゆえ，近代社会において要求される平等とは闘争の外的諸条件の平等である。機械的連帯の社会では，人々は社会秩序に結びついており，それは信念と慣行により表現されている。有機的連帯の社会では，差異化した諸個人がそれぞれ専門化された諸機能を分担することによって結びついている。それゆえ，この社会的紐帯にたいする抵抗が問題となるのであり，諸機能分担における外的条件の平等が必要とされる。デュルケームによれば，組織的社会において，分業が自発性の理想に近づいてゆくことは不可避である（cf. Ibid: pp. 367-374）。

> 組織的社会が，できうるかぎり社会的不平等をなくそうと努力し，また努力しなければならないのは，……組織的社会の存在それ自体がこの問題と深くかかわっているからである。なぜならば，組織的社会を形成している全部分が連帯しているときのみ，組織的社会は存続しうるのであり，この条件においてのみこの連帯は可能となる（Ibid: p. 374）。

---

39) このデュルケームの考えの背後にあるのは，当時の経済学にたいする批判的見解である。そして，当時の経済学とは異なる経済学が必要である，という考えがその先にある。

> 経済学者たちが，分業を社会的諸力の効率を増大させる手段にすぎないものと解釈せずに，分業は何よりもまず連帯の一源泉であると認識していたならば，分業のこの本質的特性を手つかずのまま放っておかなかったであろう，したがって，分業をこの不当な批判にさらしたりすることはなかったであろう（Ibid: p. 365）。

デュルケームの経済学にたいする見解に関しては，第2章を参照せよ。

40) デュルケームにとって，分業が正常的に機能している状態とは，多様化した諸個人がそれぞれの能力に相当する諸機能を果たしている状態である。そのとき，個人的諸性質と社会的諸機能は調和している。

さらに、闘争の外的諸条件の平等は、各個人をその機能に結びつけるためだけでなく、諸機能相互を結合するためにも必要である。契約的諸関係は分業とともに発展する。契約とは交換の法律的形態であり、デュルケームにとって、契約的連帯は有機的連帯の重要な変種の1つとされる。近代に近づくにつれ、契約法は常にその量を増やしている（cf. Ibid: pp. 379-380）。この契約法の目的は、契約的関係に入りこむ諸機能の規則正しい協同を確保することにある。しかし、そのためには契約が自生的に実行されることが必要である。交換される諸サーヴィスが等しい社会的価値をもってはじめて、契約は完全に同意される。各交換物の社会的価値とは、その交換物が包含している有効労働量（quantité de travail utile）を表している。有効労働量とは、有用な社会的諸効果を生産しうるエネルギーの部分である。各交換物の社会的価値が等しいとき、契約は自然と均衡し公正な関係が築かれる。「この等価性が契約規則であるための必要十分条件とは、契約者当事者たちが平等な外的諸条件のうちにおかれているということである」。事物の評価は交換自体からひきだされるのであり、「その労働を価値あるものと評価させるためには、交換を行う諸個人が、自らの社会的価値（mérite social）に内在する力以外の力をもっていてはならない」（Ibid: p. 377）。諸個人に内在する個々に異なるあらゆる長所、短所は、常に人々に社会における不平等的地位を与えるが、このような不平等は外見的であるにすぎない。つまり、それは内的不平等の結果にすぎない。「したがって、この優越性［不平等］が諸個人の人格やその社会的用役にもとづいていないならば、それは交換の道徳的諸条件をゆがめてしまう」（Ibid: p. 378）。そして、そのとき不公正な契約（contrat unjuste）が生ずる。これらの不公正な契約は機械的連帯の社会ではあまり問題とならない。なぜならば、機械的連帯の社会において、契約的関係が生ずる機会はあまり多くないからである。しかし、有機的連帯の社会では、分業が発展し、社会的信念、集合的意識も弱まっており、社会的関係の多くは契約的関係となっているため、これらの不公正は大きな問題となる。

デュルケームは経済学者たちの道徳科学にたいする貢献を評価する。

はじめて社会生活の自主的特性を指摘し、拘束は社会生活をその自然的方向から逸脱させうるだけのものであって、正常的には社会生活は、外的なそして義務的な調整からではなく、自由な内的生成から結果することを示した功績は、まさしく経済学者たちに帰せられる（Ibid: p. 380）。

しかし，経済学者たちが想定するものとは異なり，デュルケームにとって，自由それ自体は規制の産物である。自由とは社会的活動から結果しているものであり，社会による自然の克服である。自然状態において，人間は身体等，不平等な外的諸条件のうちにおかれている。自由とは，こうした外的諸力を社会的諸力に従属させることによってえられる。それは，自然的秩序の転倒である。外的不平等は自由の否定そのものであり，近代社会はそうした外的不平等の解消を要求している。それゆえ，近代社会の任務は，正義の事業であるとデュルケームは指摘する。有機的連帯の社会の理想は，「社会的に有用なすべての力の自由な展開を確保するため，われわれの社会関係にたえずより多くの公正（équité）を実現することである」(Ibid: p. 381)。公正への諸欲求は，社会の構造に生じた諸変化の必然的帰結である。有機的連帯の社会において外的諸条件の水平化は不可避であり，有機的連帯が機能するためには正義，つまり外的不平等の解消による公正性が求められる。

　分業の異常形態の3つめは，「諸個人の活動に十分な原料が供給されないような形で諸機能が分配されている」とき生じる。しかし，これは経済的側面に問題を生じさせるだけではない。社会的側面においては，諸機能の大なり小なりの不調整が起きている。「要するに，連帯は緩み，不統一と無秩序とが現れる」。このような分業の異常形態の解消には，規制的器官，管理における「規制的活動がある様式でおこなわれることが必要である」(Ibid: p. 383)。つまり，各人が十分に専心しうるように労働を配分し，各労働者の機能的活動を増進させなければならない。それによって，労働がより経済的に修正されると同時に，秩序は自生的に回復する。一般的に，連帯は専門的諸部分の機能的活動に極めて密接に依存している。いわば，分業の進展した社会において，連帯と専門的諸部分の機能的活動は正の相関関係にある。「機能的活動のあらゆる増加は連帯の増加を決定する」(Ibid: p. 384)。各機能がより活動的になれば，その持続性は増し，諸機能はよりいっそう連帯的となる。労働量が大きくなくかつ十分でないならば，「連帯自体は不完全になるばかりでなく，大なり小なり完全に欠如する」。しかし，「正常的には，分業は，機能的活動が，同時にそして同程度に増加することなしには発展しない」。また，「分業はそれ自体諸機能をより活発に，より持続的にする傾向がある」(Ibid: p. 387)。経済学者たちによれば，その理由の主なものは以下の2つである。1つは分業による労働時間の効率化。もう1つは分業による生産効率の

向上。さらに，事実として，労働が細分化されるにしたがって，労働はより持続的になることが観察される。近代において，労働は永続的職業や習慣となる。デュルケームによれば，この習慣の定着は，労働を欲求にすらする[41]。それゆえ，分業は社会的凝集の源泉である。分業は諸個人の活動を制限するが，諸個人の活動自体を増大させることによって，諸個人を連帯的にする。諸機能活動の増大と統一性は，正常的状態において分業に不可欠なものである。

近代社会が直面している問題を指摘することによって，デュルケームは分業が正常的に機能するための条件に言及している。ひとつは，諸機能を組織化するための，諸機能の協同化をうながす諸規則の確立である。つまり，雇主と労働者との関係や生産者と消費者との関係等の，諸機能相互の関係を規定する制度，あるいは法律等が必要とされる。ひとつは，外的諸条件の水平化，外的不平等を解消する公正性の確立である。ひとつは，諸機能活動の増大と統一性である[42]。

第5節　近代社会の理念型

アルカイックな社会では，集合類型の本質的諸特性を実現することを命ずる行為規則が厳格に要求される。そこでの第1の義務は，類似することである。つまり，諸個人は同質的なものとされる。類似を命ずる規則は，集合意識の，したがって，社会的連帯のいっさいの動揺を予防する機能をもつ。また，この類似を命ずる規則が道徳的性格をもつという条件の下ではじめて，この役割を遂行しうる。この社会における道徳的諸規則は，抑止的制裁をともなう規則と想定される。この規則は，機械的連帯の諸条件を表している。

他方，近代社会では，要求される諸類似は数的に減少する。これによって，諸個人の人格は発達し，諸個人は異なった存在として認識される。そして，専門化

---

41) このようなデュルケームの労働観は，「古典派経済学」にみられる労働観とは対照的である。たとえば，「古典派経済学」の代表的存在であるデイヴィッド・リカードゥ (David Ricardo: 1772-1823) にとっての労働とは，有江にしたがえば，「ただ単に『犠牲』すなわち苦痛」である。「リカードゥでは労働は人間性とのなんらの関連も持たず，ただひたすら商品の価値の大きさを決める無機質な要因としてのみ記述される」（有江 1990：226-227頁）。

42) この諸機能活動の増大と統一性を阻害するものとして，たとえば市場の硬直化を考えることもできよう。

することを命ずる規則によって社会的連帯が確保される。この規則は，近代社会の凝集にとって必要である。近代社会は，労働が分割されてはじめて，均衡状態を維持することができる。そこでは，専門化を命ずる規則が道徳的特質をもつという条件の下ではじめて，社会的連帯のいっさいの動揺を予防する機能を果たす。この社会における道徳的諸規則は，復原的制裁をともなう規則と想定される。この規則は，消極的連帯と有機的連帯の諸条件を表している。

　デュルケームにとって，「法と道徳，それは，われわれを相互に，そしてまた社会にむすびつける，つまり，諸個人からなる集団（masse des individus）を一個の集合体，凝集的集合体となす諸紐帯の総体である。連帯の源泉のすべては道徳である」(Ibid: pp. 393-394)。道徳性は，自由によって定義されるのではなく[43]，依存状態のうちに存在している。つまり，「個人を一全体に統合された構成部分とすること，したがって，個人の活動の自由の幾分かを彼から奪うことを，その本質的機能としている」。社会は道徳の必要条件であり，方法論的個人主義にみられるような内在的道徳性をもった諸個人の単なる並置ではない。「人間は社会内で生活しているからこそ道徳的存在であるにすぎない」(Ibid: p. 394)。道徳性は，1つの集団の連帯的状態にあることに存在しており，連帯と同じように変化する[44]。近代社会にあらわれる諸個人意識として，「人間の尊厳（dignité humaine）に対するとてもいきいきとした尊敬の気持ち」(Ibid: p. 395) がある。このようなデュルケームの考えは，近代社会において，道徳的個人主義，あるいは人格の崇拝が出現しているというものである[45]。

　デュルケームは近代社会の特徴を分業にみたわけだが，そうした分業は，「社会的連帯の本質的条件にますますなってきている」(Ibid: p. 395) とデュルケームは主張する。機械的連帯の紐帯は弛緩し，それに伴う個人の流動化は，個人の自律化をうながす。そして，今後多くの人々の集合の唯一の核心は，人格の崇拝，個人的尊厳の崇拝となる。しかし，デュルケームにとって，この集合意識のみでは多様化する諸個人を社会にむすびつけておくことはできない。多様化した諸個人を連帯させるのは，個人的尊厳の崇拝を前提とした分業であり，分業によって

---

43) デュルケームにとって，自由とは規制の産物である。しかし，デュルケームが「自由は規制の産物である」というときの自由と，道徳性が諸個人の活動の自由を奪うことをその本質的機能としているというときの自由は若干異なるものである。前者の場合，自然状態からの解放に重点が置かれている。

諸個人は自己の社会への依存状態を意識し，相互に協力しあう。つまり，デュルケームが想定する分業は道徳的価値を有している。「分業は，社会的連帯のすぐれた源泉となるので，同時に道徳的秩序の基盤にもなる」(Ibid: p. 396)。このような立場から，デュルケームは，「専門化をできうるかぎり推し進めるほうが良いというだけでなく，必要なかぎり推し進めるほうが良い」(Ibid: p. 397) と主張する。

　しかし，当時，分業にはさまざまな非難が向けられていた。そうした非難にたいして，デュルケームにとっての出発点は，「人間は自らの人間性（nature d' homme）を実現すべきであり，アリストテレスがいったように，自らの天性の業オイケイオン・エルゴン（Οίχειον έργον）を成し遂げるべきであるという原理」である。ただし，デュルケームにとって，この人間性は不変ではなく，社会と共に変化する。未開社会においては，類似することにあり，確定的な集合意識に規定された行為を行うことである。近代社会においては，「大部分，社会の一器官たることであり，したがって，彼の適切な行為は，その器官としての役割を果たすことである」。さらに，個人的人格も，専門化の進歩によって分業とともに発展する。「一個の人格であるということは，行為の自律的源泉であることである」。デュルケームによれば，人間は生まれながらに自由意志（libre arbitre）を天性としてもっているのではなく，個人的人格の獲得には，「行為主体の意識の内容そのものが人格的特性を有していなければならない」(Ibid: p. 399)。環節類型の消

---

44) このような観点から，デュルケームは，18世紀の哲学者たちの自然状態（état de nature）を，「非道徳なものではないとしても，少なくとも無道徳（amoral）なものである」と指摘する。しかし，その一方で，「道徳を社会的利益との関連で説明する公式」(Ibid: p. 394) に戻ることも否定する。さらに，個人的道徳による説明も退ける。

> 個人が主体でもあり客体でもある義務の総体，個人をかれ自身にのみ結びつける義務の総体，したがって，たとえ個人がただ一人の存在であっても存続する義務の総体。そのような義務の総体として個人的道徳を理解するならば，それは現実とはまったく無関係の一抽象概念である (Ibid: p. 395)。

デュルケームにとって，道徳とは，「社会状態のうちにおいてしか見出されなかったし，社会的諸条件によってしか変化しなかった」(Ibid: pp. 394) ものである。

45) デュルケームの道徳的個人主義や個人の崇拝に関しては，たとえばGiddens 1972において指摘されている。

滅，分業の発展による個人的意識の社会的環境と有機的環境からの二重の解放の結果，個人はいっそう自らの固有の行為の独立的要因となってゆく。それゆえ，分業に向けられる非難とは逆に，デュルケームにとって，分業の発展によって人格はより完全なものとなる。つまり，分業が発展するにしたがって，個人の自律性は拡大する。「個人的人格の進歩と分業の進歩は，ただ1つの，同じ原因にもとづいている」（Ibid: p. 400）。

　分業の進展にともなう個人的人格の発達は，人類の統一社会への理想へとつながっている。併存している諸社会類型の間には，大きな差異が存在するため，この理想の達成は現実的には困難であるとデュルケームは認めている。しかし，同種の諸社会が全体に結合することは可能である[46]。分業の発展がなければ，より広大な諸社会は形成されえないので，「人類愛の理想は，分業が進歩するかぎりにおいてのみ実現されうる」（Ibid: p. 402）。

　こうした分業の考え方と異なり，経済学者たちにとって，分業が連帯をひきおこすのは，分業が各個人を交換者にするからであるとデュルケームは指摘する。しかし，デュルケームはそうした経済学者たちの論に欠けている点を強調する。デュルケームにとって，分業が連帯をひきおこすのは，「分業が人間たちの間に，互いを持続的に結びつける権利と義務のまさしく一体系を創りだすからである」。社会的諸類似はこれらの諸類似を継続させる法と道徳をうみだし，分業は分割された諸機能の平和的なそして規則的な協同を確保する諸規則をうみだす。経済学者たちにとって，分業は「個人的な利害，一時的な利害にしか影響しない」（Ibid: p. 403）。それゆえ，彼らにとって，人間の諸社会は純粋に経済的な結びつきとしてのみとらえられる。そして，交換が行われる諸条件はひとり諸個人のみとなる。さらに，諸利害は常に発生するものであるから，どのような規制も一切行われる必要がない。しかし，デュルケームにとって，「分業は，諸個人を対面させるのではなく，社会的諸機能を対面させるのである」。そして，「社会はこれらの［社会的諸機能の］はたらきに関心をもっている」。つまり，「諸機能の協力が規則的か否かによって，社会は健康的にも病的にもなる」。したがって，「社会の存在は社会的諸機能に依存している」（Ibid: p. 403）。諸機能の分割が進展すれば，社会の存在は社会的諸機能にいっそう緊密に依存する。それゆえ，有機的連

---

46) たとえば，デュルケームはヨーロッパ社会諸民族がヨーロッパ社会として一個の社会を形成していくであろうと予見している（cf. Ibid: pp. 401-402）。

帯は社会的諸機能を規制する諸規則を必要とする。さらに，この諸規則は公正さを求められる。そのためには，競争の外的諸条件が平等でなければならない。これらの，分業が正常に機能するための条件については前節においても触れた点である。

また，上記の条件とともに，近代社会の集合意識はますます個人崇拝が主となる。それゆえ，「組織的社会の道徳の特徴は，環節的社会の道徳と比較して，より人間的なもの，したがって，より合理的なものである」（Ibid: pp. 403-404）。組織的社会の道徳は，「ただ，われわれの同胞たちにたいして愛情をもって接し，公正であり，自らの仕事を十分に果し，各人がそのもっともよく遂行しうる機能に就いて働き，その努力にたいする公正価格（juste prix）をうけること」にある。デュルケームにとって，近代社会の理想とは，「各人がそれぞれにふさわしい地位を占め，自らの真価に相当する報酬を受け，したがって，あらゆる人々が全体と各人との善（bien）のために自生的に協力するような社会」（Ibid: p. 404）である。このような社会は現実に存在していないが，理念型としてのデュルケームの近代社会とは上記の言葉に要約されている。

近代において，道徳が直面している危機は，社会の構造のうちにおいて，劇的な変動が起こっていることを原因としているとデュルケームはみる。環節的類型からの解放によって，環節的社会の道徳は退化したが，これに代わる道徳がいまだに形成されていない。ばらばらになった諸機能相互は未調節の状態であり，組織化されていない。それゆえ，正義の欲求，つまり外的諸条件の平等が充足されるように組織化されなければならないとデュルケームは主張する。近代社会が直面する問題を解決するためには，無規制状態の停止，不統一な運動のうちで衝突しあっている諸器官の調和的協同を実現させる手段の確立が必要である。つまり，外的不平等をますます弱めることによって諸器官の関係のうちに，いっそう多くの正義を導入することが必要とされる（cf. Ibid: pp. 404-406）。

『社会分業論』では，近代社会を有機的連帯の社会ととらえ，機械的連帯とは異なる道徳の必要性が主張されている。その新たな道徳とは，デュルケームにしたがえば分業ということになる。また，職業道徳の欠如も近代社会の大きな問題点と考えられている。この両者は，実は異なる層における道徳としてとらえるべきであろう。つまり，道徳としての分業とは，諸器官を結びつけるものであり，社会全体に共通する道徳であり，職業道徳とは，それぞれの器官内部における道徳である。

以上のことを，伝統的な「古典派経済学」が無視してきたこととの関連からいえば，デュルケームは『社会分業論』を通して，道徳，あるいは現代的な言葉でいうならば，慣行や制度といった社会的側面を経済現象に付与させようと試みたとみることができる。

お わ り に

　『社会分業論』は産業化の進展する近代社会を，道徳という側面から分析し，経済社会を社会的側面からとらえようという試みであった。アルカイックな社会と近代社会を，それぞれ機械的連帯の社会，有機的連帯の社会に類型化し，両者を比較することによって近代社会の直面する問題を明らかにする。伝統的な「古典派経済学」は社会を単なる諸個人の総和とみなし，諸個人は単に自己の利益を追求する素朴な個人主義者に帰される。しかし，デュルケームは，『社会分業論』を通じて，近代社会における諸個人が自律的で個人化する傾向にあるとしても，それが社会とは無関係に独立した人間としてとらえられるものではないことを指摘する。

　機械的連帯の社会としてのアルカイックな社会が，諸個人を同質的なものと規定するように，有機的連帯の社会としての近代社会は，諸個人の差異化，専門化を規定する。つまり，社会にはそれぞれそれ固有の道徳が存在しており，そうした道徳，あるいは制度や慣行といった社会的側面によって諸個人は規定されている。そこには，伝統的な「古典派経済学」が無視してきたことが描き出されている。つまり，デュルケームは伝統的な「古典派経済学」によっては近代社会の直面する問題を解決することができないとみなす。近代社会において，経済的無規制状態が問題なのであり，その解決のためにはアルカイックな社会とは異なる道徳が必要となる。この新たな道徳，あるいは現代的な言葉でいうならば，慣行や制度といった社会的側面が伝統的な「古典派経済学」には欠落しており，デュルケームは経済学にたいして批判的である。それでは，デュルケームは経済学を一切否定していたのだろうか。次章ではこの点に焦点を当ててデュルケーム社会学を検討する。

第2章 デュルケームと経済
――経済学批判から社会経済学へ――

は じ め に

　デュルケームは周知の通り社会学の確立を目指し，社会学者であった。それゆえ，すでに指摘したとおりデュルケーム研究も主に社会学的領域で，また社会学的側面から分析されている。ところで，デュルケームが自身の学問を探求していた時代は，一方で産業発展による資本主義化の時代であり，他方で社会主義が台頭しつつある[1]という，まさに経済的領域の拡大する時代であった。

　実際，デュルケームはその著書の中で経済学についても触れており，経済学に対する批判も述べている。確かにデュルケームは経済学者ではなかったし，経済理論に多大な影響を与えたとはいえない。しかし，デュルケームが社会に直面した時，経済的諸問題は避けては通れないものであったし，そこに社会的諸事実[2]をみていた。また，デュルケームの時代と比較して，現代社会における経済的領域はますます拡大する傾向にあり，経済的側面はわれわれの社会生活の隅々に至るまで浸透している。

　それゆえ，デュルケームが自らの社会学を構想した際に，社会の経済的領域をどのように扱おうとしていたかには，実はデュルケーム社会学の特質と，その今

1）社会主義は資本主義化に対する抗議であり，一見すると社会主義の台頭は経済的領域の拡大と逆行するように思われる。しかし，経済的領域が拡大するにつれ，ますます資本主義の矛盾が表面に現れ，社会主義がより台頭したともいえる。たとえば，ヴェルナー・ゾンバルト（Werner Sombart: 1863-1941）が『ドイツ社会主義』のなかで176種類の社会主義を挙げているように，資本主義化にたいしてさまざまな社会主義が登場していた（cf. Sombart 1934）。
2）デュルケームにとって，社会的事実とは個人に外在し個人を拘束するものである（cf. Durkheim 1895: pp. 3-14/26-39頁）。つまり，それは個人の精神による観念として考察されるのではなく，まず第一に観察によって研究される。ただし，社会的事実が個人にたいして外在するとデュルケームが言うとき，デュルケームは個人と社会を具体的に区別していたわけではない。この点に関しては，Alpert 1937 や Giddens 1972 等を参照せよ。

日的可能性を考えるうえで大きな意味があると考えられる。例えば，宮島はデュルケームの経済的事実にたいする認識を，デュルケームの社会学的事実の認識や社会学的方法との関連から分析している[3] (cf. 宮島 1978)。シュタイナーはフランソワ-シミアン (François Joseph Charles Simiand: 1873-1935) とドイツ歴史学派との関連からデュルケームを分析している[4] (cf. P. Steiner 1994)。また，ナウとシュタイナーはデュルケームをグスタフ・フォン・シュモラー (Gustav von Schmoler: 1828-1917) と比較しながら，デュルケームと制度派との関連性を分析している[5] (cf. H. H. Nau and P. Steiner 2002)。この他にも，G. Aimard 1962 や中島 1984，白鳥 2003 などが挙げられる。しかし，デュルケーム研究を振り返ってみると，この点に関する分析は必ずしも十分とはいえない。

本章はデュルケーム社会学の経済的側面に焦点を絞って分析するものである。デュルケームが当時の経済学にたいしてどのような態度を示していたのか，また経済学をどのように位置づけていたかを検討する。さらに，デュルケームにおける経済学と道徳の関係，デュルケームの社会主義の解釈を検討することによって，デュルケームの経済学に対するスタンス，また当時の経済学とは異なったデュルケーム独特の「経済学」の考え方をみていく。そして，デュルケーム社会学が実は経済学を内包することを示し，さらにそれが「社会経済学」としての側面を有していることを明らかにする。

デュルケーム社会学における経済的領域を検討することによって，今まで見過ごされてきたデュルケーム社会学の経済学としての一側面が浮かび上がり，デュ

---

3) 宮島は「『社会』と『経済』のデュルケーム的対置は，多分に機械的，非弁証法的であるという感をまぬがれ」ず，その経済学的批判には限界があると指摘しつつも，「社会的＝道徳的基準をもってするその考察が，あるいは経済学の前提する人間像への批判として，あるいは西欧資本主義の問題状況の一角を鋭くとらえた批判として，無視しがたい意義をもっている」（宮島 1978：65-66頁）と評価している。

4) ただし，この論文での分析はシミアンに重点が置かれている。

5) シュタイナーとナウはデュルケームとシュモラーの問題意識が現在なお重要な問題であると評価している。彼らは，デュルケームとシュモラーの類似点として，一方で社会改革，社会的正義への関心，そして他方，新たな社会科学的方法の構築への努力を挙げている。さらに，両者とアメリカの制度学派 (old institutionalism) が，分析手法や方法論の違いはあるとしても，経済的事実の分析に社会科学的方法を用いることの必要性を主張していると指摘している (cf. H. H. Nau and P. Steiner 2002)。

ルケーム社会学の新たな解釈が可能となる。従来の研究では，デュルケーム社会学にとっての経済的領域はあまり大きなウェイトをおいて考察されておらず，デュルケーム社会学の「経済学」についてはあまり言及されてこなかった。しかし，経済的領域の拡大をデュルケームが認識していたことを考えれば，デュルケーム社会学それ自体も，経済との関わりから考察することによってより理解を深めることができるといえる。なぜなら，経済的諸問題もまた1つの「社会的事実」ととらえることができるからである。また，経済学の視点からデュルケーム社会学を解釈することは，デュルケームの経済学批判を通じて，伝統的な「古典派経済学」があまりにも無視してきた社会的側面を再検討することへとつながる。それゆえ，経済的領域が社会の広範な部分をますます侵食しつつある現代社会のなかで，このような課題のもとデュルケーム社会学をとらえていくことは意味あるものといえる。

第1節　経済学の「社会的」側面

始めにデュルケームが当時の経済学の前提と方法についてどのような態度を示していたのかを検討する。デュルケームが当時の経済学のどのような点に対して批判的だったのか，どのような点を評価していたのかを検討することによって，デュルケームの経済学に対する立場を明らかにする。デュルケームは初期の論文等で当時の経済学に対して批判，検討を加えており，以下ではそれらをみていく。
「社会科学の諸研究」(1885) の中で，デュルケームは「古典派経済学」による諸問題の人為的単純化を批判する。たとえば，「最大限の自由と個人的自発性には孤立した個人しか到達することができない」(Durkheim 1970: p. 203/157 頁) という当時の経済学の考え方を問題視する[6]。また，当時の経済学の規則が抽象的である点を指摘する。

---

[6]「自由」に対するデュルケームの定義に関してはここでは深く扱うことはできないが，デュルケームは規制も拘束もない「自由」に対して批判的である。少し長くなるが，「自由」に関するデュルケームの見解を以下にいくつか引用しておく。

　　自由（我々は，社会において遵守されねばならない自由を，正しい自由と理解する）そのものは規制の産物である。他者が私の自由を抑圧するため恣意的に用いる肉体的，経済的，あるいはその他の優越を利用させないというかぎりにおいてのみ，私

経済学者たちならびに社会主義者たちが考えているように，給料の率が，あるいは社会保障法の結果によって，あるいは生産の正常な増加の結果によって高められるだけでは不十分である。さらに貯蓄が明確な目標を持つことが必要である（Ibid: p. 205/158頁）。

「古典派経済学」が前提とする孤立した個人は，社会のなかで生きる人間という側面を無視しており，デュルケームにとって容認できるものではなかった。人々は社会に存在している限り相互に依存しあっており，孤立した個人はそうした他者を感ずることができない。デュルケームにとって経済的現象もそれ自体社会に

> は自由でありうる。そして，社会的規範のみがこうした越権行為を阻止することができる。経済的独立を諸個人に保証するためには，どれほど複雑な規制が必要であるかは今や明白である。経済的独立なくしては，個人の自由は単なる名目にすぎない（Durkheim 1893: pp. III-IV）。

> 自由は個人がその欲求に従って個人的な生活を整序するのを可能とするに必要なものであるとしても，それ以上にまで広がることはない。……個人の自由は，諸々の慣習，習俗，法もしくは規制などの形式をとるにせよ，常に，そして至るところでかかる社会的拘束によって制限される（Durkheim 1970: p. 96/76-77頁）。

> われわれが強制されることなく，得意の仕事にはげむことができること，これこそが何らかの価値ある唯一の自由である。ところがこの自由は，社会の中においてはじめて可能なのである（Durkheim 1885a: p. 360/20頁）。

7）当時の経済学の状況をデュルケームは以下のように述べている。

> ……著者［コスト］は純粋な経済学者ではない。少なくとも彼は経済学に，この科学に異質的な諸考察を介入させることにやぶさかではない。他の理由から真の古典経済学者たちはめったにそういうことはしない。……ドイツ人は長い間，かなりまちまちな諸理論を貫いてその必要を感じている新しい経済学的方法——しかしそれは未だ漠然とした形でしか見えないが——を研究している。イギリスにおいては古い自由主義の信条がかなり強力に揺さぶられているようである。最後に，フランスでは，数年前からかなり顕著な分裂が経済学会の内部に生じている（Durkheim 1970: p. 205/159頁）。

おけるものであり，社会的側面を消し去り純粋な経済的側面しか見ない伝統的な「古典派経済学」をデュルケームは批判している[7]。

そして，アドルフ・コスト（Adolf Coste: 1842-1901）が，「道徳は感情の科学ではまったくなく，経済的諸事実に浸透しなければならない客観的諸法則，また実際に浸透している客観的諸法則であることを理解している」（Ibid: p. 206/159頁）とデュルケームは評価している[8]。なぜならばデュルケームにとって，道徳は科学的に分析されるべきものだからである。当時の道徳学はある1つの観念[9]を出発点として，それを単に発展して提示するといった観念論的段階にとどまっており，科学的分析よりもむしろ技術的側面，つまり現実がいかにあるかを分析するのではなく，どうあるべきなのかといった実践的問題が主となっていることをデュルケームは問題視する[10]（cf. Durkheim 1895: p. 23/49頁）。

> 道徳学においては理論的部分は義務，善，権利等の観念に関する若干の議論に還元されている。しかも，これらの抽象的思弁は厳密にいえば1つの科学を構成していない。なぜなら，それらの目的とするところは道徳性の最高規準が事実いかにあるかを決定することにあるのではなくて，いかにあるべきかを決定することにあるからである（Ibid: p. 26/52頁）。

道徳がどうあるべきか，いかにあるべきか，どのような道徳が良いのかといった問題は技術的問題であり，デュルケームにとって科学的分析とはいえない。道徳が科学的に分析されるためには，まず道徳を定義づけるところから出発しなけれ

---

8) また，コストが「事物の一側面しか見ない経済学はそれ自体では不十分であるということを躊躇なく認めて」（Ibid: p. 203/157頁）おり，経済学に「異質的な諸考察を介入させることにやぶさかではない」（Ibid: p. 205/159頁）点をデュルケームは評価している。

9) たとえば，合理主義者にとっては「人間が出生のとき，すでに自己のうちに既製品として見出すもの」であり，経験論者にとっては「歴史の過程において多少とも緩慢に形成されたもの」（Durkheim 1895: p. 23/ 49頁）である。

10) デュルケームは科学が実践的問題にたいして無関心であるべきだと主張しているわけではない。デュルケームが問題とするのは，科学がその出発から実践的問題を追及することにある。科学が確立されたのちに実践的問題は取扱われうるのである（cf. Ibid: pp. 14-19/41-45頁，pp. 140-141/180-181頁）。

ばならない。さらに，その定義が客観的であるためには，観察による外部的諸特徴の把握が必要である。

 ……それ［定義］は諸現象を精神の観念によってではなく，諸現象に固有の諸属性によって説明しえなければならない。すなわち，このような定義は諸現象を，諸現象についての多少とも理想的な観念との合致によってではなく，諸現象の性質を構成する一要素によって特徴づけられなければならない。……この基本的定義の素材は外部的諸特徴のうちに求められなければならない（Ibid: pp. 34-35/61-62 頁）。

予先観念を排し道徳を定義づけ，その特徴を有する諸現象を考察することによって，道徳は客観的諸法則として諸現象において観察，分析される。さらに，経済的領域が拡大するなかでは，経済的諸事実に道徳が浸透していなければならないとデュルケームは考えている。なぜなら，経済的領域は社会の内部における1つの領域であり，そこでの活動も社会的影響を免れることはできないからである。経済的活動は社会から直接的な拘束を受けないもの，受けにくいものであるとデュルケームは考えている。しかし，経済的活動が社会においてより大きな部分を占めるようになればなるほど，経済的活動は社会的影響をより受けるようになる。それゆえ，経済的領域の拡大にともない，道徳は経済の諸々の活動に浸透することとなる。

 道徳と経済学に関するコストの考え方を評価する一方，コストの考える道徳が個人主義的で功利主義的であることを批判する。なぜなら，デュルケームによれば「個人主義的道徳は個人的で主観的価値しか持ち得ない」からである。デュルケームにとって道徳とは「社会的規律以外の何者でも」なく，「道徳が表明するところのものは諸社会の存在の諸条件」であり，「道徳は一種の強制的力ですべての人々に課される」（Durkheim 1970: pp. 206-207/159-160 頁）。つまり，道徳とは分析的には個人の内部から生ずるものではなく，個人の外部，つまり社会によって個人に課されるものとしてデュルケームは捉えている。「道徳の実践的機能とは，社会を可能とし，人びとがあまり衝突したり対立したりせずにともに生活できるようにすること」（Durkheim 1887: p. 273:/87 頁）である。こうした立場から，当時の経済学は「それ自体では不十分であり，道徳なしでは済まし得ない」（Durkheim 1970: p. 207/160 頁）とデュルケームは考える。なぜなら，「古典派経

済学」が前提とする個人主義のもとでは，各個人はそれぞれ自身の利害の追及に邁進し，その結果は各個人が闘争状態に陥るか，または強者による弱者の支配にいたるからである。さらに，経済学者たちが「社会を諸個人の単なる並置にすぎないもの」とみなしていると批判し，「経済的活動が現れるのは構成された諸社会の中においてである」（Ibid: p. 208/160-161 頁）と主張する。構成された諸社会のなかで経済的活動が現れるというのは，経済的活動において単に孤立した個人が自己の利害を追及するだけではないことを意味する。

続いて同論文の中で，デュルケームは，経済的諸問題に対するアルベルト・シェフレ（Albert E. F. Schäffle: 1831-1903）の見解を評価する。

彼［シェフレ］は孤立した，そして純粋な状態として，経済学者たちが甚だ安易に目をつむっていた諸事物の一側面を我々に示そうとした。彼は我々に経済的諸問題をその社会的側面から理解させるのである。要するに，われわれの印象を十分明瞭に要約するならば，経済学の諸問題を若者に手ほどきする最良の方法は，シェフレの『社会主義の神髄』とバスティアの『経済的諸調和』を同時に読ませることであろう（Ibid: p. 210/162 頁）。

つまり，当時の経済学者たちが経済的諸問題の社会的側面を考慮していない点を問題視し，経済的諸問題に対する社会的側面を強調している。また，シェフレの『社会体の構造と生活』（1874-1878）に関する論文の中で，デュルケームは「大部分の知性が限られた範囲しか把握できない状態にある」（Durkheim 1885a: p. 377/37 頁）ことを指摘している。巨大な国家の中で，独立した状態の個人が対立せず均衡が達成されるとはデュルケームには考えられなかった。

また，フェルディナント・テンニース（Ferdinand Tönnies: 1855-1936）の『ゲマインシャフトとゲゼルシャフト』（1887）に関する論文の中でも，近代社会は個人の解放をもたらしたが，その中にも純粋に集合的活動が存在しているとデュルケームは主張している。

まず，デュルケームはテンニースが社会を2つの形態に分類することに同意している[11]。そして，ゲマインシャフトが共同体であり，共産主義[12]がその体制

11）ただし，デュルケームにとっての社会の2つの形態とは機械的連帯（solidarité mécanique）による社会と有機的連帯（solidarité organique）による社会である。この考

であると解釈する。つまり、ゲマインシャフトの抽象化された形での把握が共同体であり、それを具体的体制として理解するならば共産主義となる。それは個人が相互に区別されていないような社会であり、集団の生活が慣例、習慣、伝統に

えば『社会分業論』の中で展開されている。機械的連帯において、社会とは「集団の全成員に共通な信念と感情との多少とも組織化された一全体」であり、「集合類型」である。機械的連帯は「諸個人の類似」を意味する。有機的連帯は「諸個人が互いに異なっていることを前提とする」。つまり、「各人が自己に固有な活動領域を、したがって、一個の人格を有してのみ可能である」(Durkheim 1893: pp. 99-101)。アルカイックな社会を機械的連帯の社会とし、近代社会を有機的な社会とするデュルケームの解釈は、近代を機械的な社会ととらえる通常の理解とは異なりデュルケームのユニークなところである。それゆえ、この点に関しては本章の課題からは少々離れてしまうが少し触れておく。まず、デュルケームはアルカイックな社会から近代へ進むにつれ個人の自立性が一層拡大することになると考えている。そして、デュルケームは各人の意識には「集団全体に共通であり、したがって、それはわれわれ自身ではなく、われわれのうちに生き、活動している社会である」意識と、「反対に、われわれが個性的で他とは異なるということ、つまりわれわれを個人たらしめているということにおいてのみ、われわれを表象する」(Ibid: p. 99) 意識があるとしている。さらに、この両者が相反するもの、互いに反発しあうものであるとデュルケームは考えている。ただし、両者は具体的に区別できるものではない。この両者のうち、機械的連帯の社会では前者がより強く働いており、有機的連帯の社会では後者がより発達している。それゆえ、機械的連帯の社会では理論的には個人の人格は殆ど消滅してしまっている。この場合、各個人は、「無機物体の諸分子がそうであるように、固有の運動をもたない場合にのみ、全体として活動しうる」。このような「個人を社会に結びつけている紐帯が、物を人に結びつけている紐帯にまったく類似している」(Ibid: p. 100) ため機械的とデュルケームは呼ぶ。つまり、アルカイックな社会では個人の自立性が発達しておらず、個人は個人的意識ではなく社会的意識によって動かされている。それに対して、有機的連帯は「分業によって生じる連帯」である。ここでは、個人の自立性が拡大し、各個人の活動が非常に個人的となる。そして、「社会は、その諸要素各々が固有の活動をより多く有するようになると同時に、全体としてますます活動することができるようになる。このような連帯は高等動物において観察される連帯と似ている」(Ibid: pp. 100-101) ため有機的とデュルケームは呼ぶ。つまり、近代社会では個人の自立性が発達し、個人は専門化して自己の活動を行い、そうすることによって社会が全体として調和される。ただし、現実の社会が有機的連帯の社会としてうまく調和されているとはデュルケームは考えていない。第1章も参照せよ。

よって管理されている。ゲマインシャフトは全体が部分より先に与えられた社会であり，その構成は有機的である。それにたいして，ゲゼルシャフトをハーバート・スペンサー（Herbert Spencer: 1820-1903）の産業社会[13]に近いものであるとデュルケームは解釈する。ゲゼルシャフトは個人主義[14]の支配する社会であり，契約法によって秩序づけられる。社会的集合体の量が拡大するにしたがい，社会の個人にたいする圧力が次第に低下する。こうして，個々人は社会と結びつかず，個別にバラバラの状態で存在する。それは部分が全体より先に与えられた社会であり，その構成は機械的である。ゲマインシャフトはゲゼルシャフトに先行し，ゲマインシャフトが減退するにしたがって，ゲゼルシャフトが生じる。ゲゼルシャフトは個人主義の漸進的発展を特徴とし，ジェレミー・ベンサム（Jeremy Bentham: 1748-1832）の考えるような社会として理解される。テンニースが描いたこのような社会は，社会主義者のいう資本主義的社会であるとデュルケームは指摘する。それは，個々人が社会の一般的利益を追求することなく，個別的意志にもとづき個人的利益を追求する社会である。テンニースにとって，このような社会は国家の大きい権力を必要とする。それゆえ，社会主義がゲゼルシャフトの体制となるとデュルケームは解釈する。ここでのデュルケームの社会主義は産業社会，つまり経済活動が拡大した社会において登場するものと考えられている。なぜなら，デュルケームにとって社会主義は経済を組織化することを目的としており，経済活動があまり発達していない社会ではそうした目的を持ちえないからである[15]。

上述のようにゲマインシャフト，ゲゼルシャフトを解釈し，デュルケームはゲマインシャフトに関してテンニースの理論を概ね認める。それに対し，注目すべ

---

12) デュルケームは，共産主義を「社会的諸機能がすべての人に共有されるところに，社会的主要部がいわば分化した部分を含まないところにおいてのみ可能」（Durkheim 1970: p. 234-183頁）なものとしている。そこでは所有は集合的であり，経済的諸機能は社会生活の中心からできるだけ離されているとされる。

13) デュルケームがここで意図している産業社会とは以下のようなものである。

この言葉が一般的に解されている意味での個人主義の支配する社会である。身分の制度がここでは契約により取って代わられている。個々人の意志はもはや集合的意志には吸収されておらず，それらは完全な独立性において相互に対峙して位置づけられている（Durkheim 1889: p. 420/52頁）。

14) ここでの個人主義は，功利主義的個人主義を指す。

15) デュルケームの社会主義に関する詳しい考察は第3節でおこなうが，デュルケーム

きは，ゲゼルシャフトの理論に関してデュルケームが異を唱えている点である[16]。デュルケームにとって，「近代社会にも，純然たる個人的な運動のほかに，昔の規模の大きくない社会のそれとまったく同じように自然な，純粋に集合的活動が存在する」(Durkheim 1889: p. 421/54頁)。社会が存在するということはそこに何らかの社会的欲求が存在しなければならず，個人を社会に結びつける道徳が正常に機能することによって社会的均衡が保たれるとデュルケームは考える。つまり，現実の資本主義社会も人と人との結びつきがあり，そこには何らかの社会的要因とういものが存在しなければならない。しかも，このような結びつきは契約では十分に満たされないとデュルケームには思われた。それが，孤立した個人を前提とする「古典派経済学」ではこうした社会的側面が欠落してしまっているという批判となっているのである。

さらに，「古典派経済学」の前提とする個人の問題と関連して，デュルケームは経済学派とジャン＝ジャック・ルソー(Jean-Jacques Rousseau: 1712-1778)との親近性を指摘している[17]。そして，「経済学者たちが考えている人間と社会は，諸事物の中では何らかに対応するもののない純粋な創造物」であるが，「社会

が社会主義を定義する際に用いた方法は，まず社会主義それ自体を1つの社会的事実として観察するという方法である。デュルケームは，サン＝シモン(Claude Henri de Rouveroy Saint-Simon: 1760-1825)，フーリエ(François Marie Charles Fourier: 1772-1837)，マルクス(Karl Heinrich Marx: 1818-1883)やプルードン(Pierre Joseph Proudhon: 1809-1865)等に言及しつつ，諸々の社会主義に共通する事実を検討している(cf. Durkheim 1928, Durkheim 1970)。そして，諸々の社会主義に共通する特徴，共産主義との比較検討から，「現に拡散的である経済的諸機能の一切，又はそのうちの若干のものを，社会の指導的で意識的な中枢部に結びつけることを要求するすべての学説を，社会主義的」(Durkheim 1928: p. 49/31頁)と定義している。

16) ゲマインシャフトの構成を有機的，ゲゼルシャフトの構成を機械的とデュルケームは解釈している。このテンニースの考え方に対しても，デュルケームは否定的である。アルカイックな社会を機械的ととらえ，近代社会を有機的と捉えるデュルケームの解釈については注11において軽く触れたが，詳しくは第1章を参照せよ。

17) デュルケームは経済学派がまったく抽象的な社会から孤立した個人を前提とすることを問題視する。また，ルソーが「個人とは自足可能であり，またそうあらねばならない一種の絶対的なものとみなすところから出発」(Ibid: p. 266/211頁)し，普遍的で抽象的な存在として人間を捉えているとデュルケームは言う。そして，現実に社会の中で存在する人間を，社会的刻印を受けた人間を考慮していない点に両者の類似を見る。

学者は経済的諸事実，国家，道徳，法および宗教を社会有機体の諸機能と同じように考察しなければならない」(Durkheim 1970: pp. 212-213/163-164頁) と主張する。当時の経済学者たちの考える個人や社会に対してデュルケームは否定的である。しかし，経済的諸事実は研究されるべき対象であり，科学的に分析されなければならない。それゆえ，「古典派経済学」に対して否定的な態度をとりつつ，経済的諸事実を扱うために，「古典派経済学」と異なる方法が必要となる。こうして，デュルケームは社会学が包含する特殊科学として以下の3点を挙げる。「1つは国家を研究するもの，次に規制的諸機能（法，道徳，宗教）を研究するもの，最後に社会の経済的諸機能を研究するもの」(Ibid: p. 213/164頁)。社会の経済的諸機能を研究するとき，その機能は諸々の社会的影響下にある。それゆえ，ある社会のある経済的諸機能はその社会特有の特徴を有する。その点で，デュルケームが想定するこの「経済学」は制度派との親和性をもつといえる。

「社会科学講義」(1888) では，より抽象的な側面から経済学を批判している。経済学者たちが「社会の諸法則が物理的諸法則と同様必然的なものであることを主張し，この公理を科学の土台とした最初の人々であった」(Ibid: p. 80/65頁) とデュルケームは指摘する。そして，経済学者たちが経済の法則を自然的なものととらえ，社会の諸研究に貢献したと評価する。すなわち，経済の法則は人間が創造したり，勝手に変えたりできるようなものではなく，自然的現象と同様規則正しい法則にしたがっている。これらが正常に機能しているとき，政府の介入は必要なく，むしろ逆効果となる恐れがある。経済の法則が自然的なものであるならば，それは人為的操作を加えるべきものではなく，また加えられるものではない。この原理は，デュルケームにとって社会的事実の原理であり，社会学がとるべき態度の基礎ともいえるのである。それゆえ，デュルケームは当時の経済学者たちのこうした考え方を評価する。

しかし，デュルケームにとって経済学者たちによる経済的諸法則は「個人の定義から演繹する論理的な帰結」である。この点で，経済学者たちは批判の対象となる。

彼ら［経済学者たち］は人間一般という抽象的な型を構想するために，時代，場所，国といったあらゆる状況を捨象したばかりでなく，この理想型そのものの中で，彼らは厳密に個人的生活に関係しない一切のものを無視したのであり，結局は抽象を重ねることによって彼らの手中には，もはや利己主義者そのもの

の悲しむべき人間像しか残らなかった（Ibid: pp. 84-85/68頁）。

デュルケームにとって経済学者たちは「社会の中に個人しか見ず，社会の観念を明瞭ではあるが無味乾燥でもはや空虚な一観念にすぎないものに還元し，そこから社会の持つ生き生きとした，複雑なものすべてを奪いとってしまった」（Ibid: p. 88/70頁）。また，「社会学と社会諸科学」（1909）でも同様の批判が行われている。経済学者たちが考える「経済組織など，いわば未だかつて存在したことがなかった。そのような経済組織は現実的であるというよりはむしろ理想的なものである」（Ibid: p. 140/112頁）。デュルケームにとって経済的現象は社会の内部での出来事であり，それゆえ社会的影響を受けずにはいられない。「宗教的諸制度，宗教的諸信念，政治的諸制度，法的諸制度，道徳的諸制度，経済的諸制度，一言で言えば文明を構成するすべてのものは，社会が存在しなければ存在しないであろう」[18]（Ibid: p. 144/115頁）。経済学者たちが社会生活を自生的なものとみなし，社会を1つの自然物として，そこに現れる諸法則を物理的諸法則と同様なものとみなしたことを評価しつつも，社会を個人に還元し，純粋な個人を基礎におくことにデュルケームは否定的である。

　……かれら［自然法論者たち，および経済学者たち，さらに最近ではスペンサー氏］は……人間の基本的諸本能を社会の座席としたにすぎない。すなわち，人間は政治的，家庭的，宗教的生活を営み，交易等々をなす傾向を自然に有しており，そしてこの自然的諸傾向から社会組織が派生する。したがって，社会組織が正常的であるところではどこでも，それは強制される必要がない。……

---

18) このような社会と個人との対置，社会の存在の主張から，しばしばデュルケームは社会実在論者として批判された。しかし，デュルケームが社会の存在を強調するとき，それは1つに功利主義的個人主義への批判が念頭におかれている。功利主義的個人主義を批判するために，デュルケームはしばしば社会の存在を強調しすぎたが，デュルケームは社会を個人に対して超越した具体的存在として主張する社会実在論者ではない。個人は常に社会のなかで活動しており，そうした一切の社会的影響を奪い去られた個人によって現実社会をとらえることはできない。それゆえ，実際にはデュルケームの社会と個人との区別は具体的区別ではなく分析的区別としてとらえられるべきである。この点に関しては Alpert 1937, Giddens 1972, Lukes 1973 や Parsons 1937 等を参照せよ。

原則としては社会的に組織化されるように自由に個人的諸力を発達させることしかしないのである（Durkheim 1895: p. 121/156 頁）。

しかし，デュルケームにとって，個人は社会の内部で生きるゆえに常に拘束を受けている。ただし，人々は常にこの拘束を拘束と感じるわけではない。人々は拘束から利益をえており，それゆえ自発的に拘束にしたがう（cf. Ibid: pp. XXII-XXIII/22 頁，pp. 121-122/156-157 頁）。経済学者たちが社会の存在を前提としない純粋な個人を想定するのに対して，デュルケームは常に社会的影響のもとにある個人を想定する。

そして，社会学を社会形態学と社会生理学とに分類する[19]。さらに社会生理学の主要諸部門として宗教社会学[20]，道徳社会学[21]，法社会学[22]，そして経済社会学をあげる[23]。経済的諸制度[24]が「経済社会学の研究素材を形成する」（Durkheim 1970: p. 150/119 頁）。当時，経済学はすでに学問として存在していたが，デュルケームは経済学を以下のように認識し問題視している。

　……経済学は今日まで依然として技術と科学の中間にある雑種的研究である。

---

[19] 社会形態学，社会生理学のほかに一般社会学がある。社会形態学は構造やその構成を分析し，社会生理学はその諸機能を研究する。一般社会学は，すべての特殊諸科学から引き出される一般的諸結論をまとめる総合科学であり，「一般的な諸特性と諸法則とを引き出すことを目的とする」（cf. Durkheim 1970: pp. 148-152/117-120 頁）。

[20] 諸々の教義や神話や儀式など，宗教的諸信念，諸慣行，諸制度がその研究対象となる。デュルケームにとって宗教は社会的事物なのである（cf. Ibid: p. 149/118 頁）。

[21] 道徳上の諸規則がこの研究対象となる（cf. Ibid: p. 149/118 頁）。

[22] 法的諸制度がこの研究対象となる。道徳的諸観念が法の中核ゆえ，「法社会学は道徳社会学と緊密な関係」（Ibid: pp. 149-150/118 頁）を有するとされる。

[23] このほかに言語社会学と美学社会学を社会生理学の一部門としてあげている。言語は「常にある1つの集団の所産であり，その集団の刻印を帯びている」。そのうえ，「一般に言語は諸社会の相貌を特徴づけている諸要素の1つである」（Ibid: p. 150/119 頁）。それゆえ，デュルケームにとって言語は1つの社会現象である。美学についても同様のことがいえる（cf. Ibid: p. 150/119 頁）。

[24] 経済的諸制度としてここでは以下のものをデュルケームは例としてあげている。

　すなわち富の生産に関する諸制度（農奴制，小作制，同業組合制度，保護事業，

経済学は，自らを認識し，そこから諸法則を明確にするために，現にあるがままに，そして過去にあったままに産業生活および商業生活を観察することよりもむしろ，あるべき姿を再構築するのに専心している。……彼ら（経済学者たち）は自分たちが扱う諸事実が恰も独立した全体を構成し，それのみによって説明し得るかのように，それらの事実を研究してきた（Ibid: p. 151/119 頁）[25]。

しかし，デュルケームにとって経済的諸機能も社会的諸機能の一部であり，社会を無視した純粋な経済は存在しえない[26]。

『社会学的方法の規準』で示されているように，デュルケームにとって科学的探究の第一歩はその対象の定義にある。そして，その定義をおこなうためには，その対象を客観的に観察することがもとめられる。観察によってその対象の外部的特徴が捉えられ，その対象の定義がなされる（cf. Durkheim 1895: pp. 34-43/61-70 頁）。しかし，当時の経済学はそうした科学的段階に到達しておらず，依然として観念論的段階にあるとデュルケームの眼には映っていた。

スチュアート・ミルによると経済学の対象は主として，もしくはもっぱら富の

協同組合制度，工場生産，マニュファクチュア制生産，家内制生産等），交換に関する諸制度（商業組織，市場，株式市場等），分配に関する諸制度（年金，利子，賃金等）（Ibid: p. 150/118-119 頁）。

[25] デュルケームによれば，「科学とは現に存在するものを研究するものであり，技術とは存在すべきものをめざす諸手段と結びついている」（Ibid: p. 79/64 頁）。こうした観点から，デュルケームにとって経済学は科学よりもむしろ技術としての研究と捉えられる。

経済学者たちの諸研究の最大の部分を占めるのは，たとえば社会が個人主義者たちの諸観念もしくは社会主義者たちの観念のいずれに従って組織「されるべきである」のか，国家が産業的および商業的諸関係に干渉するのと，それをまったく私人の創意に委ねるのと，いずれが「よりよいのか」，貨幣制度は単本位制と複本位制とのいずれで「あるべきか」等々の問題である（Durkheim 1895: p. 26/52 頁）。

[26] デュルケームはここで労働者の賃金を例にあげ，経済的諸機能に対する社会的諸機能の影響を述べている。デュルケームによれば労働者の賃金は需給関係のみでなく，「ある種の道徳的諸観念にも依存している」。例えば，「賃金は，人間が要求しうる最小限の福祉について我々が抱く観念に応じて」（Durkheim: p. 151/119 頁）上下する。

獲得のために生じる社会諸事実である。しかし，このように規定された諸事実が諸事物として学者の観察に選定されうるためには少なくともひとはこの条件を満たす諸事実がいかなる目印によって認知できるかを指示しえなければならない。ところが科学の発端においては，ひとはこれらの事実がいかなるものであるかを知りうるどころか，これらの事実について目印があると断言しうる権利すら有しない（Ibid: p. 24/50頁）。

ここでデュルケームが問題とするのは，経済学が対象とする「富の獲得のために生じる社会諸事実」にある。デュルケームにとって，ある社会事実が1つの目標——たとえば「富の獲得」——をもつというためには，まずその社会事実が定義されなければならない。しかし，「古典派経済学」が客観的観察をとおしてそうした定義にいたったとはデュルケームの眼には映らない。デュルケームにとって，こうした「古典派経済学」の考察は，観察による客観的分析から一般的公式へといたったものではない。

> かれ［経済学者］は価値の観念が効用，希少等々の観念を包含していることを発見し，そして，このようなかれの分析の諸所産によってかれの定義を作りあげるのである。もちろん，かれはこの定義を若干の例によって強化はしている。しかし，ひとがもしこのような理論がいかに多くの事実を説明しなければならないかということを考えるならば，暗示によって偶然に引証され，したがって当然きわめて少数である諸事実にたいして，たとえ最小限にでもどうして論証力を認めることができるであろうか（Ibid: pp. 25-26/52頁）。

このように，デュルケームにとって当時の経済学は観念論的段階にあり，それが科学的分析を有した学問となるためにはこの段階を超えなければならないものとされた。さらに前述したように，道徳学もまた観念論的段階にとどまっている。それゆえ，両者は科学として耐えられるよう刷新されなければならないものであった。

社会学を上述のように分類したのち，デュルケームは社会学的方法として比較歴史学[27]と統計学[28]をあげている[29]。そして，統計学的分析によって「初めて経済社会学における賃金や収益率，利率，貨幣の交換価値などがいかなる原因によって変化するか」（Durkheim 1970: pp. 157-158/123-124頁）が研究されうると

デュルケームは考えている。また，経済的諸現象は社会諸現象の1つであるゆえ，諸事物として観察され分析されねばならない。

> われわれに与えられるところのものは，ひとびとが価値について抱く観念のような感知できないものではなくて，経済的諸関係の過程において現実に交換される諸価値そのものである。……それはまた効用とか富とかに関する観念ではなくて経済組織の細節のすべてである（Durkheim 1895: pp. 27-28/54頁）[30]。

このように，デュルケームは経済学が部分科学に過ぎないと考え批判的な態度をとっていたが，社会学者として経済的現象を無視しているわけではない。むしろ，当時の経済学とは異なった方法によって，経済的現象の研究がおこなわれなければならないと主張している。

以上みてきたように，デュルケームはまず伝統的な「古典派経済学」が前提とする個人を批判する。「古典派経済学」が前提とする個人とは社会から切り離さ

---

[27] 歴史家と社会学者との相違点として，デュルケームは以下の点をあげている。歴史家はある特定の民族や時代を対象とし，その社会，時代固有の特徴を研究する。それに対し，社会学者は異なる諸社会における一般的諸関係や諸法則を発見することに専心し，そのために諸社会を比較する（cf. Ibid: pp. 155-157/122-123頁）。

[28] デュルケームによれば，統計学的方法によって「諸民族の道徳性が依存している多様な条件に関する諸問題が取扱われるべきである」（Ibid: p. 157/123頁）。道徳性は道徳そのものではなく，「道徳が適用されている様式によって測られる」（Ibid: p. 157/126頁）。

[29] 歴史学的分析の重要性を強調してデュルケームは以下のように述べている。

> ヨーロッパ諸国民の家族や財産や政治的・道徳的・法律的・経済的組織が，近い将来においてさえ，どのようになりうるかを，またなるべきかを知るためには，これら多数の制度と慣習とを過去にさかのぼって研究し，それらが歴史のなかでどのように変化したか，またそのさまざまな変化を決定した主要な諸条件は何であるかを探りだすことが是非とも必要なのであって，それを探知したときにはじめて，これら諸制度は集合生活の現在の諸条件のもとで今日いかになるべきかを合理的に問題にすることが可能になるであろう（Durkheim 1928: p. 36/15頁）。

[30] デュルケームは観念そのものが科学的でないとして否定しているわけではない。ただ，観念を出発点として諸帰結を導くやり方にたいして否定的である。

れ，孤立した存在としてとらえられる個人であり，空想的なものとデュルケームの眼には映る。デュルケームにとって，個人とは現実の社会のなかで生きているものであり，そうした社会的側面を切り捨てた個人を前提とする「古典派経済学」は現実の社会を分析する科学として認められなかった。さらに，その仮定から演繹された理論は経済的現象の社会的側面を欠落させてしまっている。経済的現象も社会の内部において分析されるべきであり，1つの社会的事実としてとり扱われるべきものであった。それゆえ，社会学の1つの部門において「社会経済学」[31]として分析されねばならない。そして，経済的諸機能も社会的諸機能の一部であるとするならば，社会的機能の典型としての道徳と経済学の間に密接な関係があることとなる。つまり，デュルケームが経済的現象をどのように分析するべきであると考えていたかを考察するうえで，道徳は非常に重要な部分を占めている。それゆえ，次節ではこの点に関してみていく。

第2節　経済学と道徳

前節でみたように，当時の経済学にたいして批判的なデュルケームであったが，経済学を完全に否定していたわけではなく，「経済社会学」としての経済学を認めている。それでは，経済学と「経済社会学」との違いはどこにあるのか。社会的側面を重視するということをまず挙げることができるが，大きな違いとして道徳との関係がある。なぜなら，デュルケームにとって道徳とは社会的機能の典型

> 社会生活が若干の観念の発展でしかないということは可能である。しかし，たとえこのように仮定したとしても，これらの観念は直接与えられているものではないそれゆえ，ひとはそれらの観念を表示している現象的な実態を通してのみ，それらの観念に到達できるのであって，直接には到達することができない。われわれは社会生活が分割されている多様な潮流の始源にいかなる観念があるのか，またはたしてこのような観念が存するか否かをア・プリオリには知らない。われわれはこれらの潮流の源泉にまで遡ってみることによってはじめて，これらの潮流がどこから出て来るのかを知るのである（Durkheim 1895: p. 28/54頁）。

31) デュルケーム自身は「社会経済学」という用語は使っておらず，社会学の一部門として経済社会学をとらえている。しかし，デュルケームの想定していた社会学が一般社会学として自然科学に対する社会科学という側面を担っていたことを考慮するならば，デュルケームの言う経済社会学は「社会経済学」として考察することができる。

であり，経済学を社会的側面との関わりから考えるときにそれは不可分の要素であるからである。

　デュルケームは，ドイツの講壇社会主義[32]の特徴を経済学と道徳倫理学との緊密な接近と考えており，この接近が「2つの科学を同時に更新した」(Durkheim 1887: p. 268/83頁) と述べている。それにたいし，一般的な経済学と道徳との関係に関して，正統派経済学者たちにおける道徳理論と経済学との関係をデュルケームは以下の3つに分類している。第1に，道徳の概念を効用の概念に還元し道徳論を経済学に内包させるもの。第2に，道徳学と経済学がそれぞれ独立，平行的で矛盾しないとするもの。両者は相互に支えあい，相矛盾せず，一致する。第3に，道徳は存在しないもの，または経済学の外にあるとするもの。ドイツ学派とイギリス学派の根本的な違いは，道徳論と経済学の関係のとらえ方であるとデュルケームは考えている[33]。ドイツの経済学者にとって，「経済学の問題は本質的に倫理学で」あり，「それが実現する目的は道徳なのである」(Ibid: p. 270/84頁)。つまり，経済学が第一に問題とするのは社会的秩序の問題である。いかにして社会に調和がもたらされうるかを研究する。

　しかし，新しい経済理論は単に「古い理論が確立した真理に道徳的判断を下すだけに止まっている」(Ibid: p. 271/85頁) というカール・メンガー (Carl Henger: 1840-1921) の批判は，多くの講壇社会主義者にたいする批判として正当だとデュルケームは指摘する。つまり，多くの講壇社会主義者は，既存の経済理論にたいして道徳的規制をかけることで満足してしまっている。しかし，経済学と道徳理論の関係を理解させるためには，両者が同じ本質に基づいていることを証明しなければならないとデュルケームは考えた。デュルケームにとって，経済的現象

---

32)『経済思想史辞典』によると，講壇社会主義とは「1870年代以降のドイツで，社会政策のために自由放任主義政策を転換し，積極的な国家的政策を要求する大学教員およびその政策思想を指す」(経済学史学会 2000：129頁)。また，『体系　経済学辞典第6版』によると，19世紀後半に，ドイツでは労働者階級と社会主義の攻勢の激化という「社会的弊害を除いてドイツ資本主義を擁護することが，国民経済としての歴史学派の重要な課題となった」。これに対し，「1870年代にその解決を社会政策（分配関係の修正）に求め」たのが新歴史学派である。その代表としてシュモラー，ルヨ・ブレンターノ (Lujo Brentano: 1844-1831)，アドルフ・ヴァグナー (Adolf Gotthilf Heinrich Wagner: 1835-1917) が挙げられる。彼らは「社会政策学会 Verein für Sozialpolitik を結成し (1873年)，社会政策の必要と中間層の維持のための宣伝・啓蒙に努めた」ため，

も社会における現象であるため，個人的要因から派生するのではなく，むしろ個人にたいする拘束力を有する。この点で，それは道徳と同じようにみなされなければならない。それを試みたものとしてヴァーグナーとシュモラーをデュルケームは挙げている。

ヴァーグナー，シュモラーと反対に，マンチェスター学派[34]にとって，経済学の本質は個人の欲求，特にその物的要求を満足させることであり，個人が経済的関係の唯一の目的であるとデュルケームは指摘する。さらに，経済法則は社会的関係から完全に独立した個人を前提としている。デュルケームにとって，こうした経済法則は国民社会や国家など社会的なものの存在が消失してしまっている。自由経済学者は，「実はルソーの無意識的な信奉者である」（Ibid: pp. 271-272/86頁）とデュルケームは言う。なぜなら，自由経済学者たちはルソーと同様，国民社会において各個人はそこから得る利益の結びつきによってのみつながりあっており，社会をそうした単なる個人の結びつきとしてしかとらえていないからである。しかし，ヴァーグナー，シュモラーにとって「社会は真実の存在である」（Ibid: p. 272/86頁）とデュルケームは指摘している。

社会意識，集合精神，国民社会体という日常語の表現はたんに言語上の価値だけではなく，すぐれて具体的な真実を表現している。全体はその部分の総和に

「新歴史学派は，講壇社会主義と呼ばれた」（高橋・増田 1996：245頁）。

33) もちろん，イギリス古典派が経験論に基礎をおき演繹的方法を重視するのにたいして，ドイツ歴史学派が歴史や統計を重視した帰納的方法を用いるという，両者の方法論の違いについてもデュルケームは認識していた。

34) 『経済思想史辞典』によると，「19世紀中頃からほぼ20世紀初頭までの徹底的な自由貿易派」をマンチェスター派と呼ぶ。その由来は，「1846年の穀物法廃止とイギリスの自由貿易政策への全面的転換に大きく貢献した反穀物法運動の本拠地がマンチェスターにあったことから」（経済学史学会 2000：391-392頁）。また，「19世紀半ばのドイツで自由貿易主義を主張したジャーナリストのグループ」をドイツ・マンチェスター派と呼ぶ。この「理論・実践両面の指導者は，イギリス出身のプリンス-スミスであ」り，「その経済思想は公式的な夜警国家観に立脚して，国家の経済への干渉を封建的遺制として排撃するものであった」。しかし，「労働者問題の解決が時代の要請となり，社会政策学会の成立と歴史学派の台頭により衰退していった」（Ibid: 267頁）。デュルケームがマンチェスター学派というとき，どちらを指しているかは定かではないが，おそらくイギリスのマンチェスター派を指していると思われる。

等しいということは誤りである。……社会的存在はそれに固有な要求をもち，この要求の中には物的要求も存在するので，社会的存在はそれらを充足するため経済的活動を制定し，組織化するが，経済的活動は個々の個人やその大多数のものではなく，国民社会全体のものである（Ibid: p. 272/86頁）。

　この点がヴァーグナー，シュモラーの経済哲学の特徴であり，こうした観点に立つならば社会的存在としての国民経済は道徳理論と同じ本質に基づくとデュルケームには考えられた。なぜなら，デュルケームにとって道徳の実践的機能は人々の衝突や対立を緩和させることにあり，国民経済が社会的欲求を充足するものであるならば，そこに道徳的機能も働くはずだからである。社会的欲求は個人的欲求を拘束し，個人的欲求の追及のみの場合に生ずるひとびとの対立や闘争を回避させる。こうした意味で，道徳的機能が国民経済において作用する。そして，これこそがデュルケームにとっても国民経済であった。つまり，国民経済は単に個々人を足し合わせたものではなく，むしろ社会そのものとしてとらえられる。
　こうした観点に立つため，デュルケームにとって個人の経済活動としての私的経済は集合的経済の一要素であり，「経済学は第一に社会的利益を問題として扱い，間接的に個人的利益を扱うにすぎない」（Ibid: p. 273/87頁）。功利主義者において，集合的利益は個人的利益に還元される。それにたいし，「ドイツの経済学者にとっては，個人の利益と社会のそれとは常に一致することはない」（Ibid: p. 274/88頁）とデュルケームは言う。その場合，国家の人々にたいする社会的利益の要求は個人的利益とは異なることになる。それゆえ，こうした国民経済の社会的利益の要求を経済学が取り扱うならば，経済学は道徳と切り離されたものではなくなる。デュルケームにとって，経済学と道徳論の密接な関係とは「両者がともに常に無私の感情を発動させる」（Ibid: p. 274/88頁）点にある。こうした経済学と道徳の関係にたいして，両者の違いはどの点にあるのか。デュルケームによれば，道徳は形式であり経済現象はその要素である。道徳は義務という形式として表れる。経済現象も義務として表れうるが，道徳の一要素として形成されることによる。義務としての経済現象は，道徳を形作る。それは，「経済現象が独自に道徳の内容のすべてを構成することを意味することでは絶対にないが，経済現象は道徳の非常に重要な部分をなすのである」（Ibid: p. 275/89頁）。つまり，経済現象も集合的慣習を形作っていくとデュルケームは考える。「時と共に経済生活は，そこに拡がる要素がしたがわざるをえなくなる一定の形をとり，そのよ

うにして道徳的現象となるのである」(Ibid: p. 276/90頁)。伝統的な「古典派経済学」が社会的側面を抜きにした抽象的個人を基礎におくのにたいして，デュルケームは経済学に社会的機能の側面を求める。

　しかし，経済のみが社会的機能ではない。すべての社会的機能が形式（道徳）を形作る役割を果している。なぜならば，デュルケームにとって社会的であるということは，その特徴として拘束を目印とする。そして，道徳はまさに社会的力として個人を拘束するものである。経済現象は一方でそれを形作りつつ，他方それにしたがう。

　　例えば，社会がより大量の生産を必要とするに従って，個人的利益をより一層
　　刺激することが必要となり，したがって，法律も道徳も，各人に対し個人的自
　　由をより大幅に認めるようになる。しかし同時に，経済的必然性とは極めてう
　　すい関係しかもたない原因の影響をうけて，人間の尊厳の意識が発達し，児童
　　や婦人に対する権利の濫用や年少労働保護無視に反対するようになる。道徳的
　　意識により命令されたこれらの保護的措置は，今度は経済関係に反作用し，そ
　　れらを変え，産業人をして人間労働を機械による労働により代替させるよう促
　　す (Ibid: p. 276/90頁)。

つまり，経済活動の領域が拡大されることによって，その活動がより促進されるように法律や道徳もそれに適応するよう変化する。しかし，それは社会の無規制化を意味するのではなく，秩序維持として経済現象に一定の規制が働くようになるとデュルケームは考える。

　経済活動の領域の拡大といった社会変化にたいして道徳や法律がそれに伴って変化すると考えるように，デュルケームにとって道徳とは抽象的規則の体系ではなく，「集合的要求の圧力の下に徐々に形成され強化された社会的機能，あるいは機能の体系である」(Ibid: p. 283/96-97頁)。このような観点のもと，ドイツの経済学者のなした貢献が，道徳が社会と同時に変化することを明らかにした点であるとデュルケームは指摘する。彼らは，道徳が現実社会から切り離された一般的な愛とか無私といったものではなく，実際の社会の中で事実として観察されそこから導き出されるものと考えた。それゆえ，道徳が社会と密接に結びついているならば，社会の変化によって道徳も変化することとなる。しかし，ドイツの経済学者が道徳的現象を「立法者によって意図的に変えることができると結論した」

点をデュルケームは問題視する。つまり,ドイツの経済学者にとって道徳的現象は「人間の意志がそれを作ったように解体したり作り直したりできる人為的な組み合わせである」(Ibid: p. 280/94 頁)。しかし,デュルケームにとっては,道徳的現象も自然的現象であり,その変化は「立法者の意志によって魔法のように生ずるのではなく,自然法則の結合の結果としてしか生じない」ものであった。

　社会的事実はほとんどすべてが余りにも複雑であるため,どんなに偉大な知性であっても,人間の知性によって完全にそのすべてが理解されることはない。また,道徳的制度や社会的制度の大部分は,論理や計算によるものではなく,漠然とした原因や,潜在的な感情や,生み出す結果とは無関係な動機,従ってその結果を説明することのできない動機によって生み出されるのである（Ibid: p. 281/95 頁）。

このように,道徳の法則を人間が恣意的に変えることはできないとデュルケームは考えていた。道徳の法則は社会的法則であり,社会的事実によって決定づけられる。それゆえ,それを変化させるものはやはり社会的事実であって,個人意識の諸状態に求めることはできない。つまり,道徳の法則も自然現象であり,我々はそれを観察し分析することはできても,個人の力によって変えることはできない[35]。道徳は諸々の社会的事実によって構成されており,経済的諸事実やその他の諸事実が複雑に絡みあい相互に作用して変化する。個人は社会的事実,集合意識にたいしてまったく役割をはたさないわけではないが,その影響力は限定されている。

　……社会事実が存在しうるためには数多の個人が少なくとも合同して行為しなければならないし,またこの結合が何らかの新所産を生じなければならない。しかも新所産たるこの総合は,われわれ各人の外部に生じる（それには複数の意識が入るから）のであるから,単独の各個人意識に依存しない若干の行為方式および若干の判断を必然的にわれわれの外部に固定し,設定する（Durkheim 1895: p. XXII/19-20 頁）。

また,「古典派経済学」が前提とする個人主義に対してデュルケームは批判を展開する。まず,デュルケームはスペンサーや当時の正統派経済学者たちが考え

る個人主義が功利主義的利己主義であると考えている[36]。このような個人主義は，社会の存在を無視したものとしてデュルケームには受け入れられない。デュルケームにとって擁護すべき個人主義[37]とは，個人主義自体——ここでいう個人とは個人一般のことである——が道徳として社会によって組織化されなければならない個人主義である。この個人主義が道徳として社会によって組織化されるということは，社会的コンセンサスとして個人の自発性の容認が形成されるということである。そして，それは他者を省みない利己的欲求に邁進する個人主義ではない。個人はほかの人を尊重し，侵害しないかぎりにおいて，各々の欲求を追及できる。

デュルケームにとって，社会学は諸社会を研究対象とするものであった。それは，社会の構造であったり機能であったりするが，この研究はまず社会的諸事実の観察を出発点とする。しかし，「その探求の直接の対象である人間諸集団を，それらの究極の構成要素である個人に最終的に到達することなくしては」(Durkheim 1970: p. 314/250頁)諸社会を取扱うことができないとも考えていた。そして，人間が本質的にその内部に二元性を有することを認め，この二元性を以下のよう

---

35) ただし，われわれは道徳の法則をただ受動的に受けとるのみであり，それらをまったく変化させないというわけではない。

> われわれは集合的諸制度を考え，かつ同化することによって，それらを個人化し，それらにわれわれの個人的特徴を多少とも与える。……とはいえ許容されるヴァリエーションの範囲が限定されていないわけではない。すなわち，この個人的ニュアンスは，そのヴァリエーションが容易に犯罪となるような宗教的および道徳的諸現象の圏内ではゼロであるか，もしくはきわめて微弱であるが，経済生活に関するすべての現象に関しては，かなり広く許容されている。しかし，後者の場合ですら，おそかれはやかれ，ひとはとびこえることのできない1つの限界にあうであろう (Durkheim 1895: pp. XXII-XXIII/22頁)。

36) ただし，経済学者たちが「ずっと以前から，その初期正統派の厳格さを緩和し，より寛大な見解に耳を傾ける必要性を感じていた」(Durkheim 1970: p. 263/208頁) とデュルケームは当時の状況について述べており，功利主義的個人主義は次第に受け入れられなくなってきていると考えている。

37) デュルケームの個人主義に関しては，ここでは多くを触れることはできないが以下の点を指摘しておく。デュルケームは功利主義的個人主義のほかにイマヌエル・カント (Immanuel Kant: 1724-1804) やルソーの個人主義についても言及している。カント

に認識する。それは個人的なものと非個人的なものであり，両者は相互に対立する。デュルケームの用語で言えば，前者は純粋に個人的で，個別性を満たすことを目的としており，後者は社会的諸目的を追求する。両者の対立関係は厳密には決して解決されえないのである。ただし，社会的諸欲求は個人的諸欲求よりも強固なものとみなされる。それゆえ，個人は個人的諸欲求を追及するときにも社会的拘束を受ける。経済活動はもともと社会的拘束を直接的には受けにくいとデュルケームは考えていたが，経済活動が拡大し，より社会の大部分を占めるようになれば，社会的拘束の影響を免れることはできない。したがって，経済活動の分析において社会的要素は欠くことのできないものとなる。こうして，道徳を考慮した，当時の経済学とは異なる「経済学」が必要となる。

しかし，この道徳は当時の道徳理論が想定するものとは異なる。「功利主義者もカント派の人も含めて，すべての道徳理論の学派にとって，倫理学の問題の本質は，本質的に道徳的行為の一般的形式を明らかにし，ついでそこから事実をひき出すことにあった」(Durkheim 1887: p. 278/91-92頁)。こうした道徳理論の演繹的方法をデュルケームは問題視している。つまり，当時の道徳理論は，まず道徳の一般的観念を想定し，そこから道徳のあるべき姿を描き出す。しかし，デュルケームにとって道徳を科学的に分析するためには，それとは逆に「事物を観察し，そこから道徳を導き出さなければならない」(Ibid: p. 278/92頁)。つまり，演繹的方法ではなく帰納的方法から出発しなければならない。こうして，一般的な功利主義的人間像を前提とする「古典派経済学」に対してデュルケームは非常に批判的である。

> 要するに，この理論全体の基本的欠陥をなすのは，それが抽象に基礎をおいていることである。いたるところ常に同一であることを失わないこの人間一般は，何ら客観的価値をもたない論理的概念にすぎないのである。現実の人間，真の人間らしい人間は，人間をとりまく環境と同じように進化する (Ibid: p. 279/93頁)。

やルソーの個人主義には，人間一般という観念が内在しており，個人の権利と同様集団の権利も重視されていたことをデュルケームは強調する。その点で，デュルケームはこの個人主義に近い立場にいる。ただし，カントやルソーの問題点として，その道徳的個人主義の概念を個人の観念から演繹したことを指摘する (cf. Ibid: pp. 260-278/207-220頁)。

ここでデュルケームは抽象化自体を問題としているわけではない。抽象に基礎をおいた観念から出発し、そこから導き出される法則を現象に当てはめようとする演繹的方法を問題視している。

そして、ドイツ学派[38]が経済的諸事実の観察から出発する点、そしてドイツの法学において法の一般的諸法則を帰納しようとする動きがある点、「この経済学と法学の2つの運動が1つの重要な進歩を実現している」（Durkheim 1970: p. 99/79頁）とデュルケームは評価している。この経済的諸事実の観察、そしてその観察から諸法則を帰納して導き出す方法論が経済的領域の分析に必要であるとして、社会科学の研究対象として経済的現象を挙げている。「経済学を社会学の一部門とするために（それを）孤立状態から抜け出させることは単なる目録の変更なのではない。その方法と学説とが同時に修正されることになるのである」（Ibid: p. 103/82頁）。さらに、この現象を検討する2つの観点が挙げられている。両者はそれぞれ諸機能と諸構造という観点から区別される。諸機能の観点からは、たとえば「諸価値の生産とそれらの交換、流通および消費の諸法則とがどのようなものであるか」が問題とされる。諸構造の観点からは、たとえば「諸々の生産者、労働者、商人そして消費者がどのように集合するのか」、「かつての労働組合、工場と仕事場とを比較し、これらの集団の多様な様式」（Ibid: p. 104/82-83頁）が検討される。ただし、構造は機能を前提とするとデュルケームは考えており、まずは諸機能の研究を優先する。こうした諸機能は、前述したように社会的機能としても働く。それゆえ、社会的機能としての道徳と密接にかかわりあっており、デュルケームの経済社会学において研究される経済の分析は道徳としての科学としてとらえられる。

すでに示したように、デュルケームにとって正統的な経済学は道徳から分離しており、デュルケームによれば正統派経済学と道徳との関係は、道徳の概念を効用の概念に還元し道徳を経済学に内包させるもの、道徳と経済学がそれぞれ独立、平行的で矛盾しないとするもの、道徳は存在しないまたは経済学の埒外にあるとするものの3つに分類された。しかし、そのどれもがデュルケームには受け入れられなかった。経済学を道徳の科学としても分析するという観点によって、デュルケームにとって経済学も経済社会学として社会学の一部門となる。極端なこと

---

[38] ここでのドイツ学派とは、その中心人物としてデュルケームはヴァーグナー、シュモラーを挙げている（cf. Ibid: pp. 98-99/78-79頁）。

を言えば,デュルケームの経済社会学とは道徳の科学であるといえる。ところで,デュルケームは実際には経済的諸現象をどのように観察し,分析していたのか。デュルケームの経済的事実の研究の主要なものとして社会主義の分析をあげることができる。次節では社会主義をデュルケームがどのように分析していたのかを検討し,デュルケームの経済的現象に対する態度を考察する。

第3節　デュルケームの社会主義

　これまでみてきたように,デュルケームは当時の経済学を批判する一方で,経済社会学を社会学の一部門として挙げていた。そして,社会的事実の観察による帰納的方法をその分析方法として主張していた。デュルケームの経済的諸事実に対する観察として社会主義の分析をあげることができる。当時台頭してきていた社会主義は,通常,資本主義との対置として経済学ではとらえられていた。しかし,デュルケームはこの通説とはかなり異なる社会主義理解をしている。これはデュルケーム独特の「経済」把握,固有の意味を持つ彼の「社会的事実」なる概念を理解するための手がかりといえる。また,デュルケーム独特の社会主義理解を検討することは,正統派経済学や社会主義とは異なるデュルケームの「経済学」を知るための一助となる。デュルケームの社会主義研究は,デュルケームが経済状態をどう捉え,経済的問題をどのように考えていたかを理解する手がかりともいえるので,以下重点的に検討を加える。

　「社会主義の定義について」(1893) では,あらゆる社会主義を比較検討することによって諸々の社会主義に共通する精神を導き出そうとする。デュルケームによれば,諸社会主義理論に共通する点は「現実の経済状態に反対し,急進的なまたは漸進的な転換を要求するということである」。それは,「人々が経済生活と称する集合生活の特殊な分野に本質的に関係している」。そして,「社会主義が熱望する道徳的諸変革は経済組織における諸変革による」(Ibid: p. 230/180頁) としている。

　このような熱望が希求される現実の経済状態とはどのようなものであろうか。それは,現実の社会における経済的諸機能の拡散であるとデュルケームは指摘する。経済的諸機能は2つの段階で拡散しており,第1に,「基体として明確な機関を何も持たないという意味で拡散している」。つまり,例えば産業内における企業間の連合や,労働者組合等による相互の結びつきの場が存在しない。第2に,

「中心的規制機関すなわち国家に規則正しく結びつけられてはいないという意味で拡散している」(Ibid: pp. 230-231/180-181 頁)。つまり，社会的影響を受ける経済的諸機能はその他の社会的諸機能と融和するよう調整されねばならない[39]が，その調整を働かせる作用自体が拡散している。たとえば，経済活動を管理する団体そのものが存在しない。ただし，正常に工業的，商業的諸機能が働いている時には国家がそこに介入する必要はない。しかし，「労働が分業化された1つの組織において，諸機能は中心的機関と密接な関係にあるときだけ拡散を止め，そして，いわゆる組織されることになる」(Ibid: p. 232/181 頁) とデュルケームは言う。

こうして，あらゆる社会主義学派の要求が経済的諸機能の組織化であるとデュルケームは考え，社会主義を以下のように推論する。

「社会主義とは，それらが現にある拡散的状態の経済的諸機能を組織された状態に，急進的にまたは漸進的に推進する1つの傾向のことである」と。さらにそれはどちらにしても経済的諸力の完全な社会化への熱望であるということができる (Ibid: p. 233/182 頁)。

デュルケームにとって，経済生活の社会化とは経済生活に道徳性を導入することである。なぜならば，経済生活が利己的個人によっておこなわれているとしても，それを社会化するためには個人的および利己的な欲求ではない社会的欲求が個人に求められるからである。そして，社会的欲求は利己的個人そのものからは生まれえないものであり，それゆえ個人を社会的欲求に従わせるための道徳が求められることとなる。経済生活を社会化するという観点から言えば，デュルケームは社会主義に対して好意的である。

社会主義を上述のように定義し，さらに以下の2点をデュルケームは指摘する。第1に，あらゆる社会主義に共通し，それらを包括する1つの社会主義があるという点。第2に，社会主義は共産主義[40]とは異なっており，むしろ対立すると

---

39) この種の諸関係に調整作用を及ぼすものとして，デュルケームは法律を想定している (cf. Ibid: pp. 231-232/181 頁)。

40) デュルケームにとって，共産主義とは「一切の私有財産，したがってまた一切の経済的不平等を否定する」(Durkheim 1928: p. 45/27 頁) ものである。デュルケームが社

いう点。たとえば、「社会主義的改革が経済的組織を社会体の中心そのものに置くことをめざしたのに反して、プラトンの共産主義は経済的組織にできるだけ中心から最も遠い位置を与える」(Durkheim 1928: p. 62/47 頁)。デュルケームにとって、種々の共産主義理論も結局はプラトン (Plato: 427?-347? B.C.) の共産主義から発する。また、共産主義、社会主義両者とも経済的個別主義を敵視している点では共通していたとしても、それぞれにとっての個別主義は異なったものであるとデュルケームは指摘する。共産主義は私有財産一切に対して否定的であるが、社会主義は「一定の歴史的時期に成立をみる経済的大企業の私物化だけが危険なのだと判断する。……社会主義は経済秩序の考察によって動かされる」(Ibid: p. 68/55 頁)。つまり、社会主義は経済活動が重要性をもつようになることによって表出してきたものであり、共産主義よりもむしろ自由主義的な主張と並ぶものである。共産主義が経済的活動をできるだけ社会の外部に置こうとするのにたいして、社会主義は経済的活動を社会の中心に据える。この点で、デュルケームにとって社会主義は自由主義により近い。

　デュルケームは、自由主義経済学が社会的側面を捨象しているのに対し、社会主義が経済的諸現象に対して社会的側面からの分析を備えていると考え、その点で社会主義に対して肯定的な態度を示しているといえる。しかし、デュルケームにとって社会主義は1つの科学ではなく、それは1つの「社会的事実」であった。なぜなら、まず第1に社会主義は現実問題の理解よりも、未だ現実化していない社会改革を目指すことに重きを置いていたからである。社会主義が次第に科学的体裁をとるようになってきたことをデュルケームは認めながらも、未来がどのようになりうるか、またなるべきかを科学的に分析するためには十分な研究がなされていないと思われた。それゆえ、社会主義は科学としてではなく、「われわれの社会不安を最もなまなましく感じている人たちが発した苦痛の、時としては憤怒の、叫び」(Durkheim 1928: p. 37/16 頁) としてとらえられるべきものであるとデュルケームは考えた。つまり、デュルケームにとって社会主義は当時の社会のある状態を表象していたといえる。それは、経済活動が拡大するなかで、一方で、

　　会主義と共産主義を大きく隔てるものとして最も重視しているのは、それぞれの経済的領域に対する考え方である。社会主義と共産主義との詳しい比較に関してはDurkheim 1928 の第2章で詳しく述べられているが、本稿の中心課題とは若干異なるのでここでは深く触れない。

　41) ジャン＝クロード・フィユー (Jean-Claude Filloux: 1921-) によると、デュルケーム

道徳を分離した正統的な経済学が自由主義的な，また個人主義的な方法によって経済組織を社会的拘束から解き放つことを求めたのに対し，他方それとは異なった方法で経済状態の変革を求めた社会的な運動であった。

デュルケームは社会主義が経済的諸現象に対する社会的側面からの分析を備えているとして社会主義を評価しつつも，マルクス，マルクス主義に対しては否定的な態度をとっている[41]。たとえば，「社会主義と社会科学」（1897）の中で，ガストン・リシャール（Gaston Richard: 1860-1945）が社会主義を「資本主義的企業のない生産組織ならびに労働時間が価値の唯一の基準である分配の体系による競争のない社会の到来の観念」と定義しているのに対し，その定義が「社会主義を共産主義に，さらにはほとんどマルクス主義に還元してしまっている」（Durkheim 1970: p. 237/186頁）とデュルケームは指摘する。また，社会主義が科学的ではないとして，マルクスの『資本論』を例にあげる。

『資本論』の諸理論は諸観察，統計的・歴史的・民族学的諸比較を最小限にしか前提していない（Ibid: p. 243/190頁）。

この［社会主義］流派が生んだ最も有力な，最も思想豊かな著作，マルクスの『資本論』を見てみよ。そこで扱われている無数の問題のどれ1つを解決するためにも，なんと多くの統計的資料，歴史的比較，なんと多くの研究が不可欠なことか！『資本論』では価値の全学説がわずか数行のうちに打ち立てられていることを思い出す必要があろうか[42]（Durkheim 1928: pp. 36-37/16頁）。

それにもかかわらず，社会主義はデュルケームにとって「最高に重要な社会的事実」（Durkheim 1970: p. 243/190頁）であり，検討すべきものであった。

さらに，経済主義[43]と社会主義が実際には「同じ源泉から由来」し，「両者は同一の社会状態の産物なのであって，それぞれはこの社会状態を異なって表現し

がマルクスの著作を詳細に分析していたのか，他の研究者を通じて理解していたのかは定かではない（cf. Durkheim 1970: p. 40/27頁）。

42）さらに，マルクス主義の原理——「歴史的生成は経済的諸原因に依存する」（Ibid: p. 245/192頁）——は誤っているとデュルケームは考える。「マルクス主義の仮説は単に証明されないだけではなく，それは明らかにされたと思われる諸事実にも矛盾している」（Ibid: p. 253/197頁）と結論付けている。

ているにすぎ」（Durkheim 1928: p. 99/91頁）ないとデュルケームは考える。両者の相違は，前者が「経済的利益をいかなる集合的規制に服させることも拒否し，経済的諸利益は別に何の再組織をあらかじめしなくても今後みずからを整序し調和させることができると信じる」のに対し，後者は「経済的利益は共同生活の唯一の実質なので社会的に組織されなければならないと結論する」（Ibid: p. 222/228頁）点にある。

経済主義と社会主義を同じ源泉から由来するものとして併置する考えは，デュルケーム独特である。両者はともに経済活動が拡大し，社会の中で大きな部分を占めるようになってきたことの表れなのである。デュルケームによると，「原則的に，経済活動は社会意識の外にある。それは黙って静かに機能する。意識的な中心部は，経済活動が正常に営まれているかぎりは，それを意識しないのである」（Ibid: p. 48/30頁）。経済的活動がより重要な地位を占めるにつれて，その活動を社会の中心と結びつけ組織化しようとするのが社会主義であり，より拡散的傾向に向かわせようとするのが経済主義なのである。

> われわれは両者［社会主義と経済主義］のいずれにおいても，同じ無政府的傾向，同じ世界主義への傾向，同じ感覚主義的で実利主義的な傾向を見出しただけでなく，さらに両者の立脚する原理が同一のものであることを見出した。両者はともに産業主義的である。いずれも，経済的利益が社会の利益のすべてであると宣言する（Ibid: p. 222/228頁）。

一方で，デュルケームにとって自由放任の経済主義は容認できない。なぜなら，それは社会的なすべてのものを経済的なものとし，社会を並列した諸個人の単なる総和としてしかとらえないからである。

> スミスとセイの徒たちは産業生活のうちに個人的関心の組み合わせしか認めず，産業生活から一切の社会的性格をさっと一撫でに消し去ってしまうので，社会にはまさに社会的であるものが何も存在しないという奇妙な結論に達する（Ibid: p. 168/168頁）。

---

43) ここでの経済主義とはジャン＝バティスト・セイ（Jean Baptiste Say: 1767-1832）を典型とする理論であり，デュルケームは自由主義経済学を想定している。

他方，社会主義も科学として経済的領域を分析するには十分ではないとデュルケームには思われた。この両者を社会的事実としてとらえ考察していたということは，デュルケームの経済に対する態度を考察するうえで重要である。なぜならば，両者はともに経済的考え方が中心にあり，そこから社会と経済の関係を問題とするからである。このような観点をふまえるならば，デュルケームが経済学を単に否定していただけとはいえない。むしろ，社会主義の分析や，社会主義と経済主義との共通性の主張などは，デュルケームの経済的領域に対する分析の1つといえる。そして，社会主義と経済主義両者がともに経済を社会の中心としてもとめていることを認めるのならば，社会において経済的領域が占める重要性は無視できないものである。それゆえ，デュルケームにとって経済的現象は看過することのできない対象といえる。

経済的領域が拡大するなかで，その分析の必要性を認識しながらもデュルケームは経済学に対して批判的であった。しかし，経済学それ自体を否定していたわけではない。社会主義も経済主義も経済活動の拡大という同一の源泉に基づく社会的事実ととらえているということ，また社会主義を最高に重要な社会的事実と認識していたことをふまえると，デュルケームが経済を当時の重要な分析対象であったと考えていたといえる。なぜならば，経済主義も社会主義も，経済活動がより社会生活において重要な地位を占めていることが前提とされるからである。さらに，第2節でもみたように経済学を道徳の科学としても分析するというデュルケームの観点を考慮すれば，デュルケームの社会学は実は「社会経済学」を含みこんだものであったと解釈することができる[44]。それゆえ，デュルケームの社会学は「社会経済学」という側面からも分析されるべきである。デュルケームの道徳に対する分析は伝統的な「古典派経済学」とは異なる「経済学」を示唆しており，そこにデュルケームの「社会経済学」の独特な立場があるといえる。

おわりに

社会学者として社会学の確立を目指したデュルケームではあったが，以上見て

---

[44] たとえば，『社会分業論』は「本書は，何よりもまず，実証科学の方法にしたがって，道徳生活の諸事実をとりあつかおうとする1つの試みである」（Durkheim 1893: p. XXXVII）と述べられ，社会を機械的連帯の社会と有機的連帯の社会の2つの類型として分析がなされている。

きたように経済学，経済的現象を無視していたわけではない。デュルケームはまず，「古典派経済学」が前提とする功利主義的個人主義を問題視した。その個人像は，社会の存在を必要としない，完全に独立した純粋な人間像であり，デュルケームにとって受け入れることはできなかった。また，そこから演繹される諸理論は社会的側面が抜け落ちた不完全で科学的とよぶことのできないものと感じられた。経済的現象は社会生活の中で大きな地位を占めるようになってきていたが，それを分析する当時の経済学に対して否定的であった。

しかし，デュルケームは講壇社会主義などのドイツの経済学者たち等の研究を通して，経済学と道徳が密接な関係にあると考えていた。デュルケームが否定的であった経済学とは，道徳から分離された正統的な経済学であり，経済社会学を社会科学の一部門としてあげていたように経済学すべてを否定していたわけではない。

さらに，デュルケームのユニークな分析は社会主義と自由主義経済学との関連にみられる。デュルケームは両者がその源泉を同じくし，ともに当時の社会状態を表現する社会的事実ととらえた。経済的領域の分析の重要性を認識しながらも，社会主義によっても自由主義経済学によっても当時の社会が直面している問題が解決されるとはデュルケームは考えなかった。社会的均衡が達成されるためには新たな道徳を必要とし，社会学者としてデュルケームは道徳を科学的に分析することに重点をおいた。そして，社会学の主要な一部門として経済社会学を挙げながらも，一見するとそれを自己の中心課題として推し進めることはしなかった[45]。

しかし，社会主義と自由主義経済学を同じ源泉から由来した1つの社会的事実ととらえることによって[46]，当時の経済学を批判しつつそれとは異なった「経済学」の必要性をデュルケームは認識していた。さらに，経済学を道徳の科学として分析するという観点に立ち経済社会学を社会学の主要な一部門としてあげているが，このデュルケームの経済社会学は，当時の正統派経済学とは異なった「経済学」として考察されるべきものである。デュルケーム自身は経済社会学と名称

---

45) 社会経済的分析としては，デュルケーム学派ではシミアンやモーリス・アルヴァクス（Maurice Halbwachs: 1877-1945）がより推し進めているといえる。それゆえ，彼らの研究を分析していくことによって，デュルケームの社会経済学像もより明らかになる。これは今後の課題である。デュルケームとシミアンとの研究としてはSteiner 1994が挙げられる。また，経済学理論と社会学理論の問題で言えばタルコット・パーソンズ（Talcott Parsons: 1902-1979）等も挙げられるが（cf. T. Parsons and N. Smelser 1956），この点に関しては別途検討することとする。

しているが，経済学とは異なるアプローチによる経済分析としてデュルケームの「社会経済学」ととらえることは可能である。それは今日の社会経済学を考えるうえでも非常に示唆に富んでおり，経済分析において重要であるといえる。実質的に，道徳を主な分析対象としているデュルケーム社会学自体が，本来経済的側面の分析と不可分となっている。なぜなら，経済活動が社会の中心を占めるにしたがい，道徳もまた経済的側面を無視して考えることはできないからである。それゆえ，デュルケームの「社会経済学」はデュルケーム社会学自体を分析するうえでも欠かすことのできない位置を占めており，デュルケーム社会学において経済的領域はひとつの中心的研究対象となっている。

以上みたように，本章では，今まで明らかにされていなかったデュルケーム社会学に潜む経済学との関連，そして「社会経済学」としてとらえられるべき側面を析出した。経済活動も社会の影響を無視できないのならば，ある社会におけるある経済現象はその社会特有の特徴を有することになる。こうした観点から見れば，デュルケームの「社会経済学」は制度派につながる「経済学」と見ることができる。デュルケームの経済的現象に対する統計的手法，歴史分析等の重要性の主張[47]も制度派との類似性がみられる。また，単純な功利主義的個人を前提とした「古典派経済学」への批判は，「古典派経済学」が抱えていた問題を明らかにし，今日の経済学によって書き換えられた点をすでに示唆するものであったとみなすことができる。それとは逆に，社会的側面を強調したデュルケームの「社会経済学」は，制度派等のヘテロドクス経済学の先陣として，新古典派理論に対峙したもう1つの「経済学」とみなしうる側面を有しているといえる。いいかえれば，従来見過ごされがちであったデュルケーム社会学に内包される経済的側面の分析への検討によって，デュルケームの「社会経済学」は社会経済的分析の重要性を示しているといえる。

一般的に経済学，経済的現象をあまり扱うことはなかったと思われていたデュ

---

46) この点に関しては，第3節を参照せよ。また，デュルケームの社会的事実の特徴については注2で簡単に触れたが，デュルケームにとって社会主義や自由主義経済学を社会的事実としてとらえるということは以下のことを意味する。社会主義や自由主義経済学を予先観念なしにそれ自体として観察し，その現象に固有な属性によって説明するということである (cf. Durkheim 1895)。

47) 統計的手法や歴史分析に対するデュルケームの主張については第2節を参照せよ。また，当時のフランス経済学とデュルケームの類似性，相違点に関しては補論で触れる。

ルケームであるが，実際にはデュルケームの社会学自体がある意味で「社会経済学」であったといえる。つまり，道徳の分析としてのデュルケーム社会学は「社会経済学」へとつながっている。誤解を恐れずに言えば，それぞれの社会における道徳はそれぞれの社会における制度としてとらえることができる。したがって，道徳の分析と経済的側面とがデュルケームにおいてどのように分析の座標軸として機能していたのかを明らかにすることが次の問題となる。

ところで，『社会分業論』が道徳の分析としての研究であることを考慮に入れるならば，それはデュルケームの「社会経済学」的分析としての側面があるといえる。つまり，一般的に『社会分業論』は社会学の著作として読まれているが，経済学を道徳の科学として分析するというデュルケームの見解を踏まえれば，『社会分業論』もデュルケームの「社会経済学」の一考察という観点からみることができる。第3章では，このような考えにもとづいて『社会分業論』を分析する。

第3章　デュルケームの「社会経済学」

はじめに

近代経済社会とは，どのようなものとしてデュルケームの目に映っているのであろう。『社会分業論』でデュルケームは，経済的領域が拡大する近代社会の無規制状態，特に経済生活における法律的，道徳的無規制状態を問題視する（cf. Durkheim 1893: pp. II-V）。デュルケームによれば，「道徳とは，最小限不可欠なもの，最低限必要なもの，それなくしては社会が生きていけない日々の糧である」（Ibid: p.14）。つまり，デュルケームにとって社会は常に道徳を必要とする。そして，諸個人は常にその道徳によって拘束され，社会の均衡も保たれる。

人々が一緒に生活し，定期的に交流するためには，その集団内の結合によって生み出される全体についての感情をもち，それに愛着を感じ，全体の利害に心を向け，自らの行為に際して全体を尊重せずにはいられない（Ibid: pp. XVI-XVII）。

したがって，近代社会の道徳的無規制状態は社会の不均衡を生じさせるものであり，見過ごすことのできない問題である。また，社会は常に道徳を必要とするという観点からいえば，社会を単なる個人の総和とみなし，諸個人が単に経済的欲求によって機械的に結びついているとする，伝統的な「古典派経済学」の考えはデュルケームには受け入れがたい。ただし，社会が常に道徳を必要とするとしても，その道徳は一定不変の普遍的道徳であると想定されているわけではない[1]。ある社会においてはその社会に特有の道徳が存在し，別のある社会にとってはまた別の特有の道徳が存在する。それぞれの社会はそれぞれ固有の

---

1) この点で，道徳を普遍的な1つの戒律に帰す，道徳学者たちの見解にたいしても，デュルケームは否定的である。デュルケームにとって，その考察が価値をもつとするならば，それはただまさにその道徳者たちの時代の道徳をあらわしているという可能性においてのみである（cf. Durkheim 1893: pp.7-8）。

道徳によって人々を拘束し，社会に結びつけ，連帯させる（cf. Ibid: p. XXXVIII）。したがって，デュルケームの経済社会把握について検討する前に，まずは，デュルケームが社会の連帯の様式をどのように分類しているかを理解する必要がある。

では，人々が連帯するとき，その関係はどのようなものであろうか。デュルケームは，人々相互を結びつける様式として，2つの様式をあげている。それは，類似によるものと非類似によるものである。「われわれに類似している者，そしてわれわれと同じように考え感ずる者を，われわれは愛する」一方，これとは反対に，「われわれに似ていないためにこそ，われわれに似ていない人々にわれわれが好感をもつということも，非常にしばしばおこる」（Ibid: p.17）。ただし，この後者の人々相互の結びつき，非類似による人々相互の結びつきは，その非類似が「互いに対立しあい排斥しあうのではなく，互いに補いあう相異」（Ibid: p.18）である場合にのみ生じうる。このような2種類の諸個人相互の結びつきの様式にもとづいて，連帯を2種類に区別し，それぞれに対応する2つの社会類型を『社会分業論』においてデュルケームは展開している。

本章では，この2つの社会類型がどのようなものなのか，また近代社会とはデュルケームにとってどのような社会類型なのかを，主に『社会分業論』を分析することによって考察する。そして，デュルケームが経済社会としての近代社会をどのようにとらえていたのかを検討する。

すでに言及したとおり，経済学の分野において『社会分業論』を正面から取り扱った研究は非常に少ない。そもそも，社会学者として認知されているデュルケームは，多くの経済学者たちにとって，その研究対象と認識されているとは言い難い。したがって，『社会分業論』で展開されているデュルケームの経済社会分析がどのようなものであるのか，それ自体をまず整理する必要がある。そこで，デュルケーム研究者たちにとってはある程度既知のことではあるが，再確認の意味も含め，第1節では，デュルケームの2つの社会類型について概観し，その特性，その独特な社会類型について考察する。デュルケームが分類した2つの社会類型について確認したのち，第2節では，この2つの社会類型のうち近代社会に対応する社会類型をより詳しく考察する。この考察を通じて，デュルケームが経済社会をどのようにとらえていたかが明らかとなる。なぜならば，デュルケームにとって，近代社会は，まさに経済社会そのものだからである。「経済的諸機能は第2次的役割しか果たしていなかったが，今では第1位の座についている。……経済的諸機能とは逆に，軍事的・行政的・宗教的諸機能はどんどんその役割

を減じている」(Ibid: p.IV)。

デュルケームの2つの社会類型を整理し，経済社会把握を明らかにしたうえで，第3節では，そうした社会における経済のありかた，デュルケームの「社会経済学」とはどのようなものとして考えられるのかを検討する。そして，そのようなデュルケームの「社会経済学」は，どのような観点から，経済学と結びつきうるのかを明らかにする。

第1節　機械的連帯による社会と有機的連帯による社会

前述したとおり，『社会分業論』の中で，デュルケームは社会の類型を2種類に分類している。1つは機械的連帯 (solidarité mécanique) による社会であり，もう1つは有機的連帯 (solidarité organique) による社会である。それぞれは法律的諸規則として，「組織的抑止的制裁 (sanctions répressives organisées) をもっているか，あるいは単に復原的制裁 (sanctions restitutives) をもっているかにしたがって」(Ibid: p. 34) 区別されている[2]。デュルケームは，原始的な社会を機械的連帯の社会，近代社会を有機的連帯の社会としている。この考え方は通常の理解と逆である。たとえば，「古典派経済学」は，素朴な方法論的個人主義に立脚し，社会から独立した個人像を想定する。したがって，伝統的な経済学において，経済がより発達した近代社会は，諸個人が記号化された機械的な社会として考えられている[3]。本節では，なぜデュルケームは原始的な社会を機械的連帯の

---

2) 抑止的制裁は「当人の財産，その名誉，その生命，またはその自由にたいして，当人を傷つけることを，つまり，当人が享受している何らかのものを当人から奪うことを，目的としている」。デュルケームはこれに対応するものを刑法としている。これにたいして，復原的制裁は「諸事物を原状に回復し，乱された諸関係をその正常の形態に復原させることにある」(Ibid: pp. 33-34)。デュルケームはこれに対応するものとして，刑罰的諸規則を除外した民法・商法・訴訟法・行政法・憲法をあげている。
3) ルークスは，「ドイツ社会思想，特にテンニースの伝統的社会と近代社会の特徴に関する二分法を，デュルケームが意図的に逆転させている」(Lukes 1973: pp. 147-148) と指摘している。しかし，デュルケームは，フェルディナント・テンニース (Ferdinand Tönnies 1855-1934) の伝統的社会にたいする解釈に関しては同意しており，単純に逆転させているとはいえない。テンニースの伝統的社会と近代社会の解釈にたいするデュルケームの言及に関しては第Ⅰ部第2章第1節を参照せよ。

社会とみなし,近代社会を有機的連帯の社会とみなすのかを中心に検討していく。
　機械的連帯による社会とは,諸個人の類似によってお互いに結びつけられている社会である。この連帯は,「意識の若干の状態が同じ社会の全成員に共通であることから」(Ibid: p.78) 生じている。デュルケームは抑止的法律をこの連帯の目印としている。デュルケームにとって,考察が科学的であるためには,対象が客観的事実として取扱われ,観察されなければならない (cf. Durkheim 1895: pp. 34-43/61-70 頁)。そして,「社会的連帯は,それ自体厳密な観察を,そして殊に測定を,うけつけない」ものであるため,「これを象徴している外的事実」(Durkheim 1893: p. 28) が必要となる。デュルケームは,法律をこの外的事実とみなす。社会的連帯とは,諸個人を社会に結びつけるものであるが,逆にいえば,諸個人を社会に拘束するものでもある。それゆえ,社会の成員を規制する法律が,その社会の連帯を象徴するものとみなされる。
　デュルケームによれば,「抑止的法律は,共通意識の核心,中枢であるものに対応している」(Ibid: p. 81)。このような社会では,諸個人は集合意識[4]に吸収され,個人的人格は希薄となっている[5]。「抑止的法律が規制する諸関係は,直接かつ媒介なしに,個人意識を集合意識に,すなわち個人を社会に,結びつけている」(Ibid: p. 83)。この場合,「社会とよばれているものは,集団の全成員に共通な信念と感情との多少とも組織化された一全体である。すなわち,それは集合

---

[4]『社会分業論』において,集合意識,共通意識は,デュルケームにとって同義語として用いられている。「同一社会の平均的成員に共通な諸信念と諸感情との総体は,固有の生命をもつ1つの確定的体系を形成する。これを集合意識あるいは共通意識 (*la conscience collective* ou *commune*) とよぶことができる」。この共通意識は,個人意識と同様,個人の内部に存在するものとされるが,個人意識とは区別される。集合意識,共通意識があらゆる社会的な意識を総称するものとしてとらえられる傾向があり,この一般的な解釈としての集合意識,共通意識と,デュルケームが意図する集合意識,共通意識との混同をデュルケームは懸念している。しかし,「新語の使用は,それが絶対的に必要でないときには,不便なものであるから,われわれは比較的慣用されている集合意識あるいは共通意識という表現を」用いている。「だが,われわれがこの語を用いるのは狭い意味においてである」(Ibid: pp. 46-47)。デュルケームにとって,集合意識とは「社会的諸類似の総体を単に意味するだけ」(Ibid: p. 47) のものである。それゆえ,たとえば,タルコット・パーソンズ (Talcott Parsons: 1902-1979) は,デュルケームの集合意識は当初,未分化な社会という類型を記述するための用語であったと

類型である」。この社会は,「社会の全成員に共通な観念と傾向とが,各成員に個人的に属している観念と傾向よりも強度において優越している程度においてのみ」,連帯が強力となる。この「類似から生ずる連帯は,集合意識がわれわれの総意識を正確に覆い,すべての点でこれとまったく合致しているとき,その極限に達している」(Ibid: p. 99)。諸個人は個人意識によってではなく,集合意識のもと活動している。つまり,この社会では,極論すれば,諸個人は相互に差異はなく,同一視される。さらに,それは社会と同一とみなしうる。ここでの各個人は,「無機物体の諸分子がそうであるように,固有の運動をもたない場合にのみ,全体として活動しうる」ため,「この種の連帯を機械的と」よぶ。この連帯は,「生物体の統一を作り上げている結合力とは対照的に,無機物の諸要素を結合させる凝集力に類似している」(Ibid: p. 100)。

この社会は,一般的にはむしろ有機的社会とみなされている。たとえば,それはテンニースがゲマインシャフトによって類型化する社会である。デュルケーム

する。だが,この集合意識の観念は,「次第に有機的連帯の観念を併呑しはじめた。社会類型の区別は,集合意識が行為を主導するか否かで分けられる状況の区別ではなくなった。それは,集合意識という同一物の異なった内容を区別する類型ということになった」(Parsons 1937: p. 320/29頁)。しかし,『社会分業論』において,デュルケームは,必ずしも集合意識を単なる社会的諸類似を表すものとしてのみ用いていない。たとえば,「集合意識がより希薄化し,漠然としてきていることが立証されれば,機械的連帯が衰退していると断定できるであろう」(Durkheim 1983: p. 126)と述べているように,集合意識それ自体の変化についても言及しているととらえることができる。集合意識がより希薄化し,漠然としてきているということは,機械的連帯において具体的に規定されていた人間像が,抽象化,一般化されていくことを意味する。それゆえ,機械的連帯の社会を表す集合意識とは,デュルケームの言葉を用いるならば,「強力な確定的状態」にある集合意識である。

5) デュルケームにとって,個人とはその内部に常に個人的なものと社会的なものを包含している。

われわれには2つの意識がある。1つはわれわれ各個人に固有のものであって,われわれを特性づけている諸状態しか含まない。それにたいし,もう1つのものが含んでいる諸状態は社会全体に共通である。前者は,われわれの個人的人格のみを表象していて,この個人的人格を構成している。後者は,集合類型を,したがって,集合類型にとって必要不可欠な社会を表象しているのである (Ibid: p. 74)。

はゲマインシャフトを有機的な集団とみなし,「ゲマインシャフトとは共同体である」(Durkheim 1889: p. 417/47頁)と指摘する。また,ゲマインシャフトの一例として「サムナー・メインが村の共同体とよんだもの」(Ibid: p. 418/49頁)をあげる。そして,テンニースのゲマインシャフトに関する分析にたいして,概ね同意する。したがって,デュルケームも,こうした共同体的な社会が有機的なものであることを認めている。しかし,デュルケームが通説と異なるのは,近代社会もまた同様に有機的社会とみなす点である。つまり,デュルケームにとって,すべての社会は有機的である (cf. Ibid: p. 421/53-54頁)。ただし,それは,近代社会もまた共同体的な社会であると考えているということを意味するのではない[6]。それゆえ,両者を区別するためには,通説と異なる観点が必要となる。デュルケームにとって,この類似にもとづく社会において,個人は個性をもってそれぞれ独自の役割を果たすものではなく,個人は同質であるからこそ社会に同化される。これは,有機体において,諸器官がそれぞれ独自の機能を果たしつつ1つの有機体を構成している仕方とは異なるので,その連帯の仕方を有機体にみられる統合と同質のものとみなすことはできない。個人は自ら自律的に活動するのではなく,むしろ社会にしたがって自動的に活動する。こうした個人の社会への埋没を,デュルケームは機械的とみなすのである[7]。

---

6) たとえば,宮島は,デュルケームが「共同の信念なしには社会の統合は維持されないという見解」を繰り返し表明しているが,前近代的なゲマインシャフトへの復帰を目指すものではないと指摘している。そして,デュルケームにとって,「近代社会の統合の紐帯となりうるような信念」とは,機械的連帯においてみられる確固とした集合意識,「家族や地方などの伝統的枠組みを基盤とする個別主義的な倫理」のいずれでもなく,「個人の尊厳を普遍的価値として含む社会的倫理」(宮島 1978:67頁)であるとする。デュルケームの理念型としての近代社会における道徳とは,確かにそのようなものであり,経済化の進展する社会において,このように道徳をとらえなおすデュルケームの視座は,現代社会を分析する上で重要なものといえる。しかし,デュルケームの理念型としての近代社会像を重視しすぎると,『社会分業論』に内在する個人の道徳の層化という視点を等閑視してしまう。

7) ただし,個人が社会に完全に埋没した,究極の意味での機械的連帯の社会が現に存在する,または存在したと,デュルケームは考えているわけではない。それは,あくまで理念型であり,現実にはそのほかの要素も含まれている (cf. Durkheim 1893: pp. 149-157)。

デュルケームにとっても、アルカイックな社会は共同体的な社会であり、それは、上述したとおり、たとえばテンニースのゲマインシャフトとなんら変わりはない。デュルケームの言にしたがえば、ゲマインシャフトにおいては全体のみが存在し、そこでは個人が相互に区別されていない。これはまさに、デュルケームが類型化する機械的連帯の社会の特徴と合致する。これにたいして、ゲマインシャフトから生じる「ゲゼルシャフトの構成は機械的である」(Ibid: p. 419/519頁)とデュルケームは指摘する。そして、機械的集合体としてとらえられるゲゼルシャフトにたいして、デュルケームは異を唱える。デュルケームは、近代社会もアルカイックな社会も有機的であると考える (cf.Ibid: pp. 421-422/53-55頁)。したがって、デュルケームが社会を2つに類型化するさい、その区別は、社会そのものが有機的であるか、機械的であるかではなく、社会における諸個人の関係性が有機的であるか機械的であるかによる。つまり、デュルケームの理解にしたがえば、一般的には、アルカイックな社会は、図3—1における社会Aとして、近代社会は社会Bとしてとらえられる。そこでは、社会そのものが有機的であるか機械的であるかの違いによって社会が類型化される。これにたいして、デュルケームは社会的連帯のあり方によって、アルカイックな社会を社会Aとして、近代社会を社会Cとしてとらえる。

それゆえ、機械的連帯に対応する社会とはアルカイックな社会となる。「社会が原始的であればあるほど、社会を構成している諸個人の間の類似は増加する」(Durkheim 1893: p.103)。そこでは、個人類型が集合類型に集約されている。つまり、諸個人はほぼ同質的なものとしてとらえられる。個人類型とは社会における各成員それぞれの類型を示し、集合類型とはその社会における全成員を特徴づける類型を示している[8]。

機械的連帯の社会の凝集力を決定するものとして、以下の3つの条件をデュルケームはあげている。1つは、「共通意識の容積と個人意識の容積の比」。個人意識が共通意識にたいして少なければ少ないほどこの社会は強く連帯している。1つは、「集合意識の諸状態の平均強度」。容積の比がひとしい場合、集合意識が個人意識にたいして加える圧力が大きければ大きいほど連帯は強くなる。そしても

---

[8] デュルケームによれば、機械的連帯による理想的社会類型とは以下のようなものである。「社会は、各部分相互間に何らの異なるところのない、したがって、それらの部分がそれぞれの間で調整されるようなことの全然ない、要するに確定的な形態と組織とを全然もちあわさない、絶対的に同質的な一集塊として」(Ibid: p. 149) 考えられる。

図3—1

	機械的連帯	有機的連帯
機械的社会	社会B	
有機的社会	社会A	社会C

う1つは,「集合意識の諸状態の確定度」(Ibid: pp. 124-125)。集合意識が確固としたものであればあるほど,個人意識は抑えられ機械的連帯は強くなる。

　未開社会の法律が抑止的特徴を有していることを,さらにそれが法律に占める割合が歴史を通じて減少していることをデュルケームは指摘する。「一般的にいって,抑止的な禁圧は低級社会におけるあらゆる法律を支配している。それは,低級社会においては,宗教があらゆる社会生活に浸透しているように,あらゆる法律生活に浸透しているからである」(Ibid: p. 112)。宗教的特性を帯びた法律がなぜ抑止的と言えるのか。それは,デュルケームによれば,宗教的特性を帯びた法律は,極言すれば,神の言葉から生まれたものであり,それゆえ必然的に抑止的となる。この法律を破ることは神への冒涜であり,激しい社会的反動をよびおこす。現代に近づくにつれ,抑止的法律は減少し,復原的制裁の諸規則,協同的法律が増加している。これは,法律が宗教的要素を次第に消失していっていることを示している (cf. Ibid: pp. 108-118)。

　機械的連帯がいかにして減退していくのかを,デュルケームはその他様々な諸事実をあげて論証している (cf. Ibid: pp. 119-176)。1つは,抑止的法律の減少と,これと反比例する形での復原的法律の増加である。1つは,犯罪類型の減少である。とくに宗教的犯罪が消滅していく傾向をデュルケームは指摘している。さらには,宗教的諸機能の地位の減退があげられる。未開社会において,当初,宗教的諸機能は社会全体にいきわたり,社会そのものを規定していた。しかし,宗教的諸機能はその特権的地位を次第に譲渡し,社会はより世俗化されていく。そして,政治的・経済的・科学的諸機能がますます宗教的諸機能から分離していく。

　集合意識はこうして次第に弱められていくが,その一方で新たな集合意識が生まれる。「それ［集合意識］が強められ明確になる場は勿論存在する。それは,集合意識が個人を考慮する点にある」。つまり,個人がより尊重されるようになる。これは,「それが共同体によって分有されている限りでは共通なものである

としても,その対象から見るならば,個人的である」(Ibid: p. 147)。しかし,デュルケームは,個人主義にもとづいて社会の均衡が達成されるとは考えない。

> それ(人格の尊厳という信仰)がもつあらゆる力の源泉は,社会である。だが,それは,われわれを社会に結びつけるものではなく,われわれを,われわれ自身に結びつけるものである。したがって,その信仰は真の社会的紐帯を構成するものではない(Ibid: p. 147)。

個人的人格の発展にたいしてデュルケームは肯定的であるが,この集合意識によって,社会の連帯が可能であるとは考えていない。むしろ,それのみでは社会は解体してしまうと考えている。機械的連帯が可能であるためには,確固とした集合意識が必要であり,諸個人の同質性が求められる。それゆえ,個人的人格が発展する社会が連帯的であるためには,個人性の抑圧による過去への回帰か[9],機械的連帯とは異なる新たな連帯の出現かが必要とされる。こうして,機械的連帯とは異なる新たな連帯の社会として,デュルケームは有機的連帯による社会を提示する。

有機的連帯による社会とは,諸個人が異なっていることを前提とする社会である。デュルケームは復原的法律をこの連帯の目印としている。この「復原的法律は,[集合意識の]中心部をずっと離れた区域に生じて,そこからさらに遠くに向かってひろがっていく。そして,復原的法律はそれが真に純粋になればなるほど,一層中心部から遠ざかってゆく」(Ibid: p. 81)。つまり,抑止的法律が,社会の全成員の意識に強く刻まれており,強力な集合意識に由来しているのにたいして,復原的法律は,全成員に一致した意識ではなく一部の成員の集合意識に,あるいはそれゆえ強度を減じた集合意識に由来している。このような社会では,集合意識は希薄となり,それに応じて個人的人格が増大している。復原的法律が確定する諸関係は,「個人と社会との間においてではなく,相互に関係を結ぶ社会の限られた特定の当事者たちの間に,直接設定される」(Ibid: p. 83)。ここでは,

---

9) ただし,機械的連帯の社会であるアルカイックな社会が,個人の抑圧によって諸個人を社会に結びつけているとデュルケームが考えているわけではない。そこでは,個人的人格が発達しておらず,相互に同質的であるがゆえに連帯が可能となっている(cf. Ibid: pp. 169-171)。しかし,個人的人格が発達する中において,機械的連帯が可能となるためには,発達した個人的人格の抑圧が必要となる。

「個人は社会を構成している諸部分に依存しているから社会によりかかっている」。この場合，社会とは「確定的諸関係によって結ばれた相異なる特殊的諸機能の一体系である」(Ibid: p. 99)。つまり，各成員がそれぞれの個人的人格にしたがって相互に協同することによって，お互いが結びつき社会を構成する。この社会は，「各人が自己に固有な活動領域を，したがって，一個の人格を有してのみ可能である」。諸個人は集合意識からある程度離れて，個人意識によって活動する。ここでは，個人の自由度が拡大している。ただし，諸個人が社会から離れて完全に個として存在するとはデュルケームは考えていない。むしろ，諸個人は，それぞれ異なっていくことによってお互いを必要とし，社会にますます密接につながるようになるとされる。「社会は，その諸要素各々が固有の活動をより多く有するようになると同時に，全体としてますます活動することができるようになる。このような連帯は高等動物において観察される連帯と似ている」(Ibid: p.101)。それゆえに，この連帯を有機的連帯とデュルケームはよぶ。

　この有機的連帯の社会に対応する社会とは近代社会である。近代社会が個人にその自律性を発揮する領域を拡大すること，つまり，近代社会はより個人主義的傾向にあることをデュルケームは認める。しかし，デュルケームにとって，それは利己主義が蔓延する社会ではなく，個人の人格がある種の道徳となる社会である。つまり，この社会では，諸個人が同質であることが求められるのではなく，それぞれ自身の特性を発揮することが求められる。この社会では，「道徳的意識の定言命法はその一面において次の形態をとろうとしている。・確・定・的・な・一・機・能・を・有・効・に・果・た・し・う・る・状・態・に・汝・を・お・け」(Ibid: p. 6)。このように，近代社会において，諸個人は各自の専門的機能を果たすことによって，相互に依存する関係にある。

　デュルケームは「積極的協力，本質的に分業に由来する協同をあらわしている」(Ibid: p. 91)復原的法律として家族法・契約法・商法・訴訟法・行政法・憲法をあげ，考察している[10]。たとえば，家族法は，家族的分業によって家族の成員相互を結びつける連帯を説明している。また，協同形態の契約[11]は，「異なる専門的機能を互いに調整することを目的としている」(Ibid: p. 94)。そして，「協同的法律が復原的制裁という形で規定する諸関係と，これらの諸関係が表象している連帯とは，社会的分業に由来するもの」(Ibid: p. 96)とされる。つまり，デュルケームにとって有機的連帯とは，諸個人が専門化し，より細かく個人類型が分割されることによって，したがって，分業によって生じる。「労働が分化するにつれて，……集合体のさまざまの部分は，それぞれ異なった機能を果たしているの

であるから，容易に相互に分離することができなくなる」(Ibid: pp.121-122)。

有機的連帯による社会は，「それぞれ特有な役割をもち，分化した諸部分から形成されている種々な諸器官の体系によって構成されている」(Ibid: p. 157)。つまり，それぞれ異なる機能を果たす諸個人によって構成される。そこでは，諸個人の差異化が進展しているゆえ，諸個人それぞれの個人意識は発達しているといえる。しかし，「社会が完璧に分業に立脚している場合でさえ，社会はただ外面的・一時的な接触しか設定しえないような並列的な無数の諸原子の寄集りとなってしまうことはない」(Ibid: p. 207)。すでに指摘したとおり，デュルケームは，すべての社会において常に道徳が存在することを前提とする。そして，諸個人はその社会の内部においてのみ存在すると想定される。

人間は，お互いに一致し投合しあうことなしではともに生きられないものであり，したがって，お互いに犠牲となりあうのでなければ，また，相互に強力にそして恒久的に結びつくことなしでは，ともに生きてゆくことはできない (Ibid: p. 207)。

以上みてきたように，デュルケームは社会を機械的連帯にもとづく社会と有機的連帯にもとづく社会の2つに類型化し，それぞれをアルカイックな社会と近代社会に対応させている。前者の社会では，「個人は，彼固有の個性をもつことなく，彼の同胞と同様，同一の集合類型のなかに一緒にされるから，個人は社会化される」。後者の社会では，「個人は，自らを他の者たちから区別する彼特有の相貌と活動力とをもっている。そこでは，個人が他人から区別される程度自体において他の者たちに依存しており，したがって，彼らの結合から生じた社会に依存するから，個人は社会化される」(Ibid: p. 205)。機械的連帯の社会は諸個人の同質性

---

10) デュルケームは，復原的法律を2つに分類している。1つは，消極的連帯をうみだすもの。1つは，積極的連帯をうみだすもの。前者は，物権と，「物権の正常な行使によって決定される対人関係」，そして「物権を誤って侵害することによって決定される対人関係」(Ibid: p. 102) からなる。後者は，家族法・契約法・商法・行政法・憲法からなる。これらは，諸意志の自由を認めつつお互いに衝突しあわないように働きかけ，諸個人を社会に結びつける。

11) 協同形態の契約とは，当事者間において相互に義務を生じさせる契約を指す (cf. Ibid: pp. 93-94)。

のもと連帯しており，有機的連帯の社会は諸個人の差異性のもと連帯している。

さらに，有機的連帯の社会は，機械的連帯の社会と比べて，より連帯の強度が強い。なぜなら，前者の社会では，諸個人は専門化することによって，その他の機能を果たしている他者に依存することになる。ここでは，一部が欠けること，つまり一つの機能を果たしている部分の欠損は全体の問題へと波及する。他方，後者の社会では，強力な共通意識によって，諸個人は直接社会と結ばれているが，諸個人は同質的であるがゆえに，一部の欠損は全体としての社会にあまり大きな影響を与えないからである。理念型としての有機的連帯の社会の完全な状況とは，諸個人がそれぞれの機能を果たし，欠くことのできない要素として社会を構成するものである。

しかし，デュルケームの眼前に現れる現実の近代社会は，デュルケームにとって，理念型としての有機的連帯の社会とは異なり，連帯が機能していないようにみえる。次節では，有機的連帯の社会としての近代社会が，現実にはその理念型とどう異なっているのか，またそこでの問題とはいかなるものであるのかを検討する。

第2節　有機的連帯による社会としての経済社会

前節でみてきたように，デュルケームは近代社会を有機的連帯の社会とみる。しかし，デュルケームは，現実の社会においてこの連帯がうまく機能していないと考えている。それは，特に経済的領域の問題に端を発している。本節では，経済社会としての近代社会の実像が，デュルケームの想定する有機的連帯の社会とどう乖離しているのか，またどのように融和しうるのかを検討していく。

有機的連帯の社会は，諸個人の専門化，つまり分業にもとづいて諸個人が結びつきあっているとされている。では，こうしたことはいかにして起るのであろうか。この要因として第一にあげられているのが，動的密度あるいは道徳的密度（densité dynamique ou morale）とデュルケームがよぶものである。これは，相互に密接に関係しあう諸個人の数，さらにはその接触を可能とする交通手段を指す（cf. Ibid: pp .237-238）[12]。諸個人がお互いに接近しあい，密接に関係すればする

---

[12] さらに，社会的体積，つまり人口の増加もまたこの要因としてあげられている。しかし，これのみでは分業の要因とならず，動的密度の増大をともなうことが必要とされる（cf. Ibid: pp. 241-244）。

ほどそこでは生存競争が激しくなる。さらに,「諸機能が類似すればするほど,諸機能間の接触点が増加し,したがって,諸機能は闘争にさらされる」(Ibid: p. 250)。この結果として諸機能の専門化が起る。

　なぜなら,一方では,勝利した環節器官は,いってみれば,よりいっそう拡大された分業によってのみ,以後それが果たすべきより広範な仕事をなしうるからであり,他方,敗北した環節器官は,それまで果たしていた機能全体のただ一部分に専心することによってのみ,自らを維持することができるからである。小工場主は職工長に,小商人は被雇用人になる,等々 (Ibid: p. 252)。

生存競争の結果として分業は起るのだが,分業はまたその生存競争を緩和するものでもある。

　実際,分業によって,競争者たちは互いに排除し合う必要がなく,その代わりに,互いに共存しうる。また,分業が進展するほど,同質的な社会では生きていけないであろう非常に多くの個人は,自らを維持し,生存していくことが,分業によりできるようになる (Ibid: p. 253)。

このような意味において,デュルケームにとっての分業は,通常,経済学で考えられているような,単なる生産の増大としてのものではなくなる。「われわれが専門化するのは,より多く生産するためではなく,われわれにもたらされた新たな生存条件下において生きることを可能とするためである」(Ibid: p. 259)。デュルケームにとって,分業とは,一方で生存競争の結果であるものの,他方,それを緩和するものでもある。

　そして,こうした分業把握の前提にあるのは,諸個人が同一社会に属している限りにおいてのみ分業が可能となるということ考えである[13]。「実際,孤立した,無関係な諸個人が競争により対立するとき,この競争は,彼らをよりいっそう引

---

13) 異なる諸社会間における交流に関して,デュルケームはそこに分業が発生しているとはとらえていない。「時としてお互いを敵視するような,いかなる紐帯によっても統合されえない諸民族が多少なりとも定期的に諸生産物を交換し合うとしても,そこには相互主義の関係しか見いだせない。それは分業となんらの共通点もない」(Ibid: p. 266)。

き離すだけである」(Ibid: p. 259)。しかし，分業は競争による分離のみではなく，諸機能の分担による相互依存の関係をもうむ。この意味で，デュルケームにとって分業は協同的なものである。それゆえに，分業は諸個人を結びつける。ただし，そのためには「諸個人の間には，なお，道徳的紐帯が存在していなければならない」(Ibid: p. 260)。

原初において，社会は類似にもとづく機械的連帯の社会である。このとき，諸個人は社会に同化されており，まさに社会的存在として存在している。この意味で，デュルケームにとって，社会は諸個人から生まれるのではなく，諸個人こそが社会の産物である。こうした観点から，功利主義的な社会像[14]は，デュルケームにとって受けいれられない。

> 彼ら［功利主義者たち］は，初めに孤立し独立した諸個人を想定する。したがって，そのような諸個人はただ協同するためだけに関係を結びうると考える。なぜなら，彼らを引き離している空隙を越え，相互に関係を結ぶ理由がほかにないからである。しかし，この広く流布された理論は，まさに無からの創造を要請する (Ibid: p. 263)。

社会が，機械的連帯から有機的連帯の社会になったとしても，諸個人が社会に属しているかぎり，そこにはなんらかの規制，あるいはその個人を社会の構成員の一員とする道徳が必要となる。なぜならば，デュルケームにとって，諸個人が社会に属しているのならば，諸個人は常に社会の影響を受けており，したがって，個人的要素のみではなく社会的要素によっても構成されているはずだからである。そして，諸個人の一部を構成する社会的要素は，諸個人の利己主義を抑制す

---

14) デュルケームは功利主義的な社会像を批判するさい，功利主義者としての具体名をあげることはほとんどしていない。しかし，『社会分業論』において，功利主義者の代表として具体的に批判の対象となっているのはハーバート・スペンサー (Herbert Spencer: 1820-1903) である。スペンサー批判を通じて，デュルケームは功利主義を批判する。

> この理論［功利主義者たちの理論］は，実際，個人から社会を演繹するものである。……スペンサー氏の証言によれば，この仮説にしたがって社会が形成されうるためには，原始的諸単位 (les unités primitives) が「完全な独立状態から相互依存状態に

る。機械的連帯の社会においては，確固とした集合意識が諸個人を拘束する。この意識は，近代と比較してより具体性をもったものである。それゆえ，機械的連帯の社会では，個人の自由度は比較的少ない。「だが，社会の容積が増大するにつれ，この［確固たる性質をもつ］共通意識は性質を変化させる」(Ibid: p. 272)。集合意識は，機械的連帯の社会においては具体性を有していたが，次第に抽象化されたものとなる。そして，集合意識が抽象化されることによって個人の自由度が増大する。

> 集合的合力はもはや以前ほどはっきりとしていない。そして，その構成要素が異なれば異なるほど，漠然としたものになっていく。ある合成像を作り上げるのに用いられた諸個人像が異なれば異なるほど，この合成像は不鮮明なものとなる（Ibid: p. 273)。

こうして，一旦諸個人の分化がはじまると，諸個人は一層確固とした集合意識の支配から離れ，個人的人格の発達がうながされる。そして，それまでたとえば身分によって，あるいは血によって固定化されていた諸機能の流動性が高まる。このような流動性の傾向が特に顕著なのは，デュルケームによれば経済界である。「経済的諸機能が応えている嗜好や欲求ほど変わりやすいものはないのであるから，商業や工業は，需要に生ずるあらゆる変化に従いうるために，永続的に不安定な均衡状態に置かれていなければならない。」(Ibid: p. 320)。さらに，諸機能の分化はそれだけ社会をより複雑化し不安定化させる。「複雑な諸環境は，その複雑さそれ自体のために，本質的に不安定である。そこでは，絶えずなんらかの状況の急激な変化，なんらかの新奇性が生ずる」(Ibid: p. 323)。

集合意識の希薄化，そして諸個人の自律性の増大は，デュルケームにとって経済活動の発展を必然化する。「社会的関係を築き上げた諸個人の数が非常に多くなっていくのであるから，彼らはさらに専門化し，より働き，自身の能力を極度

なる」必要がある（Ibid: p.263)。

また，たとえば，パーソンズも，デュルケームが批判するスペンサーの契約的関係をとりあげる際，「スペンサー流の，もっと一般的には功利主義的な定式化」(Parsons 1937: p.311/18頁）として，デュルケームのスペンサー批判と功利主義批判を結びつけている。

に刺激してはじめて生き抜くことが可能となる」(Ibid: p. 327)。それゆえ，有機的連帯の社会としての近代社会は，経済活動がより一層拡大した社会であるとデュルケームは認めている。ところで，協同によって生じる相互依存が諸個人を連帯させているかぎりにおいては，経済社会としての近代社会も連帯を保っているはずである。つまり，分業が連帯として機能しているならば，近代経済社会は道徳の不在による社会的危機に直面することはない。

しかし，デュルケームによれば，経済的諸機能はそもそも「第2次的役割しか果たしていなかった」。また，それは社会の外縁に位置するものであった。それゆえ，経済的諸機能は当初道徳的規制から免れていた。近代は，デュルケームも認めるように経済的領域が拡大する社会である。

> 経済的諸機能が蔑視され，下層階級にゆだねられていたのは遠い昔のことである。この機能の前に，軍事的・行政的・宗教的諸機能は次第に役割を減じてきている。……今や経済的諸機能は，大多数の市民を飲み込んでいるため，多数の個人が生活のほとんどすべてを商工業的環境（milieu industriel et commercial）のなかで過ごしている（Ibid: p. IV）。

しかし，社会をますます覆うようになっている経済的領域において，法律的及び道徳的無規制状態がみられるとデュルケームは主張する。「この経済という機能の領域において，実際，職業的道徳はまったく未発達の状態でしかない。……経済という集合生活の全領域は，その大部分，規則の抑制作用を免れている」(Ibid: pp. II-III)。

理念型としての有機的連帯の社会では，諸個人は専門化することによって，相互に依存しあい密接に結びつきあっている。しかし，現実には労働と資本との敵対関係の顕在化や，専門化した諸個人の孤立化がみられる。道徳的機能を果たすべき分業が，むしろ逆に社会を解体している。だが，デュルケームにとって，こうした事態が生ずるのは，「前者［有機的連帯］が存立するための全条件が実現していないためである」。有機的連帯が正常に機能するための条件とはどのようなものであろうか。デュルケームは，相応に進展した規則の必要性を説く。

> 有機的連帯が存在するためには，お互いを必要とする諸器官の体系が存在し，この諸器官が，一般的に，連帯を感じているというだけでは不十分である。そ

れに加えて，諸器官の結びつきすべてにおいてではなくとも，少なくとももっとも頻繁に諸器官が接する状況において，諸器官の協同すべき方法があらかじめ決定されていなければならない（Ibid: p. 356）。

　このような問題を解決する手段として，契約があげられる。しかし，デュルケームは契約それ自体のみでは十分ではないと考える。

　まず，デュルケームは契約（engagement）を，「諸個人によって望まれた，そして，この自由意志以外にはその根拠をもたない」（Ibid: p. 189）ものとして定義する。つまり，契約とは，諸個人間において，対等な関係のもと結ばれるものとしてとらえられる。しかし，こうした契約には，その前提として契約の有効性を担保する社会が必要とされる。なぜなら，engagement には約束という意味もあり，単なる「契約（contrat）」では含みこまれないものを含みこむからである。たとえば，「契約」においては，明記されていない事柄は保証されえない。しかし，約束には，単にそこで結ばれた事柄以上のものが含まれる。そして，それは当事者間のみに認められているものではなく，社会一般において認められていなければならないものである。デュルケームが engagement として契約をとらえているということは，形式化された「契約」としてではなく，より広い意味で契約をとらえていると考えられる。ここにおいて，contrat としての「契約」とは異なる，デュルケームの契約に対する考えを見いだすことができる。デュルケームにとって，諸個人が単に「契約」のみによって関係しているとすると，それは一時的なものであり，絶えず「契約」を結ぶために闘争が生じる。この闘争が回避されるためには，「人々の関係の継続していく期間全体にわたってこの協同の諸条件が確定されていることが必要である」（Ibid: pp.190-191）。こうして，契約において契約法が果たす役割の重要性が強調される。

　デュルケームによれば，契約法は契約当事者間のみでは規制しえない事柄を規制している。

　この規制は，われわれが作ったのではなく，社会や伝統によって作りだされたものにもかかわらず，われわれに強制的に課せられるものである。この規制は，言葉の厳密な意味において，われわれが契約しなかった義務に，われわれを服従させる。なぜならば，われわれはその義務について討議していたわけでもなく，ときには事前に知っていたわけでもないからである（Ibid: p. 192）。

つまり，契約的関係において，当事者の間には，単に相互に合意された一時的関係ではなく，明示されていない要素までもを含んだ関係が結ばれることとなる。こうした当事者間に課される規制は，諸個人によってではなく社会によって課せられている。それゆえ，デュルケームにとって，「契約法は，伝統的経験の権威をもってわれわれを強制することによって，われわれの契約的関係の基礎を構成している」(Ibid: p. 192)。要するに，「契約」はそれ自体のみでは不安定なものであり，社会から生じてくる規制が加えられて安定する。

こうして，有機的連帯の社会としての近代社会において，単に自己の欲求を追求するだけの個人主義では社会の安定的均衡は達成されず，規制が必要とされる。「分業が諸利害を連帯させるとしても，分業はそれらを1つにするのではない。分業は諸利害を異なったままに，そして競争的なままにしている」(Ibid: p. 191)。分業が連帯をひきおこすためには，諸器官の諸関係が規制される必要がある。そして，近代社会は経済的領域が中心的な地位を占めるようになっているため，特に経済的諸関係の規制が求められる。

また，逆に，過度の規制によって分業が十分にその役割を果たしていない状態をデュルケームは指摘する[15]。このとき，諸機能は自らの役割を果たすことができず，諸機能相互の関係は柔軟性を失い固定化される。分業が適切に機能している場合，諸個人は各々にみあった役割を果たす。

> なぜなら，仕事を得ようと争いあう競争相手たちを不当に阻害したり優遇したりするものがなにもなければ，適材が適所につくことは避けられないものだからである。そのとき，労働が分割される様式を決定する唯一の原因は能力の多様性である。事物の力により，能力の価値にしたがって労働の分担がなされる(Ibid: p. 369)。

この意味で，デュルケームの思い描く理想の近代社会とは，諸個人が自己に適した機能あるいは職業に就き，それぞれが社会において各役割を果たすことによっ

---

[15] この一例として，階級あるいはカスト制度があげられている (cf. Ibid: pp. 367-374)。カスト制度のもとでは，諸個人は自らの能力によって諸機能が分担されておらず，それぞれの属する階級によって諸機能が固定化されている。そして，この固定化は諸個人の多様化を阻害し，諸機能間に軋轢を生じさせる。

て相互に依存し連帯する社会である[16]。こうした考えの前提には，人間の幸福とは自己の利益を最大にすることにあるのではなく，自身の能力を最大限に発揮しうることにあるということが想定されている。「正常的には，人間はみずからの天性を実現することに幸福を見いだし，彼の欲求はその手段と結びついている」(Ibid: p. 369)。

デュルケームにとって，近代社会は分業にもとづく個人的人格の発達をその特性とする。そして，そこでは，諸個人は相互に依存しあうからこそ連帯する。また，そこでの諸個人の関係は契約的であるが，それは単に利害の一致にもとづく一時的関係ではなく，その背後に，社会によって課される規制が存在している。現実として，近代社会の中心的地位を占める経済的諸機能は無規制状態，あるいは過度の規制状態にあり，社会的均衡からかけ離れている。こうした状況を是正するのは，デュルケームにとって道徳的機能，あるいは規制である[17]。このような観点のもと想定されるデュルケームの「社会経済学」とはどのようなものであろうか。次節ではこの点に関して検討する。

---

16) デュルケームは，現実的には，そうした理想的社会というものに到達しうるとは考えていない。

> ある社会には，その歴史の各時期において，社会的諸単位の数と配分とが与えられれば，正常的な集合生活のある一定の強度が存在している。すべてが正常に経過してゆくならば，確かにこの状態は，おのずから実現されるであろう。だが，事物をすべて正常に経過させようと思ってもなかなかそうはいかない。健康が自然なものならば，病気もまたそうである。健康は，個体の有機体におけると同様に社会においても，どこでもまったく実現されたことのない，1つの理念型にすぎない (Ibid: p. 330)。

17) 近代社会が直面する問題を是正するための処置として，デュルケームは道徳的機能あるいは規制の必要性を主張しているが，これはデュルケームの一側面にすぎない。過度の規制によって分業が正常に機能しないと述べているように，デュルケームは規制緩和の必要性も認識していた。デュルケームにとって，社会は常に何らかの規制，あるいは道徳を有しているため，その規制が社会にとって正常であるかどうか，あるいはその社会状況においてどのような規制が適合的であるかどうかが問題となる。

第3節　道徳をともなう「社会経済学」

　デュルケムが想定する有機的連帯の社会においても，諸個人間の分業，あるいは交換は契約的関係にもとづいておこなわれる。しかし，「古典派経済学」が想定する，諸個人間で単に結ばれる契約は一時的な関係であり，強者による弱者の隷属といった状態を招き，安定した，または平和的関係に達することができないとデュルケムは考える[18]。

　　本来契約的な諸義務が，諸意志の一致のみによって結ばれ，そして，とかれうるということは確かである。だが，契約（contrat）に結びつける力があるとするならば，それは社会が契約にその力を伝えているからであるということが忘れられてはならない。社会が契約された義務を承認しない場合を想定してみよ。すると，これらの義務は，ある道徳的権威しかもたない単なる約束（promesses）となってしまう。それゆえ，あらゆる契約（contrat）は，契約当事者たちの背後に，結ばれた契約（engagements）を尊重させるために干渉しようとして待ちかまえている社会が存在していることを前提としている（Ibid: pp. 82）。

　「古典派経済学」が前提とする孤立した諸個人は同質的な人々として扱われ，契約は単なる利害の一致のもと結ばれる。しかし，現実には人々は様々な環境において有利不利の状態におかれている。たとえば，雇用主と労働者との間には経済力において優劣が存在している。孤立した諸個人を前提とする「古典派経済学」的な契約は，そうした諸個人の優劣による不当な契約的関係，つまり持つ者と持たざる者の力による上下関係を生む。自己の欲求を追及する個人は，最少の費用で最大の利益を上げようとするため，契約者たちはできるだけ己に都合の良い契約を追及する。そのため，社会が個人の単なる集合であり，自己の欲求を追及する個人によって契約が結ばれるのならば，契約が結ばれるごとに当事者間で条件が決められることになる。それゆえ，利害の一致によって結ばれるだけの関係は不安定な状態である。

　「古典派経済学」では，契約によって交換が可能となるが，デュルケムの場合，交換が可能となるためには交換が行われる前に，諸個人が協力関係になければならないと考える。つまり，分業による専門化は生存競争の結果であるが，専門化

した人々が生存していくためには他者に依存する必要がある。そのため、そこでは協力関係が生じている。こうした協力関係は、一時的なものではなくある程度長期にわたって続いていく。そうでなければ、その協力関係は不安定なものになってしまう。それゆえ、デュルケームにとって、契約的関係とは、交換がおこなわれるそのときのみの一時的関係ではなく、その関係が半永続的でなければならない。こうして、契約は利害の一致ではなく、協力関係を表すものとされる。

『社会分業論』において、明示的に述べられてはいないが、こうしたデュルケームの想定する契約的関係とは、「古典派経済学」的な孤立した諸個人間による契約関係ではなく、諸機能相互に結ばれる契約関係である[19]。つまり、契約関係において、契約者たちの義務はそれぞれの機能にもとづいて規定される。現実に契約的関係を結ぶのは諸個人ではあるが、その関係を規定するのはむしろ諸個人が担う諸機能である。たとえば、売買契約において売り手aと買い手bが結ぶ契約は、個人αと個人βとで結ばれる契約ではあるが、この契約が結ばれるためにはその前提として、売り手としての機能Aと買い手としての機能Bのそれぞれ

---

[18] 『社会分業論』において、デュルケームが批判する古典派経済学における契約関係とは、主としてスペンサーの「契約関係」である。この点に関しては、例えばパーソンズの研究（1937）が挙げられる。パーソンズによれば、スペンサーの「契約的関係」とは、「『功利主義的』理論のなかで定式化されている諸要素のみを含むような社会関係の類型」をさす。この原型が、経済的な交換関係であり、この「[社会]体系の統合と凝集力は、当事者間の様々な交換から引き出される互酬的な便益に負っているという観念である」（Parsons 1937: p. 311/17頁）。

[19] 『社会分業論』で、デュルケームが諸機能について言及するとき、その諸機能の内容は2種類ある。1つは、社会的諸機能であり、これは行政的諸機能や経済的諸機能があげられる。1つは、経済的諸機能内における諸機能、つまり資本家という機能や労働者という機能等々である。ここでは、本論文の内容上後者の意味での機能として考察していく。また、デュルケーム自身、近代社会が経済的領域の拡大する社会ととらえており、経済的諸機能が社会生活の中心となっていくと考えているため、ここで経済的諸機能にある程度限定して考えても問題はないと思われる。経済的諸機能として機能をとらえるならば、諸機能はほぼ職業と同義である。ただし、忘れてならないのは、デュルケームにとって経済的諸機能も社会的諸機能の1つであり、経済活動は個人的活動であるものの、社会的側面、つまり社会の1つの機能として社会にとって欠くことのできないものであるということである。

の義務等が確定しており，この条件にしたがって契約が結ばれなければならない。諸機能相互の関係は社会的であり，その中身は社会によって決定される。諸機能それぞれ，つまりそれぞれの職業にはそれぞれその果たす義務が職業道徳として規定されることによって，契約における諸機能の義務等が確定される。それゆえ，契約的関係によって諸個人の活動が安定的におこなわれるためには，その契約の正当性，諸機能相互の関係を保障する社会が必要とされる[20]。こうした考えの背後にあるのは，契約による交換において，その物の価値が社会的価値として決定されなければならないという観念である。このような社会的価値を決定するものは，単に生産に要した労働量ではなく，「その労働量のうち，有効な社会的諸効果を生産しうる部分である」(Ibid: p. 376)。そして，この「有効労働量（quantité de travail utile）」は，その生産物が社会的にどれだけの強度で欲求されるかに一致する。デュルケームは，こうした社会的価値を平均的価値と呼んでいる。この平均的価値から大きく乖離した状態で結ばれる契約は不公正なものとされる。このようなデュルケームが言う社会的価値，あるいは平均的価値は，実際には価格として観察される[21]。

ところで，価格が「有効労働量」で決定されるということは，その生産物それ自体に内在的な価値が存在しているのではなく，社会的に決定されているとみなしうる。そうであるならば，デュルケームにとっては，それを生産するそれぞれの職業の，たとえば賃金として観察される価値も，社会に依存することになる。そして，そうした個々の職業，つまり諸機能の価値は，諸機能の社会に対する貢献度に左右される。このようにして決定された価格の下，サーヴィスが等価交換

---

20) こうした「古典派経済学」における契約的関係に対するデュルケームの批判的な態度の背景の1つとして，大陸法とイギリス法との差異があげられる。ヨーロッパにおいて，EU内の契約法の統一化の流れの中でも，大陸諸国ではローマ法の伝統に基礎がおかれているのにたいして，イギリスではローマ法ないし大陸法の影響を受けつつも独自の法が発展された（cf. 須藤 2005: 72 頁）ことによる契約法の差異が問題となっている。ヨーロッパ法とイギリス法の基本的な法概念の相違として以下の例があげられる。契約において「いかなる条項を不当なものとして無効とするかという基準に関する一般条項として，UTCA [Unfair Contract Terms Act 1977] は合理性（reasonableness）というイギリス法的概念によっているのに対し，UTCR [Unfair Terms in Consumer Contracts Regulations 1999, SI 1999, No. 2083] は公正さ（fairness）を基準とし，その判断において誠実（good faith）という大陸法的概念を用いている」(Ibid: 72 頁)。つまり，

されるとき，契約は正当なものとされる[22)]。さらに，「これらの契約が，自発的に実行されることがなお必要である」(Ibid: p. 375)。デュルケームにとって，こうした契約がおこなわれるためには，「契約当事者たちが平等な外的条件のうちにおかれているということ」が必要である。

もちろん，諸個人の能力差によって，常に人々は社会において不平等な状況におかれることとなろう。だが，このような不平等は，外見的であるにすぎない。なぜなら，これらみかけだけの不平等は，内的不平等を，外側に表したものにすぎないからである（Ibid: pp. 377-378）。

つまり，契約関係は，諸機能の対等な関係を前提とすることによって，諸個人に内在する能力的不平等を除く，諸個人間の平等性を実現可能なものにする。そして，諸機能の対等な関係を担保するのは，諸個人相互ではなく，彼らがはいりこ

  イギリス法的概念の場合，当事者間がお互いに納得しその契約が合理的であると判断されれば契約は公正なものとされる。そのとき，当事者としての諸個人の欲求は情念にもとづいている。ヨーロッパ法的概念の場合，当事者間の納得ではなく，社会的価値観としてのある正義に即して，その契約が妥当であるならば契約は公正なものとされる。それゆえに，契約が当事者間の合意にもとづいていたとしても，その契約に重大な不均衡が内包されているならば，その契約は不当なものとされる。

21) デュルケームは，価値を決定するこうしたエネルギーは数学的に計量されえないと指摘しつつも，それを変化させる主要なものとして以下の3点を挙げている。「生産に必要な努力の総量，その生産物によって満たされる欲求の強度，そしてその欲求が満たされる満足の度合」(Durkheim 1893: p. 376)。

22) 価格が「有効労働量」で決定され，それが，その生産物に対する社会的欲求の強度と等しいということは，デイヴィッド・リカードウ（David Ricardo: 1772-1823）的な投下労働価値説ではなく，効用価値説の立場にデュルケームは立っているとみなすこともできる。しかし，経済学者が「価値の観念が効用，希少等々の観念を包含していることを発見し，そして，このようなかれの分析の諸所産によってかれの定義を作りあげ」ていることに対して，デュルケームは批判的である（cf. Durkheim 1895: pp. 24-31/50-57頁）。また，物の価値は，その物の客観的属性のみによって決まるのではないと指摘している（cf. Durkheim 1908 [1975]: pp. 218-225）。物の価値や価格に関するデュルケームの言及を，商品価格理論として再構成し，古典派理論との関連，あるいはさらに近代経済理論との関連において考察することは，別途検討すべき課題とする。

んでいる社会である。

　デュルケームは，諸個人間の内的不平等による，社会における地位の不平等性を容認する。しかし，それはネガティブなものではなく，むしろポジティブなものとしてである。つまり，こうした不平等が身分や貧富によってもたらされるのではなく，諸個人に内在する能力によってのみ生じなければならない。そして，そのためには諸機能が対等な関係にあり，そのうえで諸個人がそれぞれ自身の能力を最大限発揮できる環境が社会には求められる。諸個人が自己に内在する能力を発達させることこそが，デュルケームにとっての近代社会の特徴，あるいは実現するに至っていない理想としての社会であり，こうした人々の結びつきは，それゆえ，機械的連帯ではなく有機的連帯ととらえられる。諸個人は，社会に埋没した匿名の存在としてではなく，自己の能力にみあう諸機能を担うという観点からとらえられている。そして，各人の能力の差異によって生じる不平等は，「諸個人の人格やその社会的用役に基づいて」(Ibid: p. 378) いなければならない。一見すると，デュルケームの記述するこの社会は身分社会のように映る。しかし，この社会は封建的な身分社会とは異なる。封建的な身分社会においては，階級が固定化されているのにたいして，この社会では，諸個人はより自由に地位を選択することができる。さらに，社会的諸機能の相互依存性が思い出されるならば，地位の不平等性があったとしても，それぞれに社会的価値が付与されよう。つまり，諸個人の効用の最大化よりも，諸個人が何をなしうるか，自己の能力を最大限発揮することができるかが重要視される[23]。こうしたデュルケームの視点は，アマルティア・セン (Amartya Kumar Sen: 1933-) のケイパビリティと同質なものととらえることもできる[24]。

　「古典派経済学」的な契約や功利主義的個人主義を問題視する一方，デュルケームは，経済学者たちの自由主義をある面で評価する。彼らは，「はじめて社会

---

[23] デュルケームは，能力の差異において，先天的な才能が占める割合は，分業の進展によってより小さくなると考えている。なぜならば，より専門化された諸機能は，それだけ特殊的なものとなり，遺伝による影響を受けにくくなるからである (cf. Durkehim 1893: pp. 291-318)。明示的に示唆されてはいないが，デュルケームは，近代社会では諸個人の努力はそれに報いる結果がもたらされると考えているように思われる。

[24] シュタイナーは，デュルケームの社会経済問題にたいするアプローチと経済パフォーマンスの指標として道徳性を考慮に入れるセンとの類似性を指摘している (cf. Steiner 2002: p. 96)。

生活の自主的特性を指摘し,拘束は社会生活をその自然的方向から逸脱させうるだけのものであって,正常的には社会生活は,外的なそして義務的な調整からではなく,自由な内的生成から結果することを示した」。しかし,経済学者たちが想定する自由と,デュルケームが想定する自由とは同一のものではない。経済学者たちは,「人間を構成する1つの特質として自由を考え,個人それ自体という概念から自由を論理的に演繹する」。つまり,人間は生まれながらに自由であると想定されている。しかし,デュルケームにとって,「自由そのものは規制の産物である」。なぜならば,原初において人々は,「有利さという点からみて,不平等な外的諸条件のうちにおかれている」(Ibid: p. 380)。こうした不平等な外的諸条件は,自然的諸原因にもとづいており,諸個人の自発性は抑制されている。それゆえ,不平等な外的諸条件によって,人々の関係は固定化される。こうした,自然的秩序の不平等の解消,つまり諸個人の対等な関係を可能とするのは,デュルケームの言葉にしたがうならば,社会的諸力によってである。つまり,それまで外的不平等を生ぜしめていた規制を緩和すること,あるいは外的不平等を生じさせないよう新たに規制を設けることによって外的不平等が緩和される。こうして,諸個人は,対等な関係のもと,より自由に個人的多様性を発揮することが可能となる。この意味において,自由は規制の産物としてとらえられる。

ところで,諸個人の対等な関係が求められるのは,社会の構造そのものによる。つまり,機械的連帯の社会から有機的連帯の社会への変化において,諸個人は差異化し,それぞれの個人的人格を発達させる余地が拡大している。ただし,それは「社会的に有用なすべての力の自由な展開を確保するため」(Ibid: p. 381)でもある。そのような状態が最大限に達成されるのは,諸個人が,各自の能力を最大限発揮するよう諸機能に配分されているときであり,その時,この有機的連帯の社会は安定した状態に至る。ところで,この有機的連帯の社会では,一方で,諸個人はより自律的になっているが,他方,社会的諸機能としての役割を担ってもいる。したがって,これらの諸機能が調和的であるためには,その外的諸条件の水平化が求められる。なぜならば,外的諸条件が不平等である場合,諸個人それぞれが担う諸機能はそうした不平等を内在したものとなり,諸機能は調和せず,諸機能の相互依存による連帯を妨げることとなるからである。したがって,分業が連帯として機能しているならば,分業の進展による専門化は,諸機能分担において,肉体的差異や世襲による貧富,遺伝による先天的能力差によって決定されないものとなっていくはずである[25]。デュルケームは,こうした外的諸条件の水

平化が，近代社会において求められる正義であり，道徳であると考えている。外的諸条件の水平化とは，社会的諸関係の公正性を意味する。受け継いだ身分や血統によって諸個人間の関係が固定化されるのではなく，諸個人が果たす諸機能の社会的価値によって正当に評価されなければならない。デュルケームにとって，分業は，単に諸個人を交換者にするのではなく，諸機能を連帯させる。

デュルケームによれば，「法と道徳とは，われわれを相互に，そしてまた社会に，むすびつけ，大衆としての諸個人を一個の凝集的集合体たらしめる諸紐帯の総体である」(Ibid: pp. 393-394)。つまり，人々は利己主義に還元されえず，社会において存在するかぎり，その社会の道徳に規定されている。有機的連帯の社会において，人々は分業によって相互に結びつき連帯が確保されているとデュルケームは考えている。このとき，諸個人を規定するものは社会の構造それ自体である。伝統的な「古典派経済学」が社会とは無関係に独立した諸個人を想定するのにたいして，デュルケームは社会の構造にもとづく諸個人を想定する。「人間は社会内で生活しているからこそ道徳的存在であるにすぎない」(Ibid p. 394)。

だが，分業が近代社会における道徳であるとデュルケームがいうときそれはいかなるものであるのか。分業は個人を専門化させ非類似の関係を促進することによって，個人的人格を発展させる。諸個人を社会に同質化させるのではなく，相互に差異化させる。個人的諸意識の発達，多様化が進展する中で，個人が社会に結びつくのは「分業によってこそ，個人が，社会にたいする自己の依存状態を再び自覚するからであり，分業からこそ個人を抑制し，服従させる諸力が生じてくるからである」(Ibid: p.396)。

デュルケームにとって，分業は「人間たちの間に，互いを持続的に結びつける権利と主義のまさしく一体系を創りだす」。つまり，分業が「分割された諸機能

---

25) デュルケームは，専門化が進めば，それだけ諸機能選択において肉体的差異等の影響が少なくなると考えているが，明らかに，肉体的優劣によって左右される諸機能は存在するように思われる。ただし，たとえば，「数学的精神と音楽的感情とだけは，かなりしばしば，両親の直接的遺伝による天稟の素質であることがある」と指摘しているように例外的事例も挙げている。そして，その理由として，「これらの2つの能力は，通常考えられているよりも，より一般的であり，複雑なものではないにちがいない」(Ibid: p.304)と述べている。一般的に，分業は労働を単純化するととらえられているが，デュルケームの場合，専門化はそれだけ諸機能を特殊化し複雑化すると考えられている。それゆえに，先天的能力の果たす役割が小さくなるとされる。

の平和的なそして規則的な協力 (concours) を保証する諸規則を産みだす」(Ibid: p. 403)。このとき，分業は諸個人相互の関係ではなく，その社会的諸機能の関係としてとらえられている。それぞれの社会的機能は相互に依存することによって1つの全体社会を構成しており，ある1つの機能の不具合は社会的調和をみだす。それゆえに，分業の進展している社会では，諸機能相互が調和的に働く必要があり，それを確保するための諸規則が必然的に生じてくる。諸個人は，社会的諸機能を担うとき，その確定された社会的諸機能の諸規則にしたがう。「さらに，これらの諸規則が公正 (justes) であることが必要である。そして，そのためには，競争の外的諸条件が平等であることが必要である」(Ibid: p. 403)[26]。諸個人がそれぞれの社会的諸機能を担うにあたって，外的諸条件の不平等によってある者が不当に隷属されることなく，それぞれの能力にしたがって役割が決定されなければならない。デュルケームにとって，有機的連帯の社会における道徳とは以下のようなものである。

　それ［組織的社会の道徳］は，ただ，われわれの同胞たちにたいして愛情をもって接し，公正であり，自らの仕事を十分に果し，各人がそのもっともよく遂行しうる機能に就いて働き，その努力にたいする公正価格 (juste prix) をうけることを，われわれに要求するにすぎない (Ibid: p. 404)。

デュルケームにとって，諸個人が社会に存在している限り，それは「古典派経済学」的な孤立した個人ではなく，社会的存在である。そして，社会的存在であるがゆえに，諸個人は利己的精神のみにあらず，利他的精神を有している。定職を十分に果たすとき，諸個人はその定職が自身の努力と能力によって選択できていることが前提とされている。なぜならば，デュルケームが想定する理念型としての有機的連帯の社会では，「努力にたいする公正価格をうけること」ができるはずであるからである。

　ここで注目すべきは，近代社会の道徳をなしているものは juste としての公正

---

26) ここで，デュルケームが公正というとき，それは fairness としての公正ではなく justice として何らかの価値的側面をもった公正を意味している。fairness はフランス語では juste であり，そこには何かしらの justice が含まれる。デュルケームにとって，分業が可能となるためには，契約といった諸規則 des règles だけでは十分ではなく，これらの諸規則 des règles が公正 juste でなければならない。

であり，諸個人がその能力を最大限に発揮し正当に評価されなければならないという点にある。デュルケームにとって，公正とは，伝統的な「古典派経済学」が想定するような形式化された，fairness としての公正ではなく，それ自体が正義としての価値をもつものである。そこでは，諸個人が自身に内在する能力（そしてそれは努力によって十分発揮されうる）によって社会的諸機能を分担する。そして，諸個人の能力の正当な評価とは，人間の尊厳性の尊重が含意されている。

> 今日［つまり近代では］，すべての健全な意識のうちには，人間の尊厳性を尊重するきわめて鋭敏な感情が存在する。われわれは，自らにたいする関係においても他人との関係においても一様に，われわれの行為をこの感情に合致させなければならない。そして，まさにそこにこそ，個人的とよばれる道徳の本質がある（Ibid: p. 395）。

人間の尊厳性とは人格の尊重であり，それは各々の内的能力の十全な発揮，自律性の獲得である。デュルケームにとって，分業は社会的諸機能の相互依存関係によって連帯を生ずる。しかし，分業にたいするデュルケームの見解としてより重要なのは，分業が単なる効率性としてとらえられるのではなく，各人が自己の能力を最大限発揮することがそこに含意されている点である。つまり，それは人間の尊厳性の尊重であり，こうした道徳によってもたらされる近代社会の理想像とは，「各人がそれぞれにふさわしい地位を占め，自らの真価に相当する報酬を受け，したがって，あらゆる人々が全体と各人との善のために自生的に協力するような社会」(Ibid: p. 404) である。

デュルケームの思い描く有機的連帯のあるべき社会は非常に理想的である。しかし，デュルケームは，こうした社会にたどり着くことが可能であるか不可能であるかを問題としているわけではない。そうではなく，そこに到達するためには旧来の伝統や道徳ではなく，新たな道徳が必要であることを主張する。機械的連帯の社会では同質化が求められるのにたいして，有機的連帯の社会では差異化が求められる。この差異化とは，個人の多様化であり，個人的人格の発達である。そして，その背後にあるのは，諸個人がそれぞれ各自の諸機能を担い，自身の能力を最大限発揮することである。そのためには，諸個人相互の関係において，外的不平等ができるかぎり除かれる必要があり，対等な関係が社会によって担保されなければならない。近代社会に新たな道徳が確立されるためには，「悪の根源

である外的不平等をよりいっそう緩和することによって諸器官の関係のうちに，より多くの正義を導入」(Ibid: p. 404) しなければならない。

　では，近代社会においてデュルケームが求める正義とは，具体的にいえばどのようなものであろうか。デュルケームに即して考えれば，近代社会における諸個人はそれぞれに諸機能を担うことになる。経済学的な観点からいえば，このとき諸個人は諸機能を果たすことによって効用をえているはずである。諸機能を，経済的諸機能に限定していえば[27]，それは諸職業を意味している。つまり，各個人はできるだけ多くの報酬をえられるような職業を追及する。このとき，各個人に内在する能力以外の要素によってどのような職業に就くのかという結果がもたらされるならば，そこには外的不平等が生じていることとなり[28]，それを是正する正義が必要となる。そうすることによって，各人は自身の能力に見合った職業に就くことができるであろう[29]。しかし，諸個人間で能力に差がある限り，内的不平等は必ず生じる。その結果，それぞれがえられる報酬には格差が発生する。デ

---

[27] デュルケームが諸機能に言及するとき，それは一方で政治的諸機能，経済的諸機能，科学的諸機能といった意味で諸機能という用語を使い，他方で経済的諸機能をもつ各諸機能という意味で諸機能という用語を用いている。しかし，有機連帯としての近代社会は経済活動が中心となっていく社会であり，それゆえ，近代社会における諸機能を諸職業とみなしても問題はない。実際，デュルケームは以下のように述べている。有機的連帯の社会における諸個人にとって，「自然のそして必要な環境は，もはや出生上の環境ではなく，職業的環境である。各個人の地位を現すものは，現実の，あるいは擬制上の，血族関係ではなく，彼が果たす機能である」(Ibid: p. 158)。「いつかは人類のいっさいの社会的・政治的組織が，もっぱらあるいはほとんどもっぱら，職業を基礎とするようになるときがくるということが，予想されるのである」(Ibid: p. 167)。注20も参照せよ。

[28] ここでの外的不平等とは，家が金持ちであるか貧乏であるかといった事柄や，身分制にみられる血統の差異といったものがあげられる。また，肉体的な差異もデュルケームは外的不平等とみなしている。肉体的な力の差による序列は，人間的なものというよりは動物的なものとみなしうるからであろう。

[29] 近代社会において，外的不平等を是正するような正義が必要であるとデュルケームは主張するが，果たしてそのような正義をいかにして機能させるのかという点に関しては，『社会分業論』において明確に示されているとは言えない。果たして，デュルケームは具体的にその処方策を提示していたのかは別途検討する必要があるが，この問題はまた別の機会に論ずることにする。

ュルケームはこうした内的不平等にたいしては肯定的である。なぜならば，この社会はデュルケームが想定する有機的連帯にもとづく社会となっているからである。有機的連帯の社会において，諸個人は相互に依存していることが前提とされている。すなわち，それぞれの職業はこの社会において欠くことのできないものであり，それゆえ，それぞれの職業には社会的価値が付加されている。そして，このことが諸個人に共有されている（デュルケームの立場からいえば，諸個人を規定する）ことによって，諸個人の効用はそうした社会的価値をも含みこんだものとなり，諸個人の効用それ自体実は社会によって規定されたものとなる。

機械的連帯の社会では，諸個人は同質化することを求められる。それゆえ，この社会における諸個人の効用を想定するならば，それは全成員に共通するものとしてとらえられるであろう。つまり，理念型としての機械的連帯の社会では，社会＝個人として，具体的な集合意識によって諸個人の効用が規定されているといえる。これにたいして，有機的連帯の社会では，諸個人は差異化することが求められ，諸個人の自律性が社会によって許容される。集合意識が抽象化，希薄化し，諸個人が自身の能力を最大限に発揮することに価値がおかれ，そのような価値基準にしたがって諸個人の効用が規定されるといえる。伝統的な「古典派経済学」では，諸個人は社会とは無関係に，単に自己の利害を追及するホモ・エコノミカスとして想定されるが，デュルケームは常に諸個人を社会の影響下にあるものとしてとらえる。そして，諸制度が人々を拘束し義務づけるというデュルケームの考え[30]を踏まえるならば，こうした人間像は，ホモ・エコノミカスにたいして，社会的人間，あるいは制度に規定された人間ホモ・インスティテュショナリスと

---

30) デュルケームにとって，制度とは「単独の各個人意識に依存しない若干の行為方式および若干の判断を必然的にわれわれの外部に固定し，設定する」ものである。それは，「集合体によって設定されたいっさいの信念およびいっさいの行動様式」（Durkheim 1895: p. XXII/20頁）である。このような制度は諸個人の外部に存在し，ひとびとを拘束する。ただし，そうしたことが一方通行に行われるとデュルケームは考えているわけではない。「諸制度はわれわれを義務づけるが，それと同時に，われわれは諸制度を愛する。また諸制度はわれわれを拘束するが，われわれは諸制度の機能作用および拘束そのものからすら利益をえている」（Ibid: pp. XX-XXI/22頁）。社会的諸信念および諸慣行が諸個人の外部に存在するということは「必ずしもわれわれがただ受動的に，また変更を加えることなしにそれらを受容するということを意味しない。われわれは集合的諸制度を考え，かつ同化することによって，それらを個人化し，それらにわれ

して把捉することができよう。つまり，経済学的な観点からいえば，諸個人が効用を最大化するように行為するさい，実際にはその効用自体が社会に規定されていると想定される。

おわりに

　機械的連帯の社会が，諸個人の同質性のもと連帯し，他者との区別がつかない社会であるのにたいして，有機的連帯の社会は，分業によって諸個人が差異化し，個人的人格の発達した社会である。理念型としての近代社会において，各々は異なった機能を果たし，欠くことのできない要素として社会を構成している。しかし，現実には，社会は機械的連帯から有機的連帯へと変容していっているにもかかわらず，様々な問題を生じさせている。

　このような状況にたいして，デュルケームは，有機的連帯の社会においてあるべきはずの道徳が形成されていないと考える。そして，それは特に経済的諸機能に顕著にあらわれている。それゆえ，経済的領域に，有機的連帯の社会で求められる道徳を内在化させることが必要となる。

　ところで，デュルケームにとって，諸制度や集合的諸信念，集合的諸慣行は諸個人を拘束する作用を有する。つまり，それらは道徳の一形態とみなしうる[31]。したがって，有機的連帯の社会の道徳を含みこんだデュルケーム独特の「社会経済学」は，道徳を制度や慣行といったものに読み替えるならば，社会的側面を無視してきた伝統的な「古典派経済学」にたいして，制度や慣行を包含した「経済

　　われの個人的特徴を多少とも与える」(Ibid: XXII-XXIII/22頁)。デュルケーム理論におけるこうした制度と個人の相互関係に関しては，検討すべき重要な問題の1つといえるが，それ自体1つの大きなテーマとして別途検討を加えるべきものであるため，今後の課題として上記の言及のみにとどめておく。

31) デュルケームにとって，社会的諸信念，諸慣行による強制は道徳的環境に属するものである。それらは，「外部からわれわれに作用する」(Ibid: p. XXII/19頁)。また，デュルケームは，『社会分業論』において，慣行をしばしば道徳とほぼ同義に用いている。たとえば，「未開民族の行動様式は伝統的慣行で固められている」(Durkheim 1893: p. 109)のに対し，有機的連帯の進展にともない，「職業集団に共通な慣行は，社会全体に共通な慣行と同様に，より一般的にそしてより抽象的になる」(Ibid: p. 290) とデュルケームは述べている。制度に関するデュルケームの言及については，注30を参照せよ。

学」としてみることができるであろう。

　『社会分業論』において，デュルケームは，アルカイックな社会を有機的，近代社会を機械的とみなす考えとは異なる視点から社会をとらえなおした。そして，人々相互の結びつきに着目し，アルカイックな社会と近代社会を，それぞれ機械的連帯の社会，有機的連帯の社会としてとらえることによって，デュルケームは個人そのものが社会に規定されているのであり，そうした社会的側面を無視することができないということを示した。

　さらに，機械的連帯の社会から有機的連帯の社会になるということは，集合意識が変化し個人を規定する社会的なものが変化しているということである。伝統的な「古典派経済学」では，個人の効用は社会と無関係に一定のものとして想定されているが，デュルケームは，明示的ではないものの，効用それ自体も社会的影響を受け変化するものであるということを指摘しているのである。デュルケームとアメリカの制度学派との類似性の指摘（cf. Nau and Steiner 2002）や，デュルケーム，さらにはデュルケーム学派に引き継がれた経済社会学の重要性についての指摘（cf. Steiner 2005）等少数の研究を別として，従来のデュルケーム研究では，社会的側面を強調し経済学にたいして批判的であるデュルケーム，という理解でとどまっていた。しかし，集合意識の変化を個人の効用と結びつけてとらえなおすことによって，デュルケームと経済学の接合点を見いだすことが可能となる。

　この点からすると，『社会分業論』に内在するデュルケームの「社会経済学」は，効用を不変的なものとみなす「古典派経済学」の問題点をすでに自覚していたものといえる。行動経済学や応用ゲーム論の近年の発展等により，現代経済学は効用の不変性を必ずしも仮定していない。それゆえ，デュルケームの「社会経済学」は，効用を変化するものと想定する点で，今日の経済学にたいして先駆的な側面を有していたとみなすことができる。また，その一方で，デュルケームが強調する道徳を，制度や慣習等とみなすならば，諸個人の行動は制度や慣習等により社会的に規定されるととらえることができる。このような人間像は，ホモ・エコノミカスという人間像にたいして，ホモ・インスティテュショナリスという人間像

---

32) コンヴァンシオン理論とは「経済活動が，『慣行』と名付けられる特殊な性質を有する規則によって影響されるという事実」にもとづき，「経済的ツールの中に慣行概念を統合」（バティフリエ 2006：2頁）しモデル化するものである。

を浮かびあがらせる。こうした人間像の提示は，制度や慣行を重視し，それらを経済理論に内包させようと試みる，制度派やコンヴァンシオン理論[32]といったヘテロドクス経済学の萌芽ともみなしうる。

　第二部では，これまで『社会分業論』を中心にみてきたデュルケームの「社会経済学」を制度移行の観点から検討し，ミクロ・アプローチとの接合を試みる。その前に，補論において，デュルケームの「社会経済学」が当時のフランス経済思想史の潮流の中で，どのように位置づけられるかを考察する。

133

補論　デュルケーム「社会経済学」の経済思想史的位置

は じ め に

　本論では，デュルケームの「社会経済学」が，果たして19世紀フランス経済学の潮流の中に位置づけることが可能であるのか，また可能であるならばどのような位置にあるのかを分析する。まず第1節では，19世紀後半におけるフランス経済学の潮流を概観する。そこでは，自由主義を基調とした主流派経済学から，産業化にともなう貧困等の社会問題の直面による自由主義思想の変容を簡単にみていく。そして，第2節では，そうした流れの中で，デュルケームの経済把握，経済学批判を通じて，19世紀フランス経済学とデュルケームの「社会経済学」にどのような共通点，あるいは類似点があるのか，またはどのように異なっているのかを分析する。

第1節　19世紀後半におけるフランス経済学

　19世紀のフランス経済思想[1]に関して，自由主義の潮流,協同組合主義の潮流,そして経済的ナショナリズムは，しばしば忘れられていたり，なおざりにされてきた。フランス自由主義経済思想の主要な潮流[2]は，ジャン＝バティスト・セイ（Jean-Baptiste Say: 1767-1832）[3]にはじまる。そして，フランスにおける

---

1) 経済思想分析としては，もちろん，たとえばジョゼフ・シュンペーター（Joseph Alois Schumpeter : 1883-1950) 1954 等が挙げられる。しかし，シュンペーターの分析は，彼の言う「科学的経済学」に貢献したかどうかを基準に行われており，19世紀のフランス経済思想の主要な潮流を概観するのに最適とは言えない（cf. Schumpeter 1954: pp.490-491, p. 841)。したがって，19世紀フランス経済思想の大きな流れの中でのデュルケームの位置づけという本論の課題から，19世紀のフランス経済思想に関して，おもに Breton et Lutfalla（1991）を参照した。
2) フランス自由主義思想の主要な潮流とは別に，エンジニア・エコノミストたちによる経済思想の潮流が存在する。エンジニア・エコノミストに関しては，たとえば栗田 1992 を参照せよ。

自由主義,協同組合主義,経済的ナショナリズムなどは,大部分 J. B. セイにたいする同調や反論から生じている。

 19世紀のフランス経済思想における自由主義は,そもそも重商主義イデオロギーの名残としての保護主義批判にあった。自由主義の潮流は,大きく分けて3つの流派に分類されている。第1に,ウルトラ・リベラリズム。第2に,穏健な自由主義。そして,第3に,非正統の自由主義[4]。道徳・政治科学アカデミー Académie des sciences morales et politiques, 19世紀半ばに自由主義者たちによって設立された経済学協会 Société d'économie politique,そして,それらの会員による経済学講座や雑誌の刊行を通じて,自由主義経済学思想が普及していった。ただし,道徳・政治科学アカデミー,経済学協会は,次第に自由貿易を支持するのみの,社会改良を目指すことを忘れた保守主義に堕していった(cf. Pénin 1991a: p. 38)。

 ウルトラ・リベラリストとしては,シャルル・デュノワイエ(Charles Dunoyer: 1786-1862)[5],フレデリック・バスティア(Frédéric Bastiat: 1801-1850)[6],ジョゼフ・ガルニエ(Joseph Garnier: 1813-1881),ジャン=ギュスタヴ・クルセル=スヌイユ(Jean-Gustave Courcelle-Seneuil: 1813-1892)があげられる[7]。「ウルトラ・リ

---

3) J. B. セイは啓蒙第二世代として,百科全書家たちの後継者であり,重農主義を克服した。ここでの啓蒙第二世代とは,フランス革命直前に形成された,道徳科学を1つのイデオロギーとして体系化した世代のことである。たとえば,レドレル(Pierre Louis Roederer: 1754-1835),ラマルク(Jean-Baptiste Lamarck: 1744-1829),デステュ・ド・トラシー(Antoine-Louis-Claude Destutt de Tracy: 1754-1836)等があげられる。このような啓蒙第二世代の一員として,既存の基本理論をもとに,J. B. セイの効用価値論,販路の法則,企業家の役割は展開されている(cf. Lutfalla 1991a: pp. 14-16)。

4) この分類は,各々の理論的相違よりも,それぞれがどのような主義,主張にもとづいているのかを基準として区分されている。つまり,ウルトラ・リベラリズム,穏健な自由主義,非正統の自由主義の区別は,それぞれがどのような理論を支持していたかによって区別されているのではなく,たとえば,国家の介入や社会問題にたいして,どのような主張をしていたのかによって分類されている(cf. Lutfalla et Breton 1991b: pp. 589-603)。

5) デュノワイエの思想に大きな影響を与えたのは,ジョン・ロック(John Locke: 1632-1704),コンディヤック(Etienne Bonnot de Condillac : 1715-1780),そしてとくにジェレミー・ベンサム(Jeremy Bentham : 1748-1832)とデステュ・ド・トラシーであり,経済学の師はアダム・スミス(Adam Smith: 1723-1790)である(cf. Pénin 1991a: p.36)。

ベラリストは絶えず社会問題や労働問題にたいする穏健な自由主義者の見解に反対していた」(Lutfalla et Breton 1991a: p. 2)。たとえば、デュノワイエは、貧困の原因は貧困に陥る人の行為が悪いためであると考えた。貧困に陥るのは努力が足りないのであって、そのような人々を国家が救済する必要はない。こうした怠惰な行為の報いとしての貧困は、人々を貧困に陥らないように努力させる役割を果たすのである。それゆえ、国家による貧困救済は、なまけ者たちを延命させ、貧困問題の解消にはつながらず、むしろ有害であるとみなした。つまり、貧困等の社会問題にたいして、政府の介入は一切認めず、その原因を個人にのみ帰す[8]。また、労働の規制等、法的規制にたいしても反対する。デュノワイエにとって、社会とは単なる個人の集合にすぎない。バスティアもまた、絶対的自由主義こそ社会平和に至る道であると考えていた。バスティアの自由主義の出発点

---

6) シャルル・ジッド(Charles Gide: 1847-1932)は、経済学を学ぶ第一歩として読むべき最も優れた著作にバスティアの『経済的調和』*Harmonies économiques* と『誹謗文書』*Pamphlets* をあげている(cf. Baslé et Gélédan 1991: p. 95)。デュルケームもまた、バスティアの『経済的調和』が当時の経済学の基本的思想を反映していると考えている。「経済学の諸問題を若者に手ほどきする最良の方法は、若者にシェフレの『社会主義の神髄』とバスティアの『経済的調和』を同時に読ませることであろう」(Durkheim 1970: p. 211/162頁)。バスティアは、一般的に経済理論家ではなく、自由主義を支持する風刺家、宣伝家として評価されているが、バスティアの理論的評価としては以下のものがあげられる。まず、第三次産業部門研究の今日的基礎に貢献しうる、商業、非商業におけるサーヴィスの理論家の一人である。他人の財、サーヴィスによって「節約された労力(l'effort d'épargné)」を価値としてとらえ、節約された労力の理論を展開した。工業に関して同様、農業における収穫逓増を仮定した。また、自由貿易は、すべての国の生産規模を拡大させるのであるから、万人の利益につながるというバスティアの考えは、反植民地主義、平和主義と結びついた世界的自由貿易論として展開される。この点で、世界的自由貿易の理論家の先駆者の一人である。ただし、利益の分配における国家間対立を考察しなかったため、国際貿易理論家としては評価されていない。さらに、「公共選択」の理論の先駆的視点を有していたとみなすこともできる(cf. Baslé et Gélédan 1991: pp. 96-97)。

7) さらに、「イヴ・ギュイオ(Yves Guyot: 1843-1938)は、最も強硬なウルトラ・リベラリストの代表者として、ギュスタヴ・ド・モリナリ(Gustave de Molinari: 1819-1912)、フレデリック・パッシー(Frédéric Passy: 1822-1912)、ルネ・ゴナール(René Gonnard)をウルトラ・リベラル・エコノミーの長老と呼んだ」(Lutfalla et Breton 1991a: p. 3)。

は，個人主義の擁護にあった。国家組織よりも，市場にゆだねることによって，諸個人の自由や経済的効率性は達成されるとバスティアは考えていた[9]。ガルニエは，効率性，経済的調和のためには，私的所有権や自由競争といった自由の原理が遵守されなければならないと考えていた。ガルニエにとって，社会問題や経済危機は，こうした自由の原理，特に労働の自由が十分に適用されることによって解決されるものであった[10]。つまり，社会問題や経済危機は自由主義が十分浸透していないために起こるのであり，自由主義の浸透が阻害されないことが重要となる。クルセル＝スヌイユは，生存競争という自然主義を根拠に，自立した主体間における自由競争を支持した[11]。ただ，クルセル＝スヌイユは，最大限の自由を支持しながらも，無秩序を避けるために公共財，最小限の規則の必要性を認識していた。しかし，クルセル＝スヌイユにとって，国家は，私的所有，既存の社会秩序を擁護するための消極的要因にすぎなかった。自由主義システムの下で

---

8) ただし，当初から政府の介入を一切認めていなかったわけではない。たとえば，大衆への初等教育費免除のための政府支出を支持していたように，政府の非介入の一般原則の例外を認めていた（cf. Pénin 1991a: pp. 39-43）。

9) こうした市場主義的なバスティアの視点は，公共事業に関しても一貫している。国家はできるだけ小さなものが望ましく，国家の行為は効率性と結びつかなければならないと考えられた。つまり，公共事業が正当化されるのは，唯一，国家が私企業よりも高い効用をもたらす場合のみである。それゆえ，バスティアは公共事業一切を否定していたわけではなく，効果の期待できる公共支出にたいして一定の評価をしていた。ただし，公的サーヴィスと私的サーヴィスによる生産性の比較から，バスティアはしばしば公的機能を軽視していた（cf. Baslé et Gélédan 1991: pp. 108-109）。

10) 社会主義が資本家による労働者の搾取を問題視したのにたいして，ガルニエは，自由競争によって種々の活動における賃金率と利潤率は均等になり，利潤と賃金の関係は企業家と賃金労働者間の利益の対立を起こさないと考えていた。つまり，労働と資本，労働者，企業家と資本家の間には，資本家による労働者の一方的な搾取ではなく，相互に利益をもたらす関係があるとされた（cf. Arena 1991a: pp. 129-131）。

11) クルセル＝スヌイユは生存競争を，戦争といった軍事的で粗暴な形態，政治的策略といった社会的権力を自由に使える，またはもっている人々による闘争形態，自由競争とよばれる，労働の自由，自由貿易による平和的形態の3種類に分類している。このうち，戦争と政治的策略は，集団から個人へ作用する様式として否定的であり，自由競争にもとづく商業的競争を，個人から個人へ自生的に作用する様式として支持している（cf. Marco 1991a: pp. 153-155）。

は，企業破産等は当然のものであり，むしろより活発な市場へ資本が再投下されるために放置しておくほうがよいとされた。

このように，デュノワイエやバスティアたちを代表とする，ウルトラ・リベラリズムとは自由放任であり，政府の介入，法的規制にたいする強い反対を特徴としている。こうした思想の基礎には，自由競争と契約の自由こそがすべての問題を解決するという考えがある。しかし，国家の役割を最小限に制限する自由主義国家像は，当時の現実の社会状況において，いくつかの問題を生じさせた。つまり，産業化にともなう貧困問題や社会主義の台頭にたいして，何らの解決策を見いだせずにいた。こうした問題に対応したのは，自由主義を支持しつつも，ウルトラ・リベラリストたちよりも政府の役割を重視する穏健な自由主義者たちである。

穏健な自由主義者としては，アドルフ=ジェローム・ブランキ（Adolphe-Jérome Blanqui: 1798-1854）[12]，ルイ・ヴォロヴスキ（Louis Wolowski: 1810-1876），ポール・ルロワ=ボーリュ（Paul Leroy-Beaulieu: 1843-1916）があげられる。穏健な自由主義者たちにとって，産業化にともなう社会的変化，そしてそれによる諸問題は無視することのできないものであった[13]。彼らは，社会の現実を批判的に分析し，ウルトラ・リベラリズムよりも労働者の状況を顧慮していた。しかし，新たに生じた産業社会それ自体に関しては，ウルトラ・リベラリスト同様，肯定的立場にあった。たとえば，A. J. ブランキは，保護主義と大工業化を特徴とするイギリスの産業システムを批判した。A. J. ブランキにとって，イギリスの産業システムは，一方で，保護主義による過剰生産，失業，貧困の問題を招来させ，他方，大工業化の普及による社会状況，道徳，賃金労働者の健康を悪化させるものであった。それは，自由主義の発展を阻害する経済システムととらえられた。そして，

---

12) A. J. ブランキは，当初，社会主義者たちにたいして中立的，あるいは肯定的立場にあった。たとえば，シスモンディ（Jean-Charles-Leonard Simonde de Sismondi: 1773-1842）の労働者階級にたいする考慮について評価していた。また，サン=シモン主義については，自由主義学派とともに保護主義に反対し，産業主義を普及させた点，社会問題に目を向けさせた点，経済問題にたいして実践的取り組みをした点で評価している。さらに，フーリエ（Charles Fourier: 1772-1837）やプルードン（Pierre Joseph Proudhon: 1809-1865）に関しても一定の評価をしているが，1848年以降，社会主義への批判の色が強くなっていく（cf. Arena 1991b: pp. 168-169）。

13) 当時のフランスでは，女性や子供の労働，貧困が社会問題となっていた。

競争的で小規模な企業によって構成された経済システムを支持した。つまり，大工業化にともなう企業の寡占化にたいして批判的であり，中・小企業による競争的な経済システムを支持した。労働者や貧困の問題を引き起こすのは，私的所有や自由企業制度といったものではなく，急速で過度な工業発展に原因があると考えた。また，国家は労働者の貧困状態にたいして無関心でいてはならないとA. J. ブランキは考えていた。こうした点を踏まえれば，貧困問題に関して，ウルトラ・リベラリストたちとは異なり，立法者の介入の必要性を認めていたといえる。彼は，ルイ=ルネ・ヴィレルメ (Louis-René Villerm: 1782-1863) たちとともに，子供の労働を規制するために活動した。そして，その活動はフランスにおける19世紀最初の社会法の制定に結びついた[14]。A. J. ブランキは，一貫して労働者や農民といった労働者階級にたいする関心を持ち続けていた。また，1848年以降，社会主義への批判，独自の自由主義，つまり競争的な小ユニットによって構成された経済システム支持の観点から，社会問題にたいする解決策として，企業家と労働者にたいする経済教育を重視するようになった。ヴォロヴスキは，諸事実の観察，歴史研究を重視する立場から，保護主義から自由主義への移行において，一時的な保護政策は必要不可欠であると主張した。貧困等の社会問題の唯一の解決策は産業化にあるが，産業化による果実が全体にいきわたるには時間が必要であると考えた。そして，旧体制，社会主義理論，消極的自由主義[15]による解決策は，産業化にともなう社会問題に関して有効ではないとして批判的であった。ヴォロヴスキにとって，国家は単に自由主義の普及を阻害しないようにするだけではなく，教育，中央銀行による貨幣供給等によって，積極的に自由主義を促進する役割を有するものであった。ルロワ=ボーリュは，産業化にともなって貧困等の社会問題が生じていることを認めていたが，楽観主義的観点から，自由主義，個人主義を擁護し，国家の役割は自由主義を妨げる要因の排除のみにあると主張した。当時，体制への反感の増大にともない，多くの経済学者たちの間で社会改良の必要性が認められるようになっていた。たとえば，レオン・ワルラス (M. E. Léon Walras: 1834-1910) やオーギュスタン・クールノ (Antoine Augustin

---

14) この法は，工場における8歳未満の子供の労働，20人以上の労働者の工場を禁止した。しかし，実際には，工場にたいする厳格な監査は行われなかった。

15) ここでの消極的自由主義とは，「進歩の発展のためには旧体制を破壊するだけで十分であると主張する」(Lutfalla 1991b: p. 193) 自由主義である。

Cournot: 1801-1877）による「社会正義」の思想，ジュール・デュピュイ（A. Jules E. Dupuit: 1804-1866）による独占的産業における「公的管理」の思想，フレデリック・ル・プレイ（Pierre Guillaume Frédéric Le Play: 1806-1862）の「社会経済学」，ポール・コヴェス（Paul Cauwès: 1843-1917）の国家の役割をより重視する主張，ジッドの「連帯主義」があげられる。こうした社会改良を主張する傾向にたいして，ルロワ=ボーリュは，常に自由主義の立場から，国家介入に否定的であった。ルロワ=ボーリュにとって，貧困問題等の社会問題は，産業化にともなう過渡的なものとみなされていた。将来的に賃金は上昇し，より平等な社会がもたらされると考えていた。そして，国家介入は，社会問題を解決に導く可能性よりも，むしろ混乱を助長するものであるとさえみなされた。それゆえ，国家の役割は，唯一規制緩和に求められた[16]。

このように，A. J. ブランキ，ヴォロヴスキ等の穏健な自由主義者たちは，産業化は貧困等の社会問題をともなうことを認めていたが，国家介入こそがその解決策であるとは考えていなかった。ウルトラ・リベラリストたちよりは国家の役割を重視したが，それは自由主義を抑制する規制的介入としての側面ではなく，教育による国民の啓蒙や規制緩和といった自由主義を促進させる側面からであった。19世紀前半において，こうした産業化にともなう貧困拡大等の状況にたいする非難は，むしろ保護主義者や社会哲学者たちによってなされた[17]。

非正統の自由主義者としては，ミシェル・シュヴァリエ（Michel Chevalier: 1806-1879），クレマン・ジュグラー（Clément Juglar: 1819-1905）があげられる。シュヴァリエ[18]は，穏健な自由主義者たちよりも強く，自由主義的ドグマであ

---

16) しかし，ルロワ=ボーリュは国家の介入たいして，首尾一貫した態度をとっていたわけではない。たとえば，植民地主義に関しては賛成の立場にあり，植民地拡大のための軍事費拡大といった公共支出にたいして肯定的であった。また，人口問題に関しても，国家介入を支持した。ルロワ=ボーリュは人口増加論者であり，第三子出産にたいする助成金や公務員への採用の優遇等の国家政策を提案していた（cf. Baslé 1991: pp. 225-243）。

17) こうした保護主義者としては，たとえば，アルバン・ド・ヴィルヌーヴ=バルジュモン（Alban de Villeneuve-Bargemon: 1784-1850）があげられる（cf. Lutfalla et Breton 1991a: p. 3）。バルジュモンのようなキリスト教政治経済学とデュルケームの関係については，19世紀フランス経済思想の大きな流れの中でのデュルケームの位置づけという本論の課題から少々逸脱するため，別途検討すべき課題とする。

る夜警国家に反対した。そして，一般利益が問題となるときには，国家の介入は常に必要であると考え，特に，運河や鉄道といった基礎的投資の実現等に国家の介入を求めた。また，労働者の労働条件に関する国家の監視の必要性，一般教育の普及，さらには経済教育の普及等を主張した。こうした国家の介入が，貧困等の社会問題の解決に必要であると考え，シュヴァリエは，過度の個人主義に反対し，公益が問題となる領域における自由主義的解決策に反対した。産業化によって生じた労働者階級の困窮は，労働の生産性を向上させることにより解決可能であるとシュヴァリエは考えていた。そのための方策として，最新の科学や技術の投資，教育の普及，交通手段の発展，改良，融資制度の促進等を支持した。このような観点からすれば，シュヴァリエは自由主義の主流派とは異なっている。しかし，相続による私的所有を認めるなど自由主義的側面も有していた。ジュグラーは，経済的諸事実の観察，歴史分析から，フランス自由主義的信条の基礎であったセイの販路の法則が，現実の経済に即応したものではないとして否定した[19]。また，ウルトラ・リベラリストや穏健な自由主義者たちが，貧困等の社会問題は自由主義の促進による経済発展によって解決できると考えていたのにたいして，ジュグラーは経済的繁栄が貧困を解消するものではないことを景気循環として示した。つまり，経済的繁栄は永続的なものではなく，景気は好況と不況を繰り返すため，経済的繁栄に続いて経済的困窮がおきる。とくに，景気回復の前段階である不況の段階において，労働者の困窮や失業が一般的に生じる。このため，ジュグラーにとって，経済危機は経済学にとって解決すべき問題というよりは，経済の一部であり好況の源泉であった。その一方，社会主義者たちの間で一般的に信じられていた，産業化の最大の被害者が労働者階級であるという考えを否定し，むしろ貧困層こそが産業化の最大の享受者であることを証明した[20]。

このように，シュヴァリエやジュグラーといった非正統の自由主義者たちは，

---

18) 1832年まで，シュヴァリエはサン＝シモン主義者の一人として活動していたが，1833年以降，アンファンタン（Barthélemy Prosper Enfantin: 1796-1864）と決別し，サン＝シモン主義から離れていった。しかし，サン＝シモン主義との断絶以降も，貧困層の状況の改善というサン＝シモン主義の大原則に生涯忠実であった（cf. Breton 1991a: pp. 248-250）。

19)「販路の法則を拒絶したことによって，ジュグラーは前世紀の大国における経済活動の循環現象に取り組むことができ，体系的，そして独創的な方法で研究することができた」（Lutfalla et Breton 1991a: p. 6）。

ウルトラ・リベラリストや穏健な自由主義者たちと異なり、貧困等の社会問題が自由主義を普及させ産業化を推進することによって解決可能であるとは考えておらず、その点でフランス経済学において支配的であった自由主義的思想とは隔たりがあった。しかし、国民が社会主義に陥らないよう、経済的領域における自由主義思想を擁護する雑誌等へ活動的に参加していた。それゆえ、自由主義とは異なる立場をとったが、その一方で、社会主義に反対する点では、フランス自由主義教義を擁護する立場にあった。

シュヴァリエやジュグラーと異なり、シャルル・ジッド、ポール・コヴェスはよりラディカルな立場にあった。ジッドとコヴェスが編集委員会のメンバーであった『ルヴュー・デコノミー・ポリティック』Revue d'Economie politique は、ウルトラ・リベラリストであるガルニエ、モリナリ、ギュイオが編集委員長を務める『ジュルナル・デ・ゼコノミスト』Journal des Economistes に対抗するものであった。ジッドは、フランス自由主義学派に支配的であった経済思想[21]に反対した。フランス自由主義学派が、経済理論において観察を重視したのにたいして、ジッドはまず仮説と推論を重視した。そして、演繹法と帰納法両方を用いた、数学的な、抽象化された理論としての経済学を支持し、抽象化された合理的主体としてのホモ・エコノミカスを擁護した[22]。こうした経済関係を説明するものとして純粋経済学を規定した。また、19世紀末のフランス自由主義学派が、経済学をすでに確立した学問とみなしていたのにたいして、ジッドは経済学を未完のものであり理論化の途上にあるものとみなした。そして、種々の学派による議論を通じて、経済学は発展しより精緻化されると考えた。それゆえ、硬直化した自由

---

20) 1840-1867年の期間のパリの消費研究から、食糧消費量が最も増加したのは、中産階級や富裕層ではないことを示した。また、1851-1870年の期間、消費等において最大の恩恵を受けたのが中産階級と貧困層であることを示した (cf. Gilman 1991: p. 288)。

21) フランス自由主義学派は、観察と帰納法を重視し、経済学に数学や演繹法を用いることに否定的であった。それゆえ、ワルラスは当時のフランス経済学において評価されず、スタンリー・ジェヴォンズ (William Stanley Jevons: 1835-1882) もほとんど評価されていなかった (cf. Pénin 1991b: p.310; Breton 1991b: pp. 329-393)。

22) こうしたジッドの考えは、当初明晰なものではなかったが、ワルラスの純粋経済学、応用経済学、社会経済学の区別を援用することによってより精緻化された。しかし、数学的才能の欠如から、理論化における貢献はほとんどない (cf. Pénin 1991b: pp. 309-314)。

主義学派は，経済学の発展にとって障害であり，乗り越えねばならないものであった。その一方で，経済がどうあるべきか，また経済をどうするべきかを問うものとして社会経済学を定義した。国家介入が社会問題の解決にたいして，実際に機能していなかったことを認めながらも，常に効果がなく，不必要であるとは考えなかった。純粋経済学によって確立された経済理論にもとづいて国家が介入するならば，諸個人にすべてをゆだねるよりも望ましい結果をえられる可能性があり，こうした観点から，自由放任を批判し経済政策の有効性を認めた。それゆえ，自由のみが経済における唯一の原則ではなく，国家の介入，合理的な組織や組合（l'association）の役割も重視した。ジッドは自由主義それ自体を否定していたわけではなく，極度の個人主義と結びついた自由主義にたいして否定的であった[23]。つまり，それまでフランス経済学において主流派を占めていた，国家介入を否定し，自由競争のもと市場にすべてをゆだねることを重視する自由主義学派とは異なる立場にあった。コヴェスも，『ジュルナル・デ・ゼコノミスト』の経済学者たち，自由主義学派にたいして批判的な立場にあった。コヴェスは，国家主義的保護主義を擁護し，国家介入にたいして肯定的であった。もともと法学者であり，歴史的分析を重視していたため，経済学者としても法学者としての視点が強く反映されていた。コヴェスは，保守主義者として体制の支持派であり，社会主義や自由主義による改革を破壊的なものとみなした。法学者としての経験から，コヴェスの経済学は国家の役割に重点が置かれた。自由主義学派が夜警国家的な小さな政府を支持していたのにたいして，コヴェスにとって，国家は個人主義と経済制度を調停する役割を担うものであった。それは，社会進化を促進させるものであり，そのための国家の権限を2つに分類した。1つは，社会に必要不可欠な制度等の維持であり，1つは，諸個人の自由を侵害する規制の緩和である。それは，諸個人の自由を阻害する介入の否定でもある。例えば，コヴェスは国家による強制に反対し，独占を批判していた。また，規制は，国民の安全や公共利益の保証等に関する場合に正当化された。さらに，自由主義学派と異なり，コヴェスにとって，公共サーヴィスは必ずしも非生産的で非効率的なものではなかっ

---

23) 1870年代末のフランス経済学は，道徳・政治科学アカデミー，経済学協会，『ジュルナル・デ・ゼコノミスト』，ギオマン出版社に属する経済学者が主要な地位を占めており，徹底的な自由主義の擁護，促進に従事するばかりであり，科学的とは呼べないものになっていた（cf. Ibid: p. 316）。

た。貧困問題に関しても，国家の介入を支持した。ただ，コヴェスは資本主義それ自体にたいしては肯定的であった。しかし，コヴェスにとって，資本主義は自由競争のもと弱者を困窮させる傾向があるため，社会秩序にたいする国家介入が必要とされた。病気，失業，老人等，弱者に対する救済が国家によってなされるべきであり，福祉国家的な国家像が想定されていた。

以上みてきたように，19世紀のフランス経済学は，J. B. セイの理論と方法を基礎に，一貫して自由主義を中心に展開されていた。しかし，産業化にともなう貧困等の社会問題や社会主義の台頭は，自由主義を主張する経済学者たちに大きな影響を与えた。国家の役割を最小限にし，極端な自由主義を志向するウルトラ・リベラリズムと異なり，穏健な自由主義者たちは，教育や規制緩和等による自由主義を普及させる役割として，国家介入の必要性を認めていた。ただし，ウルトラ・リベラリズムと穏健な自由主義者たちの間には，国家介入にたいする許容度に多少の違いはあっても，基本的には個人主義を重視し，自由競争による経済発展こそが貧困等の社会問題も解決し，より良い社会がもたらされるという考えが共有されていた。これにたいして，非正統の自由主義者たちは，自由主義それ自体の普及のみによって貧困等の社会問題が解決されうるとは考えていなかった。それゆえ，彼らは，当時のフランス経済学において支配的であった自由主義思想の強力な擁護者とはいえない。ただし，社会主義化への傾向を阻止するという点において，自由主義を擁護する立場にあった。しかし，19世紀後半になると，ジッドやコヴェスのように，自由主義学派とは異なる思想がみられるようになる。彼らは過度の個人主義を問題視し，社会問題にたいして福祉的な国家像を国家に求めた。こうした，自由主義思想を中心とする19世紀フランス世紀経済学の潮流を，自由主義と国家の役割を軸として分類するならば，図1のようにあらわすことができるであろう。

このように，19世紀フランス経済学は，自由主義と国家の役割を軸としてとらえたとき，大きく四つに分類することができる。ただし，経済学の方法として観察と帰納を重視するという点で，19世紀のフランス主流派経済学は主として実証主義的側面を一貫して重視していた。一般的に，19世紀のフランス経済学者たちは，経済学を演繹的方法による抽象的科学ではなく，観察と帰納にもとづく科学ととらえていた。彼らにとって，経済学は道徳秩序や政治秩序を含みこんだものとして，数学を用いた科学としての自然科学に対置される社会科学であった。それゆえ，厳密な科学として数学を経済学に適用することに懐疑的であり，

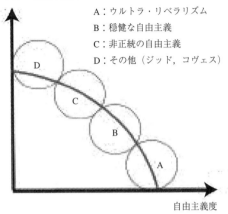

図1

国家の役割重視度

A：ウルトラ・リベラリズム
B：穏健な自由主義
C：非正統の自由主義
D：その他（ジッド，コヴェス）

自由主義度

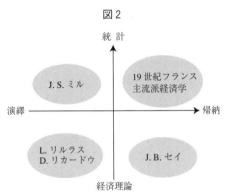

図2

統計

J.S.ミル　　19世紀フランス主流派経済学

演繹　　　　　　　　　　　帰納

L.リルラス
D.リカードウ　　　　J.B.セイ

経済理論

経済学に数学を用いることに批判的であった。

19世紀のフランス主流派経済学において，数学を経済学に適用することは批判的に考えられていた[24]が，統計学を経済学に用いることに関しては肯定的に考えられていた。むしろ，統計学は，実証主義的方法による経済研究において重要なツールであった。こうした実証主義的方法や統計学を重視する19世紀フランス経済学を，古典派経済学の代表としてのデイヴィッド・リカードウ（David Ricardo: 1772-1823）や，純粋経済学としてのワルラス等と対照し単純化すると，図2のようになる。

第2節では，19世紀におけるフランス経済学の潮流，自由主義から社会経済学や福祉国家といった経済にたいする自由主義の変転を踏まえたうえで，デュルケームの経済把握，経済学批判を考察していく。

---

[24] 19世紀のフランス経済学者たちは，主として，経済学と道徳を分離することに否定的であった。彼らにとって，経済主体は数学的推論によって提示されうるものではなかった。また，社会を有機的なものとしてとらえ，経済学を観察科学と規定していた。抽象化や演繹的方法に対して否定的であり，それゆえ，経済学の方法論として数学を用いることを批判した（Breton 1991b: p. 395）。

第2節　デュルケームの経済思想

　第1節では，19世紀におけるフランス経済学の潮流を概観した。19世紀のフランス経済学の主流は，J. B. セイを基礎に経済的自由主義の促進にあった。こうした自由主義の潮流には，前節でみたように，ウルトラ・リベラリズム，穏健な自由主義，非正統の自由主義が存在していた。しかし，経済的自由主義は，産業化にともなう社会問題や社会主義によって修正を余儀なくされた。さらに，19世紀後半には，社会問題等により踏み込んだ形として，ジッドやコヴェスのような，国家の役割等をより重視し，社会的側面を考慮する社会経済学的な考えをもつ経済学者も台頭してくる。以下では，このような状況を踏まえ，デュルケームの経済把握，経済学批判を考察し検討していく。

　そもそも，デュルケームは社会学者であり，デュルケームの「社会経済学」と言いうる明確な理論を提示してはいない。それゆえ，一見すると，デュルケームは19世紀フランス経済学の潮流とはまったく無関係であるように思われる。しかし，実際には，第2章で論じたように，経済的領域が拡大する中で，デュルケームは経済にたいして無関心でいることはできなかった。むしろ，経済的領域が社会の大きな部分を占めるようになっていく中で，デュルケームは経済的諸現象を分析対象としていたし，そうした分析を通じて経済学批判を展開していた。また，第3章で論じたように，『社会分業論』はある種，デュルケームの社会経済的分析と解釈することも可能である。そこで，まず，デュルケームの「社会経済学」を簡単に概括し，そのうえで，デュルケームの「社会経済学」と19世紀フランス経済学との関係をみていく。

　デュルケームは，現実の社会，経済がどうあるのかを『社会分業論』において考察している。『社会分業論』によれば，社会は2つの類型に分類される。1つは機械的連帯（solidarité mécanique）による社会であり，1つは有機的連帯（solidarité organique）による社会である。経済が社会の大きな部分を占めるようになる近代社会は，有機的連帯による社会として把握されている。近代社会を経済社会とするならば，デュルケームにとって，経済社会とは有機的連帯による社会であるといえる。有機的連帯の社会の特徴とは以下のとおりである。アルカイックな社会と比べ，諸個人相互の差異が大きく，諸個人が異なっていることが前提とされる。そこでは個人的人格が発達し，個人がより自立した存在となる。ま

た，分業が諸個人を連帯させる中心的役割を担っている。つまり，諸個人がおのおのの労働に従事し，それぞれが相互に依存し，協同することによって，お互いが結びつき社会を構成する。この社会は，「各人が自己に固有な活動領域を，したがって，一個の人格を有してのみ可能である」(Durkheim 1893: p. 101)。諸個人は集合意識からある程度離れて，個人意識によって活動する。つまり，有機的連帯による社会としての近代社会では，個人の自由度が拡大している。ただし，自由主義者たちが想定するような，諸個人の単なる総和としての社会，諸個人が社会的影響とは無関係に利己的に欲求を追及する存在として近代社会をとらえてはいない。むしろ，諸個人がそれぞれ異なっていくことによってお互いを必要とし，社会にますます密接につながるようになるとデュルケームは考えている。デュルケームにとって，社会とは常に道徳を必要とするものであり，近代の経済社会とは，エゴイスティックな諸個人によって構成される社会ではなく，個人の人格がある種の道徳となる社会である。つまり，この社会では，諸個人はそれぞれ自身の特性を発揮することが求められる。近代社会において「道徳的意識の定言命法はその一面において次の形態をとろうとしている。確定的な一機能を有効に果たしうる状態に汝をおけ」(Ibid: p. 6)。

さらに，デュルケームの経済把握において，独特なものの1つに経済発展と幸福の関係をあげることができる。分業の考察において，分業の原因が幸福の追求にあるのではないとして，当時一般的に考えられていた通説を否定する。デュルケームによれば，通常，労働の分割によって生産性が向上し，生産性の向上によって幸福が増大すると考えられていた。しかし，生産性の向上に限界はないが，幸福は無限に増大するものではない。幸福の増加に関して，デュルケームは快の法則を用いて，その有限性を説明している。「快の刺激（un excitant agréable）の強度は，われわれが最初に述べた，[快と苦の] 上限と下限の両極の間よりも狭い範囲内でのみ有効（utilement）に増加しうる」(Ibid: p. 215)。また，刺激の数についても同様のことがいえる。それゆえ，分業が幸福の増加のみのために行われているのならば，分業は早晩均衡点に達し人類も平衡状態に到達してしまったであろう。また，幸福は健全状態とほぼ一致するものであり，健全さは適度な活動のうちに存在している。これは，すべての機能の調和的発展であり，それは諸機能がある限界内に相互に抑制されて可能となる。それゆえ，人間の幸福を制限しているものは，人間の構造自体であり，「幸福にも極限が存在している」(Ibid: p. 216)。さらに，幸福と分業の進歩との無関係性をデュルケームは主張する。デ

ュルケームによれば，快は幸福の一要素ではあるが，幸福そのものではない。快も幸福も主観的なものである。しかし，幸福度の指標として，自殺の増減によって社会の平均的幸福を計ることができる。それによれば，自殺は文明の進歩とともに増加している。それゆえ，分業の進歩と幸福の減少は相並行する事実である。つまり，進歩は必ずしも幸福を増加させてはいない。「したがって，幸福の変化と分業の進歩との間にはなんの関係もない」(Ibid: p. 230)。

　ここで，デュルケームは分業と幸福の関係を述べているが，その背後には，産業化による経済発展が必ずしも幸福の増加に結びつくわけではないという考えがデュルケームにはあるといえる。このようなデュルケームの考えは，フランス主流派経済学者たちの自由主義による産業化にともなう貧困等の社会問題に直面しているからこそ生じているのである。それゆえ，そこにはフランス主流派経済学への批判が内包されており，自由主義的信条を重視する経済学とは異なった「経済学」が要求されることになる。デュルケームにとって，経済発展と幸福は等価ではないのであるから，経済的効用の最大化を基本要綱の1つとデュルケームは考えない。分業を近代経済社会の主要因の1つとして分析する中で，諸個人が自身の能力を特殊な機能に従事し，専門化させることが近代社会において求められるようになるとされる。そして，デュルケームにとって，分業は幸福の追求によって生じるのではなく，近代社会を構成する重要な一要素である (cf. Ibid: pp. 401-402)。そこで分業が正常に機能し，社会的連帯が確保されるためには，外的不平等が除かれ，諸個人の能力にしたがって社会が構成されなければならない。分業が自生的に行われることによって連帯を生むとデュルケームは主張するが，その背景には，各社会的価値が正しい値うちで評価されるような組織の存在，すなわち，諸個人が外的条件において対等であり，それぞれの能力を最大限発揮できるよう社会が組織化されることが前提とされる (cf. Ibid: pp. 403-406)。

　こうしたデュルケームの経済把握，あるいはデュルケームの「経済学」は当時の経済学においてのみならず，現在の経済学においても特異なものであり，一見すると，19世紀フランス経済学とは大きな隔たりがあるように見える。

　まず，経済社会を諸個人の単なる総和ではなく，道徳をともなった社会ととらえるデュルケームの観点は，個人主義を強力に支持し，自由放任思想のもと，自由主義の推進を推し進めるフランス主流派経済学とは明らかに異なる。特に，デュノワイエやバスティアたちを代表とするウルトラ・リベラリストたちとは大きな隔たりがあるといえる。例えば，貧困等の社会問題に関して，その原因を個人

にのみ帰すデュノワイエの見解や，社会を単なる個人の集合にすぎないとみなすバスティアの考え方は，デュルケームにとって到底容認できないものであろう（cf. Durkheim 1970: p. 211/162頁）。また，自由主義を促進させるための規制緩和が，産業化にともなう貧困等の社会問題にたいする解決策であるといった，A. J. ブンラキやヴォロヴスキ等の穏健な自由主義者たちの主張も，デュルケームの経済にたいする考えと隔たりがある。なぜならば，デュルケームにとって，社会は常に道徳を必要としており，道徳が諸個人にたいするある種の強制力を有しているとするならば，ある意味，道徳は諸個人にたいする規制とみなすことができるからである。これにたいし，シュヴァリエやジュグラーといった非正統の自由主義者たちの主張は，デュルケームの経済にたいする考えと近いものがある。彼らは，貧困等の社会問題への国家の積極的介入や国家による教育の普及の必要性を主張していた。このような彼らの考え方は，デュルケームが経済社会に求める，諸個人間の結びつきを強める1つの方法とみなすことができ，この点で両者の類似性を見出すことができる。デュルケームもまた，国家の役割が増大していると主張している。有機的連帯としての経済社会において，職業道徳と法律の諸規則により，諸個人は単なる一時的な関係としてではなく結びつきあう。そして，この連鎖を安定化させる器官として，中心器官あるいは国家が増大する（cf. Durkheim 1893: pp. 205-209）[25]。

また，方法論的観点に関しても，自由主義経済学にたいして，デュルケームは批判的である。デュルケームにとって，自由主義経済学，つまりフランス主流派経済学は観察と帰納にもとづいておらず，むしろ演繹的方法による抽象的なものであるとみなされた。なぜならば，まず，自由主義経済学は個人主義を基礎にしており，こうした個人主義はデュルケームにとって現実の社会に存在する諸個人の観察によって帰納的に導きだされたものではないと考えられたからである。つまり，デュルケームにとって，自由主義経済学は，社会的側面を無視して抽象的に定義された人間を想定し，それをもとに経済理論の展開の展開をおこなっているものと受けとめられた。

---

[25] ただし，それとは逆に，近代社会において，国家と諸個人は直接的な関係を失っており，それゆえ，国家が直接諸個人に作用しうることができないともデュルケームは考えている。「国家は諸個人から遠く離れすぎている。国家が個人意識の奥深くまで浸透し，それを内在的に社会化しうるには，国家と諸個人の関係はあまりにも外面的で間欠的である」（Durkheim 1893: p. XXXII）。

第Ⅰ部：補論 デュルケーム「社会経済学」の経済思想史的位置 **149**

[経済学者たちは] 人間一般という抽象的な型を構想するために，時代，場所，国といったあらゆる状況を捨象したばかりでなく，この理想型そのものの中で，彼らは厳密に個人的生活に関係しない一切のものを無視したのであり，結局は抽象を重ねることによって彼らの手中には，もはや利己主義者そのものの悲しむべき人間像しか残らなかった（Durkheim 1970: pp. 84-85/68頁）。

さらに，デュルケームにとって，価値等の経済学の定義が客観的観察によってなされたものではないからである。

[経済学者は] 価値の観念が効用，希少等々の観念を包含していることを発見し，そして，このようなかれの分析の諸所産によってかれの定義を作りあげるのである。もちろん，かれはこの定義を若干の例によって強化はしている。しかし，ひとがもしこのような理論がいかに多くの事実を説明しなければならないかということを考えるならば，暗示によって偶然に引証され，したがって当然きわめて少数である諸事実にたいして，たとえ最小限にでもどうして論証力を認めることができるであろうか（Durkheim 1895: pp. 25-26/52頁）。

また，J. B. セイの販路の法則が全く客観的事実にもとづいて導き出されたものではないとして，経済学が実際には観察にもとづいて帰納されたものではないとデュルケームは批判している[26]。デュルケームにとって，経済学が科学的であるためには，まず第一に観察が重視されねばならなかった。なぜなら，『社会学的方法の規準』で示されているように，科学的探究の第一歩はその対象の定義にあり，その対象の定義のためには，その対象を客観的に観察する必要があるからである（c.f. Durkheim 1895: pp. 34-43/61-70頁）。

さらに，デュルケームは，フランス主流派経済学の学問としてのありように批判を加える。この批判は，デュルケームの科学と技術の関係の解釈に由来している。デュルケームは科学と技術の問題として，現実社会の把握とその問題の解決とを区別している。デュルケームにとって，現実の社会，経済がどうあるかを考察することが科学であり，現実の社会，経済がどうあるべきか，どのような社会，

---

26) 実際，J. B. セイの販路の法則は，経済的諸事実の観察，歴史分析に基づくジュグラーの考察によれば，現実の経済に合致していないとされている。

経済が好ましいのかは技術的問題であった。それゆえ，貧困等の社会問題は自由主義の浸透によって解決されると考え，自由主義を推進するフランス主流派経済学は，科学よりも技術的問題ばかりに専心するものとして批判の対象となる。

経済学者たちの諸研究の最大の部分を占めるのは，たとえば社会が個人主義者たちの諸観念もしくは社会主義者たちの観念のいずれに従って組織「されるべきである」のか，国家が産業的および商業的諸関係に干渉するのと，それを全く私人の創意にゆだねるのと，いずれが「よりよいのか」，貨幣制度は単本位制と複本位制とのいずれで「あるべきか」等々の問題である（Ibid: p. 26/52頁）。

以上みてきたように，社会は諸個人の単なる総和であるか否かといった経済社会のとらえ方，効用最大化といった経済把握，方法論的な観点等，デュルケームと19世紀フランス経済学との間には大きなギャップがあるようにみえる。しかし，両者の間には相違点のみならず，実は非常に似通った思想も存在している。19世紀フランス主流派経済学が一貫して重視する実証的側面は，方法論的個人主義，経済的自由主義に批判的であるデュルケームと異なるものではない。デュルケームも，科学における観察と帰納を重視している。さらに，A. J. ブンラキやヴォロヴスキにみられる，経済学への歴史的観点の重視という側面は，ドイツ歴史学派の影響[27]として，デュルケームの主張とも共通する。また，フランス主流派経済学が掲げる自由主義的教義に否定的であっても，個々の主張にたいして非常に類似した点も見られる。たとえば，デュノワイエは，産業社会を自由な生産活動をすべて認める社会としてとらえ，こうした社会において，最上のシステムとは，正義と公正の範囲内で，各自が自身の能力を自由に用いることができるものであると考えている。それに対して，デュルケームにとって，有機的連帯

---

[27] 1857年にヴォロヴスキによって翻訳された，ヴィルヘルム・ロッシャー（Wilhelm Georg Friedrich Roscher: 1817-1895）の『国民経済の基礎』はフランスの経済学者たちに大きな反響を呼んだ。そして，カール・メンガー（Carl Menger: 1840-1921）とグスタヴ・シュモラー（Gustav von Schmoller: 1828-1917）の方法論論争は，フランスにおいても展開された。経済学に歴史的方法を用いることに反対する経済学者たちと，ドイツ歴史学派を支持し経済学に歴史的方法を用いることに賛成する経済学者たちとの間で論争がなされた。前者としては，たとえばルロワ＝ボーリュがあげられる。後者としては，たとえばコヴェスがあげられる（Breton 1991b: pp. 399-410）。

の社会,つまり理想としての近代社会における道徳とは以下のようなものである。

> それ［組織的社会の道徳］は，ただ，われわれの同胞たちにたいして愛情をもって接し，公正であり，自らの仕事を十分に果し，各人がそのもっともよく遂行しうる機能に就いて働き，その努力にたいする公正価格（juste prix）をうけることを，われわれに要求するにすぎない（Durkheim 1893: p. 404）。

また，経済学に道徳的要素の必要性を主張していたデュルケーム同様，ヴォロヴスキも人間をまず道徳的存在としてとらえている。

このように，一見すると，デュルケームの経済学にたいする考えは，19世紀フランス経済学と非常に異なっているようにみえるが，実は両者は重なる部分が存在する。そこで，第3節では，19世紀フランス経済学とデュルケームの類似点，相違点について分析を行う。

第3節　フランス経済学とデュルケームの「社会経済学」

まずは，方法論的観点に関してみてみると，デュルケームは，経済学が科学的であるために観察と帰納を重視した。そして，19世紀フランス経済学の主流である自由主義経済学が，個人主義を基礎とした現実を考慮しない抽象的なものであり，観察にもとづく帰納的なものではないと批判していた。しかし，実際には，第2節でみてきたように，19世紀フランス主流派経済学も，方法論としては実証主義的であり，観察と帰納を重視した。たとえば，ウルトラ・リベラリストのデュノワイエは，事実の観察，事実から出発し一般原理を帰納することを方法論的規準とした[28]。また，穏健な自由主義者のA. J. ブランキも，ケネー，トマス・ロバート・マルサス（Thomas Robert Malthus: 1766-1834），リカードウの経済学を演繹的で抽象的なものとして批判し，経済学を経験科学としてとらえ，歴史と不可分のものとみなした。

さらに，たとえば，非正統派の自由主義者ジュグラーは，1840-1867年の間の

---

[28] ただし，デュノワイエは自身の提示した方法論的基準を全く適用できていなかった。常に，実証的側面と規範的側面は混同され，デュノワイエが実証的なものとして用いた概念等はむしろ規範的であった（cf. Pénin 1991a: pp. 48-50）。

パリの消費動向の統計的観察をおこなうなど,観察と帰納にもとづいて景気循環論を展開している。また,穏健な自由主義者であるヴォロヴスキも,時代背景を考慮しない純粋経済学を批判し,歴史分析といった観察と帰納を重視している。ただし,ヴォロヴスキは純粋経済学を不要なものとみなしていたわけではない。なぜならば,経済的諸事実の単なる観察のみでは,現実の社会的問題を解決できないと考えていたからである。

また,方法論として,デュルケームは比較歴史学,統計学も重視する。歴史学的分析の重要性を強調してデュルケームは以下のように述べている。

> ヨーロッパ諸国民の家族や財産や政治的・道徳的・法律的・経済的組織が,近い将来においてさえ,どのようになりうるかを,またなるべきかを知るためには,これら多数の制度と慣習とを過去にさかのぼって研究し,それらが歴史のなかでどのように変化したか,またそのさまざまな変化を決定した主要な諸条件は何であるかを探りだすことが是非とも必要なのであって,それを探知したときにはじめて,これら諸制度は集合生活の現在の諸条件のもとで今日いかになるべきかを合理的に問題にすることが可能になるであろう(Durkheim 1928: p. 36/15 頁)。

さらに,統計学的分析によって「初めて経済社会学における賃金や収益率,利率,貨幣の交換価値などがいかなる原因によって変化するか」(Durkheim 1970: pp. 157-158/123-124 頁)が研究されうるとデュルケームは考えている。

経済学において歴史分析を重視する当時のフランス経済学者としては,さきにあげた,A. J. ブランキや,ヴォロヴスキ,コヴェスがあげられる。A. J. ブランキは,経済学に数学を用いることに強く反対し,経済学は歴史分析と不可分なものであると主張していた。ヴォロヴスキは,フランスにおける経済史,社会史の先駆者の一人であり,経済研究に歴史的方法を用いることを支持していた。また,コヴェスも,経済学にたいする歴史的方法の適用を支持し,クルセル=スヌイュらによる歴史分析に関する激しい批判にたいして反論した。

19 世紀のフランス主流派経済学において,数学を経済学に適用することは批判的に考えられていたが,統計学を経済学に用いることに関しては肯定的に考えられていた。むしろ,統計学は,実証主義的方法による経済研究において重要なツールであった。J. B. セイは数学だけでなく,統計学を経済学に用いることに

懐疑的であったが,たとえば,ガルニエは,統計学は経済学に必要不可欠なものと考え,統計学を用いた経済学を支持していた[29]。また,ヴォロヴスキは統計学会 Société de statistique に所属しており,統計学を科学的なものとみなしていた。1860年にはパリ統計学会 Société de statistique de Paris が設立され,*Journal de la Société de Statistique de Paris* が刊行された。この学会の代表的なメンバーとしては,シュヴァリエ,ヴォロヴスキ,ルロワ=ボーリュ等があげられる。彼らにとって,経済学と統計学は相互に必要不可欠なものであった。ヴォロヴスキは,データや統計を比較することによって,統計学は社会変化の法則も発見することができると考えていた[30]。また,ジュグラーは,経済理論を検証する道具として統計学を用いた。さらに理論の反証としても用いた。たとえば,社会主義者たちが,産業化が中産階級を圧迫し,貧困の拡大,困窮を生じさせたと考えていたのにたいして,1851-1870年におけるフランスの消費動向の統計資料を用いて,消費等において最大の恩恵を受けたのが中産階級と貧困層であることを示した(cf. Gilman 1991: p. 288)。

デュルケームは,経済学が演繹的方法を重視し,抽象的理論に堕しているとして批判的であったが,フランス主流派経済学は必ずしも観察と帰納法を軽視し演繹的方法を重視していたわけではない。また,多くの経済学者たちにとっても統計学は経済学に必要不可欠なものとみなされており,この点に関してもデュルケームと類似している。それゆえ,方法論的観点からすれば,実際には,デュルケームはフランス経済学の伝統の中にいるといえる。ただし,方法論的観点において,デュルケームがフランス経済学の伝統の中に位置しているとしても,経済学の中身それ自体には大きな違いがある。続いて,経済社会のとらえ方,経済把握といった,経済にたいするデュルケームの考えと19世紀フランス経済学との関係を検討する。

フランス主流派経済学の大きな特徴は,第1節で述べたとおり,自由主義思想にある。ウルトラ・リベラリストは自由放任の熱烈な支持者であり,政府の介入

---

29) ただし,ガルニエが経済学に必要不可欠であるとした統計学は,今日の記述統計学に相当する「厳密な意味での統計学」であり,確率計算に関しては議論の余地があり不確かなものと考えていた(cf. Arena 1991a: pp. 122-123)。
30) しかし,ヴォロヴスキのこうした考えは,統計資料の構成や選別の基準があいまいであったため行き詰まってしまった(cf. Breton 1991b: p. 417)。

や法的規制に強く反対する。そして，産業化にともなう社会問題も自由放任のもと市場に任せることによって解決されると信じ，国家の役割は最小限に制限される。穏健な自由主義者も基本的には自由放任の支持者であるが，自由主義による経済発展を促進させる積極的な要因として国家の役割は肯定される。しかし，フランス主流派経済学が支持する自由主義は，産業化にともなう失業や貧困等の社会問題を解決することはできず，過度な個人主義と結びついた自由主義重視の経済学にたいする批判が次第に生じてくる。19世紀後半には，ジッドやコヴェスのように，フランス自由主義学派に支配的であった経済思想に反対し，福祉国家像を想定する経済学がみられるようになる。こうした状況において，経済的社会としての近代社会を分析した『社会分業論』は，それまで支配的であった自由主義を基調とするフランス主流派経済学から行き過ぎた個人主義を問題視する19世紀フランス経済学の変容の中に位置しているととらえることが可能であろう。実際，『社会分業論』は，デュルケームの著作の中で最も経済学者たちにインパクトを与えた。主流派経済学者たちからは批判的に受けとめられたが，『ルヴュー・デコノミー・ポリティック』に所属する，主流派経済学に批判的な経済学者たちからは好意的に受けとめられた（cf. Steiner 2005: pp. 57-60）。

『社会分業論』において，デュルケームは，近代社会の中で経済の占める重要度が増大していることを指摘し，そこでの無規制状態を問題視している。自由競争のもと，強者が弱者を従属させている状況，それは永続的な闘争を生じさせ社会を不安定にさせる（cf. Durkheim 1893: pp. 345-346, pp. 356-357）。この原因は道徳の欠如に由来し，道徳，規制なき自由が問題とされる。

> 自由（我々は，社会において遵守されねばならない自由を，正しい自由と理解する）そのものは規制の産物である。他者が私の自由を抑圧するため恣意的に用いる肉体的，経済的，あるいはその他の優越を利用させないというかぎりにおいてのみ，私は自由でありうる。そして，社会的規範のみがこうした越権行為を阻止することができる。経済的独立を諸個人に保証するためには，どれほど複雑な規制が必要であるかは今や明白である。経済的独立なくしては，個人の自由は単なる名目にすぎない（Durkheim 1893: pp. III-IV）。

つまり，経済社会としての近代社会にも社会的規制は必要であり，このような観点からすれば，フランス主流派経済学が唱える自由放任，過度の個人主義と結

びついた自由主義は批判の対象であるといえる。こうした無規制状態の解消には，規則体系を形成しうる集団が必要とされ，その点では，社会問題の解決のために国家の役割を重視し，福祉的国家像を求める19世紀後半にあらわれた経済学の新たな潮流と共通する[31]。ただし，デュルケームは国家よりも中間団体，同業組合的組織を重視する。なぜならば，諸個人が多様化していない社会では，国家と諸個人の結びつきはより直接的であり，それゆえ諸個人への働きかけも効果的であるが，諸個人が多様化した近代社会では，国家と諸個人の結びつきは弱くなっており，日々の生活でより密接に関係している職業集団や自治体といった中間団体との結びつきのほうがより強くなっているからである。(cf. Ibid: pp. XXI-XXXVI)。組合に関する内容に多少の差異はあるが，ヴォロヴスキ，シュヴァリエやジッド等も組合の設立，促進を支持しており，この観点から言えば，デュルケームは彼らと同じ地平にいる[32]。このように，経済社会のとらえ方，経済把握といった，経済にたいするデュルケームの考えには，実は，19世紀フランス経済学と共通した観点を見出すことができる。

おわりに

　従来，経済学において，ほとんど考慮されていないデュルケームの経済にたいする態度，経済把握，経済分析は，実は19世紀フランス経済学と同じ地平において分析することができる。まず第一に観察と帰納を重視するという立場において，デュルケームと19世紀フランス経済学は同一平面上にある。また，歴史学的分析，統計学の重視も両者に共通してみられる[33]。その中で，フランス主流派経済学の方法論が，観察と帰納を重視する立場にありながら，実際にはむしろ演繹的方法による抽象的なものとデュルケームには受けとめられ批判の対象となる。また，フランス主流派経済学の自由主義的教義にたいしても，デュルケーム

---

31) このようなデュルケームの考えは，現代の新自由主義問題と関連しているといえるが，本論の内容から外れるため，別の機会に検討する。
32) その一方で，大工業化の進展にたいして，国家的規制は圧政的なものに陥りやすいと認め，その点で自由主義学派が主張する国家の積極的介入にたいする批判に肯定的であるといえる。
33) 歴史学的分析の重要性に関して，必ずしも19世紀フランス経済学の中で共通認識とされていたわけではない。注27参照。

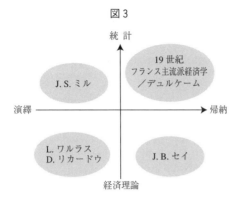

は批判的である。しかし、こうしたフランス主流派経済学にたいする批判的態度は、19世紀後半にあらわれてくるジッドやコヴェスといった経済学者たちと軌を一にする。彼らは、フランス主流派が支持する過度の個人主義に基づく自由主義を批判し、国家の役割や社会的側面をより重視する立場にある。これは、まさに、『社会分業論』における近代社会分析に通じるものがある。

デュルケームは社会学者であるため、フランス経済学の中にデュルケームを位置づけるという試みはほとんど行われてこなかった。しかし、経済活動が拡大する近代社会において、経済的領域はデュルケームにとって避けては通れないものであった。デュルケーム社会学を経済的側面から検討すると、デュルケームの「社会経済学」は、当時のフランス経済学と方法論的には同じ地平にあるといえる。それゆえ、第1節で示した図

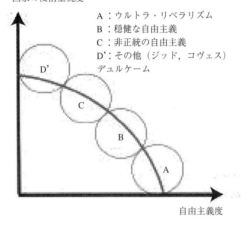

2にデュルケームを配置するならば、図3のようになる。しかし、フランス主流派経済学と親和的であるとはいえない。むしろ、フランス主流派経済学にたいする批判は、19世紀後半にみられる非主流派経済学者たちに近い立場といえる。それゆえ、第1節で示した図1にデュルケームを配置するならば、図4のようになる。デュルケーム自身は経済学を主たる戦場としなかったため、直接的に当時のフランス経済学に与えた影響が大きいとは言い難い。しかし、過度の個人主義に基づく自由主義批判や、国家の役割や社会的側面を重視するデュルケームの「社

会経済学」は，19世紀後半の非主流派経済学者たちと同じ地平にあるとみなすことができる[34]。

---

34) 本論では，19世紀のフランス経済思想の大枠の中で，デュルケームをどのように位置づけることが可能かを主眼としたため，デュルケームの「社会経済学」の特徴的な点や，19世紀のフランス経済学者個々との関連については明らかにできていない部分がある。この点については今後の課題とする。

第Ⅱ部　デュルケーム社会理論のミクロ・アプローチ：
　　　　ゲーム論による現代社会制度分析

第4章　デュルケーム社会理論における制度変化

は じ め に

　本章では，デュルケーム社会理論を，おもに制度的転換に関する視点から検討し，またそれに際しデュルケームが用いた分析方法について考察していく。デュルケームの主要な文献としては，『社会分業論』，『社会学的方法の規準』，『自殺論』，『宗教生活の原初形態』が挙げられるが，ここでは『社会分業論』を中心に検討していく。
　『社会分業論』において，デュルケームは，個人的人格が拡大する近代社会の社会的連帯，つまり，近代社会における道徳を分析している。そして，すでにみたように，近代社会の社会的連帯を考察するために，社会を2つに分類している。1つは機械的連帯（solidarité mécanique）にもとづく社会であり，1つは有機的連帯（solidarité organique）にもとづく社会である。そして，有機的連帯にもとづく社会を近代社会とみなし，いかにしてこのような特徴をもつ社会へと近代社会が変容しているのかを考察している。
　まずはじめに，機械的連帯の社会と有機的連帯の社会の特徴を概観し，つぎに，機械的連帯の社会から有機的連帯の社会への転換がどのように行われるのかをみていく。

第1節　2つの社会 ——機械的連帯と有機的連帯——

　機械的連帯による社会とは，諸個人の類似によってお互いに結びつけられている社会である。この連帯は，「相当な部分，意識の状態が同一社会の全成員に共通であることから生じている」（Ibid: p.78）。このような社会では，諸個人の意識は共通意識で占められており，個人的人格は希薄となっている。機械的連帯において，社会とは「集団の全成員に共通な信念と感情との多少とも組織化された一全体である」。機械的連帯の社会は，集合類型から成り立っている。そのため，「社会の全成員に共通な観念と性向が，各成員それぞれに属している個人的な観念と

性向よりも数と強度において上回っている場合のみ」、この社会の連帯は強力となる。この「類似から生ずる連帯は、集合意識がわれわれの総意識を正確に覆い、すべての点でこれとまったく合致しているとき、その極限に達している」(Ibid: p.99)。そのとき、諸個人は個人意識によってではなく、集合意識のもと活動している。つまり、この社会では、極論すれば、諸個人は相互に差異はなく、同一視される。さらに、それは社会と同一とみなしうる。デュルケームによれば、こうした状況は「無機物体の諸分子の活動のよう」であるため、「この種の連帯を機械的と」よぶ。この連帯は、「たんに、無機物の諸要素をたがいに結びつける凝集力から類推してそのように［機械的と］名付けるのであり、それは生物体をまとめ上げる凝集力とは対照的なものである」(Ibid: p.100)。

それにたいして、有機的連帯は「諸個人が相互に異なっていることを前提」とする。つまり、「各々がそれぞれ固有の活動領域を、したがって、それぞれの人格を有しているときにのみ可能となる」(Ibid: pp.100-101)。有機的連帯による社会とは、諸個人が異なっていることを前提とする社会である。このような社会では、共通意識は希薄となり、それに応じて個人的人格が増大している。有機的連帯の社会では、諸個人は直接社会と結びついているのではなく、相互に関係を結ぶ諸個人間で関係が成り立っている。ここでは、「個人は社会を構成している諸部分に依存しているから、個人は社会に依存する」。この場合、社会とは「確定的諸関係によって結ばれた相異なる特殊な諸機能の一体系である」(Ibid: p.99)。つまり、各成員がそれぞれの個人的人格にしたがって相互に協同することによって、お互いが結びつき社会を構成している。諸個人は集合意識からある程度離れて、個人意識によって活動する。ここでは、個人の自由度が拡大している。ただし、諸個人が社会から離れて完全に個として存在するとはデュルケームは考えていない。むしろ、諸個人がそれぞれ異なっていくことによってお互いを必要とし、社会にますます密接につながるようになるとされる。

> 全体の個性は部分の個性と同時に増大する。社会は、その各要素がそれぞれ固有の活動をより多くもつようになると同時に、ますます一斉に活動することができるようになるのである。この連帯は、高等動物において観察される連帯と似ている (Ibid: p.101)。

それゆえに、この連帯を有機的連帯とデュルケームはよぶ。この連帯は分業に由

来する。なぜならば，分業は相異なる人々を結びつけるものであり，有機的連帯が前提とする，差異化された諸個人の連帯を可能とするからである。

連帯のこの二形式は，それぞれ社会組織の２つの形式に対応している。前者はアルカイックな社会の特徴に対応し，後者は近代社会の特徴に対応する[1]。この２つの社会類型をデュルケームは，抑止的法律（le droit répressif）と復原的法律（le droit restitutif）という２つのタイプの法によって峻別している。抑止的法律は，分化していない社会，つまりアルカイックな社会の，そして復原的法律は，分化した社会，つまり近代社会の法の大部分を占めているとされる。

デュルケームによれば，抑止的法律とは抑止的制裁をもっているものをいう。抑止的制裁は以下のように説明される。

> 主として行為者に課せられる苦痛，あるいは少なくとも地位引下げである。それは当人の財産，その名誉，その生命，またはその自由を傷つけることを，当人が享受している何らかのものを当人から奪うことを，目的としている（Ibid: p.33）。

一方，復原的法律とは復原的制裁をもっているものをいう。復原的制裁は以下のように説明される。

> 必ずしも行為者の苦痛を前提とするものではない。しかし，有罪行為を逸脱以前の型に強制的に引き戻すにせよ，無効に，すなわちあらゆる社会的価値を剥奪するにせよ，唯，諸事物の原状回復，混乱させられた諸関係をその正常な形態に回復させることである（Ibid: pp.33-34）。

デュルケームによれば，抑止的法律は刑法にあたり，復原的法律は民法・商法・

---

1) 一般的には，アルカイックな社会は有機的とされ，近代社会は機械的とされる。その点で，デュルケームの区分は通説と異なる。アルカイックな社会が有機的であるという点に関しては，デュルケームも同意している。しかし，近代社会を機械的とみなすことにたいしてデュルケームは否定的である。なぜならば，デュルケームにとって，すべての社会は有機的であるからである（cf. Durkheim 1889: p. 421/53-54頁）。デュルケーム独特の社会の二分法に関しては，第3章第1節も参照せよ。

訴訟法・行政法・憲法にあたる。

『社会分業論』において，機械的連帯の社会として具体的に挙げられている社会は以下のものがある。古代エジプト，アメリカ・インディアンの諸部族，ハワイ，ニュージーランド，サモア，キューバ，ダホメイ等。これらの社会では，男性と女性の差異は小さく，両者の機能の分化はあまり進展していない。「実際，これらの社会では，女性の諸機能は男性の諸機能と明確に区別されず，両性はほとんど同一の生活を営んでいる」(Ibid: p.21)。また，古ゲルマン人，ローマ，アテネ，ゲルマン-ラテン諸民族等の社会では，「抑止的裁判は，専門の司法官の機関によって行われることなく，社会全体が，多少とも相当程度これに参加している」[2] (Ibid: p. 42)。こうした社会において，抑止的法律の定める諸規則がその社会の構成員全体に強く意識化されているからこそ，抑止的裁判に社会全体が相当程度関わることとなる。デュルケームによれば，こうした未開社会では，法律はほぼ刑法であり，宗教的法律の要素が非常に強い。「低級社会において，最も数の多い犯罪は公共物を侵害する罪である。すなわち，宗教，慣習，権威等々にたいする罪である」(Ibid: p.60)。たとえば，モーセ五書の大部分は抑止的法律から成り立っており，あらゆるヘブライの法律は抑止的法律を主たる特徴としている。また，マヌ法典も同様である (cf. Ibid: pp. 109-112)。このように，未開社会において，抑止的法律が優勢であったのは，「分業がまだ発達しておらず，進化のこの段階においては，集合意識が広範かつ強力であったということにある」(Ibid: p.118)。つまり，こうした未開社会は，諸個人の人格が未発達の状態にあり，同質的なものとしてとらえられる。

デュルケームによれば，このような機械的連帯の社会，つまり，類似にもとづく社会の理念型は，独立した諸個人，または諸集団が存在しない，「絶対的に同質的な一集団」(Ibid: p. 149)としての社会である。この特性をもつ集合体をホルド (horde) とデュルケームはよぶ。これは未開社会にみられるものであり，そこでは氏族という基本的集合体の反復によって共同体が形成されている。このような共同体的な社会をデュルケームは「氏族からなる環節社会 (sociétés segmentaires à base de clans)」(Ibid: p. 150) と命名する。こうした環節的社会において，諸環節が連帯的であるためには，諸環節が相互に類似していると同時に，

---

[2] 抑止的裁判とは，抑止的法律，つまり刑法にかかわる裁判であり，刑事事件を扱う裁判のことである。

相互に異なっている必要がある。なぜならば，諸環節が全く同質であれば，それらは互いに混ざり合い単一の環節となってしまうからである。それゆえ，理念型としての機械的連帯の社会は，類似した諸個人からなる絶対的に同質的な一集塊としての社会ではあるが，実際には，異なる諸集団によって形成されている。つまり，萌芽的ではあるが有機的連帯もそこには存在しているといえる。ただし，諸環節それぞれは，その内部においてほぼ生活が完結している。現実には，ある環節はほかの環節と交流があるが，その交流は生活の大部分とは関係しておらず，ある意味で諸環節はそれぞれ独立し，自給自足可能なものと考えうる。それゆえ，諸環節は同じ構造を有し並列につながっており，諸環節相互の差異よりも，類似性のほうが強く，有機的連帯よりも機械的連帯のほうが優勢となっている。

機械的連帯の社会は，基本的には，それぞれに完結した諸環節の集合体であり，そこにおいて諸環節相互の機能分担は生じていないとされるが，たとえば中央集権化された原始的社会において，分業は出現している。そこでは，社会を統制する権力者は1つの器官となり，諸環節を統治する機能を有している。しかし，この分業はまだ新たな連帯を生むまでにはいたっていない。なぜなら，デュルケームにとって，分業が新たな連帯をうむためには，諸個人が対等な関係になければならないが，中央集権化された原始的社会における関係は，対等なものではなく一方的関係となっているからである[3]。

> この場合，個人を首長に結びつける紐帯は，現代において物を人に結びつける紐帯に等しい。野蛮な専制君主とその臣民との関係は，主人とその奴隷との，ローマの家父長とその子孫との関係と同様に，所有者とその所有物との関係となんら違いはない。これらの関係には，分業が生みだす相互性が全くない(Ibid: p.155)。

このような中央集権化された原始的社会の権力者の権力は，集合意識から発しており，その集合意識によって権力者の権力は承認されている。そのため，集合意識の力が，このように一定の器官によって行使される時，機械的連帯の結合力は

---

3) 分業が進展するための条件としてデュルケームが想定しているものとしては，環節構造の衰退もあげられる。「社会的諸環節がその独自性を失い，諸環節の隔壁の透過性が増すことによって，分業は増大する。要するに，諸環節間で，新たな結合となるよう社会体を開放するある融合が行われることに起因する」(Ibid: p.237)。

最も強くなっている。

　有機的連帯の社会として具体的に述べられているものとしては，たとえば，当時のフランスに関するものがある。デュルケームによれば，ノルマンディー人，ガスコーニュ人，ロレーヌ人，プロヴァンス人等の，地域的差異は消滅していっているが，「全体としてみれば，フランス人全員が示す多様性は，依然として増大している」(Ibid: p.106)。つまり，一見するとフランス国内において諸個人間は同質的になっているように感じられるが，実際には，異なる集団の混合によって社会の人間像はより抽象化し，その分諸個人の自由度は拡大し，個人類型が数多出現している。このように差異化した諸個人は，分業によって結びつきあい，連帯している。機械的連帯の社会において，諸個人が同質的なものとしてとらえられるのにたいして，有機的連帯の社会においては，諸個人は専門的諸機能に従事し，個々に異なる存在としてとらえられる。

　デュルケームによれば，このような有機的連帯の社会構造は，「それぞれ特有な役割を有し，またそれ自体が分化した諸部分から形成されている種々な諸器官の体系によって構成されている」。そこでの社会要素は，「諸器官を調整する1つの中心器官をとりまいて，互いに同格あるいは従属的に配置されている」(Ibid: p. 157)。そして，この中心器官は他の諸器官と相互に依存しあっている。それゆえ，機械的連帯の社会と比べて，中心器官は特別な力をもってはいない。この社会では，諸個人は自らが従事している社会的活動の特有性によって，集団生活を形成している。彼らにとっての，自然の，そして必要な環境は職業的環境である。各個人の地位をあらわすものは，彼が果たす諸機能，つまり職業である。未開社会にも分業は存在するが，それは幼稚なものであり，従来の家族的組織を超えて発展するものではない[4]。機械的連帯の社会構造が弱体化することによって，はじめて分業は大いに発展する。

　機械的連帯の社会構造は，次のように変化し弱体化していく。未開社会の環節的組織は，もともと家族的組織であったが，次第にそれは地域的区画によるもの

---

4) たとえば，階級やカストもある意味では分業の一形態とみなすこともできるが，デュルケームにとって，これらは出自等によって硬直化しており，環節的構造に近いため，分業の進展につながらない。「階級やカストは，新しく生まれた職業組織とそれに先行する家族的組織の混合から生じている。……そこには，柔軟性に欠けた，一定の鋳型に合わせることのできる，きわめて未発達な分業が存在するのみである」(Ibid: p.158)。

となった。つまり、はじめは氏族が環節的組織の単位であったが、それが村落や都市といったものになっていった。この機械的連帯の社会構造は近代にも存続している。ただし、この機械的連帯の力は弱体化し、諸環節組織からなる社会構造は、もはや諸器官からなる社会構造へと変化している。諸器官は職業的組織であり、この職業的環境が新たな社会の枠組みである。諸環節が、それぞれある種独立した社会としてその内部で生活が完結しているのにたいして、諸器官は、それぞれ専門化した諸機能を果たすものであり、他の器官と相互に依存しあうことによってのみ存続可能である。つまり、諸器官の内部で生活は完結しておらず、諸器官の関係はそれぞれが異なったものであるからこそ結びついている。この新たな構造がより確固としたものになるにつれて、有機的連帯が社会において優勢となる。

ところで、機械的連帯の社会から有機的連帯の社会への変容、転換はどのようにして起きるのか。次節では、機械的連帯の社会から有機的連帯の社会への変容に焦点を当てて、『社会分業論』における制度移行を分析していく。

第2節　社会の変容——機械的連帯から有機的連帯へ——

デュルケームによれば、機械的連帯の凝集力は、以下の3つの条件にしたがって変動する。第1に、「共通意識の容積と個人意識の容積との比。前者が後者をより完全に覆いつくすようになればなるほど、社会的紐帯は強まる」。つまり、個人的人格の発達が少ないほど機械的連帯の凝集力は強くなる。第2に、「集合意識の諸状態の平均強度」。集合意識が諸個人に加える圧力、つまりその影響力が強いほど機械的連帯の凝集力は強くなる。第3に、「集合意識の諸状態の確定性の程度」。つまり、集合意識が法律や慣習として制度的に確定しているかどうか。デュルケームによれば、「共通意識の強力かつ確定的な状態は、刑法の根源」（Ibid: pp. 124-125）である。上記の3つの条件のうち、第1の、共通意識の容積と個人意識の容積の比は、基本的に不変であるとされる。なぜならば、共通意識、あるいは集合意識は個人のうちにある社会的要素、つまり道徳の部分だからである。第2、第3の条件は同一の方向に変化する。なぜならば、集合意識と個人意識の容積の比が同一である時、集合意識が個人意識に加える圧力が大きいほど、機械的連帯の凝集力は強くなるが、この圧力が大きくなるのは集合意識の確定度が強力であるかどうかによるからである。つまり、第2条件は、第1の条件が不

変である場合，第3の条件に依存している。それゆえ，結局のところ，機械的連帯の凝集力は集合意識の確定度によって決定されるということができる。

集合意識の確定度とは，いかにして観察可能なのであろうか。デュルケームによれば，犯罪学上の諸類型とその本質的諸相は集合意識の強力な確定的な状態の反映である。こうして，社会が機械的連帯によって成り立っているかどうか，つまり集合意識が強力で確定的な状態にあるかどうかを実際に測る指標として，犯罪学上の諸類型の数が用いられる[5]。犯罪類型の数が多いほど，その社会は機械的連帯の社会とみなされ，その数の減少は，機械的連帯の凝集力の弱体化とみなされる。なぜならば，集合意識が強力で確定的であれば，集合意識はそれだけ具体的なものとなり，その集合意識に対応する犯罪類型も具体的なものとして細かく列挙することが可能であるのにたいし，犯罪類型の減少は，集合意識の希薄化，抽象化から生じる犯罪類型の抽象化によるものとみなしうるからである。機械的連帯の凝集力を測る指標として犯罪類型を用い，モーセ五書，アテネ，ローマの法律の変遷等を具体例として，デュルケームはアルカイックな社会から近代に進むにつれ，機械的連帯の凝集力が弱まっていることを主張する。

こうしたデュルケームの主張の背後には，機械的連帯の結合力よりも有機的連帯の結合力の方が強いということが前提されている。機械的連帯は，諸個人の類似にもとづく結びつきであり，同質的なものの集まりであるため，その一部が欠けてもあまり問題とならない。それにたいして，有機的連帯は，諸個人の非類似にもとづく結びつきであり，分業による相互依存によって成り立っているため，その一部が欠けることは全体に不具合を生じさせる。「機械的連帯は，最も抵抗

---

5) デュルケームは,集合意識の諸状態の諸類型,そしてそれを傷つける犯罪の諸類型を,「集合的諸感情に反する諸行為を禁止する諸規則」(Ibid: p.127) として以下のようにまとめている。まず，一般的対象を有するものとして，宗教的感情，国民的感情，家族的感情，性的関係に関する感情，労働に関する感情，種々の伝統的感情，共通意識の器官に関する感情。これらは，それぞれさらに細かい分類がなされている。たとえば，国民的感情のうち，積極的なものとしては，市民としての積極的な義務があり，消極的なものとしては，裏切りや内乱等，種々の伝統的感情には，職業上の慣習に関するもの，埋葬に関するもの，食物に関するもの，服装に関するもの等々。次に，個人的対象を有するものとして，個人の人格に関する感情，個人の物に関する感情，人格にせよ財にせよ，諸個人一般に関する感情（cf. Ibid: pp. 127-128）。

力の強い場合でさえも、分業ほどの力でもって人々を結びつけはしない。その上、機械的連帯は現実の社会現象の大部分をその作用の範囲外に残している」(Ibid: p. 148)。それゆえ、社会的連帯は有機的になる傾向にあるといえる。しかし、機械的連帯の結合力よりも、有機的連帯の結合力のほうが強いのであれば、社会の原初が機械的連帯の社会であるとするデュルケームの考えに、矛盾があるととらえるのは誤りである。なぜならば、有機的連帯は、互いに相異なる者同士が協力関係にあって初めて可能となるものだからである。つまり、単純化していえば、まずお互いに類似した者同士が結びつきあい、その類似した者同士の多少の差異が、分業における協力関係を生みだすことを可能とする。

『社会分業論』において、デュルケームがアルカイックな社会から近代社会まで、どのようにとらえていたかをみてきたが、それらを整理すると以下のようになる。まず、アルカイックな社会を機械的連帯の社会、近代社会を有機的連帯の社会とみなす。前者は諸環節からなる社会構造をしており、後者は諸器官からなる社会構造をしている。アルカイックな社会、近代社会を理念型としてとらえるならば、上記の二分法によってわけることができる。しかし、それはあくまで理念型であり、デュルケームがしばしば指摘しているように、実際には社会は機械的連帯あるいは有機的連帯どちらかのみによって成り立っているわけではない[6]。それゆえ、デュルケームの機械的連帯の社会、有機的連帯の社会は以下のように解釈するのが妥当であるといえよう。

まず、機械的連帯の社会は、もっとも単純な形式としては、類似した諸個人にもとづく一集団による環節社会である。そこでは、共通意識は非常に具体的なものであり、諸個人は相互に類似していることによって強く結びついている。しかし、実際にはいくつかの集団が集まって社会を構成しており、その場合、社会はいくつかの環節から成り立っている。それぞれの環節はそれ自体1つの小社会である。この諸環節は、同質なものである場合には合体して1つの環節となってしまうため、相互にある程度異なっている。たとえば、諸氏族からなる社会では、

---

[6] ただし、デュルケームは、近代社会が有機的連帯の社会になっているということを強調するあまりに、理念型としての近代社会を近代社会が到達するものとして論じる傾向にある。そのため、『社会分業論』はアルカイックな社会と近代社会を機械的連帯の社会と有機的連帯の社会の単純な二分法的図式としてしばしば解釈されがちとなる。

各氏族は固有の特徴を有しているが，その社会構造は同質的なものである[7]。このように機械的連帯の社会を解釈すると，実はデュルケームのいう機械的連帯の社会は有機的連帯の社会の素養を内包していることがわかる。

たとえば，機械的連帯に属する階級社会では，それぞれの身分に応じた社会は諸環節としてとらえられるであろうが，この諸環節はそれぞれにある諸機能（農民ならば，農作物の生産等）を果たし，分業が存在しているといえる。しかし，それぞれの諸環節はそれ自体でほぼ生活が完結しており，諸環節の相互依存性は高くない。諸環節が結びついて成立している社会において，諸環節内部でほぼ生活全般がおこなわれているということは，集合意識はそれだけ具体性をおびたものであるといえる。また，諸環節が独立可能でありながら結びついているということは，それだけ諸環節それぞれの差異は小さい。それゆえ，単純化していえば，この社会の道徳は1つの確固とした集合意識としてとらえられ，機械的連帯の社会となる。

有機的連帯の社会とは，諸器官からなる組織社会である。諸器官はそれぞれ諸機能を果たす。それらは相互に依存しあっているため強く結びつきあう。それゆえ，有機的連帯の社会は非類似にもとづく社会とされるが，それぞれの器官内部は同質的な集団からなっているはずである。つまり，個々の諸器官は機械的連帯にもとづいていることになる。このようにみていくと，このような社会においても諸個人の自由度は拡大しないようにみえる。なぜならば，機械的連帯とは類似にもとづく連帯であり，それゆえ，諸個人は集合意識によって強く規定されており，個人的人格が未発達の状態にあるからである。しかし，それは諸個人が諸器官内で硬直化した状態にあると想定される場合である。一見すると矛盾するようにみられるデュルケームの考えを理解するためには，諸環節の性質と傾向，そして分業の機能の2点が重要となる。

諸環節の性質と傾向とは，機械的連帯の凝集力に関連する問題である。デュル

---

7) このような社会として，デュルケームは，北米インディアンやオーストラリアの諸部族，カビール人やヘブライ人等々を例に挙げている（cf. Ibid: pp. 149-157）。

8) たとえば，『社会分業論』第1篇第5章第1節において，機械的連帯の社会と有機的連帯の社会の社会的紐帯の相対的な強さについて論じられている。「こうした（社会的紐帯の）破壊が最も頻繁かつ容易に生ずるのは，類似による連帯のみ，あるいは，ほとんどそれのみしかない未開社会においてである」（Ibid: pp. 121-122）。

ケームによれば，機械的連帯の凝集力は，有機的連帯と比べて弱いものとされる[8]。つまり，機械的連帯の社会において，諸環節同士の融合や，諸環節内部の変化は比較的起りやすい。こうした事態は，その諸環節における機械的連帯の弱体化を招く。なぜならば，たとえば諸環節同士の融合は，厳密にはまったく同じ集団を合わせるものではないため，新たな諸環節内部の諸個人の類似性は，融合以前よりも低下するはずだからである。氏族から村落へ，村落から都市へと環節が拡大するにつれ，その内部における機械的連帯はますます弱くなっていく。そしてそれにともない，諸環節は諸器官へと変化していく。なぜならば，諸環節はそもそも多少異なったものであるため，諸環節の結びつきにも非類似の結びつきの要素が内包されているからである。こうして，諸器官相互の分業による結びつきが次第に拡大していく。

このとき，諸器官内部は，前述したとおり，同質的な集団から出来上がっているはずであるから，機械的連帯にもとづいていることになる。しかし，ここで考慮すべき点は，分業が諸機能を対面させるということである。

経済学者たちが，どのような様式で行われようとも分業は十分な連帯を生みだすだろうと信じたのは，したがってまた，人間社会は純粋に経済的な結びつきになるであろうし，またそうなるべきであると主張したのは，彼らが，分業は個人的，一時的な諸利害にしか影響を与えないと信じたからである。したがって，彼らにとって，対立する諸利害，それらが均衡すべきあり方を評価するには，すなわち，交換が行われるべき諸条件を確定するには，個人のみがその資格を有する。そして，これらの諸利害は永続的な生成過程にあるので，恒久的な規制を必要としない。しかし，このような見解は，いかなる点からみても事実と適合しない。分業は，諸個人を対面させるのではなく，社会的諸機能を対面させるのである（Ibid: p. 403）。

こうしたデュルケームの考えを踏まえると，諸環節の内部と諸器官の内部は非常に異なった様相を呈する。

諸環節内部において，諸個人は一人の人間として相類似することにより結びつく。各環節内の諸個人は，そこで社会生活がほぼ完結しており，基本的に諸個人はある１つの環節のみに属している。しかし，諸器官内部はそうではない。分業が諸機能を対面させるということは，諸個人はある器官に固定化されず，自身の

表4—1

社会類型	機械的連帯の社会	有機的連帯の社会
構造	諸環節からなる社会	諸器官からなる社会
個人	1つの環節にのみ属する	1つの器官にのみ属するわけではない
連帯の様式	類似	差異＝分業
連帯の基礎	諸個人	諸器官

能力に見合った機能を果たすことが可能となる。つまり，諸器官内が機械的連帯による結びつきで成り立っていたとしても，その凝集力は諸個人を1つの器官に強く結びつけていない。また，諸環節がその内部で社会生活をほぼ完結しているのにたいして，諸器官はそれ自体のみでは存続不可能である。そして，諸個人は，ある器官に属しているとしても，そこが彼にとっての社会生活のすべてではない。諸器官は1つの機能を果たすものにすぎない。それゆえ，諸環節相互の構造が似通ったものであるのにたいして，諸器官はそれぞれ異なったものである。そして，諸器官は分業にもとづく有機的連帯によって結びついているため，機械的連帯よりも有機的連帯が優勢な社会となる。以上を踏まえて，機械的連帯の社会，有機的連帯の社会を表にするならば表4—1のようにまとめることができる。

このように機械的連帯の社会と有機的連帯の社会を解釈すると，それぞれの社会の道徳の構成も異なったものとしてあらわれる。機械的連帯の社会では，諸個人は1つの環節にのみ属するため，確固とした集合意識がそこでの道徳となる。さらに，社会全体としてみたときにも，諸環節間は類似しているものであるから，そこでの道徳も，単純化を恐れずにいえば，環節における確固とした集合意識と同じものとなる。それにたいして，有機的連帯の社会では，諸個人は1つの器官にのみ属するわけではないので，それぞれが属する諸器官の道徳が層をなして形成される。さらに，社会全体としてみたときには，諸器官相互の依存性，デュルケームの言葉でいえば，分業が道徳となる。しかし，分業が同一社会内でのみ可能となるというデュルケームの前提を考慮に入れるならば，そこには相互依存性のみでは語りつくせない道徳が存在することになる。それは，希薄化され抽象化された集合意識によってもたらされる。したがって，近代社会における諸個人の多様化は，2つの方向からとらえることができるのである。1つは，自身の所属

する種々の諸器官によってもたらされる層化した道徳であり，1つは，抽象化された集合意識を前提とする相互依存性によってもたらされる自身の能力の発揮である。

　機械的連帯の社会において，道徳は確固とした集合意識であるため，誤解を恐れずにいえば，諸個人は同じ行動を選択する。さらに，諸個人は諸機能に配分されていないため，それは自給自足的なものである。有機的連帯の社会においては，諸個人の多様性が認められているため，諸個人は異なった行動を選択することができる。こうした諸個人の行動の変化は，道徳の変化，あるいは社会構造の変化によってもたらされており，制度の変化に依存しているといえる。それをミクロ的視点から見るならば，ある主体が，他者と同じ行動を選択することによってえられる満足と，他者と異なる行動を選択することによってえられる満足は，その主体が機械的連帯の社会に属しているのか有機的連帯の社会に属しているのかによって異なっている。経済学的観点からすると，これは効用の変化と解釈できる。

　では，このような変化はいかにして生じるのであろうか。機械的連帯の社会から有機的連帯の社会への移行において，分業の発展要因を諸社会の体積と密度とにデュルケームは言及している（cf. Ibid: p. 244）。密度とは，社会内における諸個人間の接触頻度の増加である。単純化してしまえば，それは人口の増加によってもたらされるといえるが，重要なことは自分と多少なりとも異なる人々と多く接触することにある。機械的連帯の社会は，ある程度独立した諸環節の集合からなっているため，諸個人間の接触は主に各環節内での接触が大部分を占める。そこでの接触は類似した人々同士の接触であるため，異なる者同士の結びつきとしての分業は進展しにくい。しかし，前述したように，諸環節相互は多少とも相異なるものである。さらに，諸個人は各環節への参入，またそこからの退出が比較的容易である。こうして，諸環節相互の交流は，それぞれの差異を拡大し，その構造を変容させていく。つまり，単純化していえば，各環節は次第にある機能を果たす諸器官へと変化する。さらに，諸器官は分業によって相互依存関係となり，有機的連帯の社会となる。つまり，機械的連帯の社会におけるほんのわずかな差異が，時間の経過とともに諸個人の同質性を確定する道徳の変容をうながし，差異化した諸個人からなる有機的連帯の社会に向かわせるのである[9]。

---

9) このようにみると，機械的連帯から有機的連帯への移行は必然的なものであり，あ

デュルケームは，周知のとおり，社会学者として，社会事実は社会事実によって説明されなければならないという立場をとっている。それゆえ，機械的連帯の社会から有機的連帯の社会への変化は，社会的視点，つまりマクロ的視点から論じられている。このデュルケームの機械的連帯から有機的連帯への変容を，ミクロ的視点からとらえるならば，どのようなものとなるであろうか。

　まず，機械的連帯の社会において諸個人は，他者と同じ行動をとることによって効用を最大化している[10]。社会の体積と密度が増大するにつれて，環節的構造が次第に組織的構造へと変化していき，諸環節は諸器官へと変わる。それゆえ，他者と同じ行動をとることによってえられる諸個人の効用は，次第に減少していくこととなる。それにたいして，他者と異なる行動をとることによってえられる諸個人の効用が次第に増加していくこととなる。有機的連帯の社会に至るにおいて，他者と同じ行動をとることによってえられる諸個人の効用は，他者と異なる行動をとることによってえられる効用より小さくなる。理念型としての機械的連帯の社会における諸個人の効用は，他者と同じ行動をとることによって最大化され，他者と異なる行動をとることによって最小化，あるいは0となる。逆に，理念型としての有機的連帯の社会における諸個人の効用は，他者と同じ行動をとることによって最小化，あるいは0となり，他者と異なる行動をとることによって最大化される。

る意味そこにはダイナミズムが欠けているように見える。実際，デュルケームは機械的連帯から有機的連帯への流れは自然の法則からみても必然であると述べている。しかし，時間の経過とともに必ず有機的連帯の社会になるのかといえば，そうとはいえない。機械的連帯の社会も有機的連帯の社会もあくまで理念型としてのものであって，現実的には両者の狭間で揺れ動いていると考えるべきである。ただし，理論化する上では，理念型としての機械的連帯の社会と有機的連帯の社会を想定することによる問題は，これによってえられるインプリケーションを考えれば，ある程度無視できるであろう。

10) ここで，デュルケームの想定する機械的連帯の社会，有機的連帯の社会における諸個人の行動を，ミクロ的視点から効用最大化としてとらえているが，この際の効用は必ずしも経済的効用のみに還元されるわけではない。

お わ り に

『社会分業論』におけるデュルケームの制度変化は，機械的連帯にもとづく社会から有機的連帯にもとづく社会への変化であった。機械的連帯の社会は，類似した諸個人からなる。その社会を構成する諸環節は，理念型としては閉じられた，それ自体で全生活を可能にするものである。そして，そこでの道徳は，互いに類似することを要求する。有機的連帯の社会は，異なる諸個人からなる。その社会を構成する諸器官は，理念型としては相互に依存することによって存続可能なものである。そして，そこでの道徳は，個々人が自身の担う機能を果たすことを求める。このような異なる構造，道徳からなる社会の変化は，そもそもその社会に内包されているものであった。

機械的連帯にもとづく社会は，もっとも単純化した形において，単一環節からなるが，実際には多環節社会である。各環節は互いに類似しているが，多少の差異を有している。そして，この差異から，諸環節の差異化が進み，次第に諸環節が諸器官へと変わっていく。諸器官は相互依存関係にあるため，諸器官からなる組織社会は有機的連帯にもとづく社会となる。このような変化は，時間の経過にともなう社会の体積と密度が増加することによって生じる。社会の体積と密度の増加は，人々の接触を増やす。このとき，多少とも異なる人々と触れ合うことでそれまで確定的な形態をとっていた集合意識が少しずつ希薄化していく。つまり，社会の体積と密度の増加プロセスにおいて，それまで具体的な内容であった集合意識が次第に抽象的なものとなり，その結果，諸個人の自由度，差異化が進む。

このようなデュルケームの制度変化を，ミクロ的視点から見るならば，個人が同じ行動をとるか異なる行動をとるかの選択の変化であり，それは効用の変化によってもたらされるとみなすことができる。次章では，このように再構成した『社会分業論』における制度変化について，ゲーム論を用いて解釈する。

第5章　デュルケーム社会理論のゲーム論的解釈

はじめに

　本章では，デュルケーム社会理論における制度変化について，『社会分業論』に焦点を絞り，ゲーム論を用いて考察していく。デュルケームによるアルカイックな社会から近代社会への制度的転換の分析を，ゲーム論で読み解くことによって，次のようなことが可能となる。まず，第4章で明らかにした，『社会分業論』の制度変化をミクロ的視点からみた制度的転換として解釈することができる。また，ミクロ的視点からとらえなおすことによって，デュルケームが「社会経済学」として経済学に内包させようとしていた社会的側面がどのようなものであったのかがより鮮明となる。

　『社会分業論』における，アルカイックな社会から近代社会への移行をゲーム論で読み解くために，それぞれの社会や移行にかかわる要因を単純化した形に読み替えて検討していく。具体的には，まず，アルカイックな社会における均衡をゲーム論的に解釈し，続いて，それと同様な形で近代社会の均衡を解釈していく。さらに，前者から後者への移行を，単純な時間の経過にともなう効用の変化として分析することによって，デュルケーム社会理論における社会変動について考察する。

第1節　制度選択としてのゲーム

　これまで明らかにしてきたように，デュルケームが想定するアルカイックな社会と近代社会の特徴は，簡略化すれば以下のようなものとなる。

　アルカイックな社会は機械的連帯（solidarité mécanique）の社会としてとらえられ，類似した諸個人からなる社会である。理念型としてのこの社会は，同質な人々が具体的な集合意識によって統合されており，諸個人は社会と同一視される。それゆえ，理論的には，この社会における個人は各種の作業を協力して分担しているのではなく，すべての作業を1人で行っているとみなしうる。これにたいして，近代社会は有機的連帯（solidarité organique）の社会としてとらえられ，差

図5—1

		y	
		α 自活	β 分業
X	α 自活	(a, a) A	(a, d') B
	β 分業	(d', a) C	(d, d) D

異化した諸個人からなる社会である。理念型としてのこの社会は，人々が差異化することによって集合意識は希薄化され，分業による相互依存関係のもと統合されている。社会における規範的な個人像は抽象化されたものとなり，その分個々人の自由度が増している。諸個人は分業によって専門化しているため，理論的には，この社会における個人は他者との協力関係のもと各種の作業を分担しているとみなされる。

このように理解されるアルカイックな社会と近代社会をゲームの構造で表現するならば，以下のようになるであろう。ここでは単純化のため，2つの小社会XとYからなる社会を想定する。小社会Xに属するプレーヤーx，小社会Yに属するプレーヤーy，それぞれが選択しうる行動は自活するという戦略 α（自活）と協力して作業を分担するという戦略 β（分業）とする。それぞれの効用は (a, a), (a, d'), (d', a), (d, d) とする（図5—1）。また，ゲームの構造および各プレーヤーが合理的であることは共有知識とする。

このとき，ナッシュ均衡はAのみ，DのみまたはAとDとなる。アルカイックな社会では諸個人が自活しているということを考えるならば，アルカイックな社会のナッシュ均衡はAとなるはずである。つまり，図5—1をアルカイックな社会としてとらえるならば，a, d, d'の関係は $a > d > d'$ となるであろう。それにたいして，近代社会では諸個人は分業しており，ナッシュ均衡はDとなるはずである。つまり，図5—1を近代社会としてとらえるならば，a, d, d'の関係は $a < d' < d$ となるであろう。

しかし，一人が自活するという戦略をとったさいに，もう一人が協力して作業を分担するという戦略をとったとするならば，相手は協力して作業を分担してくれないのだから，a, d, d' の関係は d' < a, d' < d となるであろう。

このとき，ナッシュ均衡はAのみあるいはAとDとなる。アルカイックな社会では諸個人が自活しており，近代社会では諸個人は作業を分担しているというデュルケームの考えを踏まえるなら，ナッシュ均衡はAとDとみなすべきであり，それゆえ a < d とする。このゲームはいわゆる待ち合わせゲームとよばれるものと同一の構造となっている。このゲームは，調整ゲームとして，A, D どちらのナッシュ均衡を選択するかは慣行にしたがって決定される。「各自が慣行に結びつけられた戦略を選択するだけではなく，他者が同様のことをするということを期待するとき，調整問題は解決される」（バティフリエ 2001：126頁）。ナッシュ均衡Aはアルカイックな社会の慣行によって選択され，ナッシュ均衡Dは近代社会の慣行によって選択される。このようにデュルケームのアルカイックな社会と近代社会を解釈すると，デュルケーム社会学に内在する制度的側面が浮揚してくる。

しかし，ナッシュ均衡Aを選択するか，ナッシュ均衡Dを選択するのかは，アルカイックな社会の慣行にしたがうか，近代社会の慣行にしたがうかの問題となり，制度の移行というダイナミズムをとらえることはできない。デュルケームはアルカイックな社会からいかに近代社会へ移行するのかについても述べており，それを踏まえたうえでゲームの構造を再定義する必要がある。したがって，次節では，アルカイックな社会から近代社会への移行を考慮に入れたゲームを検討する。

第2節　移行のダイナミズム

デュルケームによれば，機械的連帯の社会から有機的連帯の社会への移行，つまり分業の発展は動的密度あるいは道徳的密度の増加と人口の増加に求められる。動的密度あるいは道徳的密度とは，相互に密接に関係しあう諸個人の数，さらにはその接触を可能とする交通手段を指す（cf. Durkheim 1893：237-238頁）。ここでは，単純化のため，時間の経過によって動的密度等が増加し，それにともない集合意識が変化し分業が発展すると仮定する。

分業の発展は，機械的連帯の社会が諸個人に同質的であることを求めるのにた

図 5—2

		y	
		α 自活	β 分業
X	α 自活	(U (a, t), U (a, t)) A	(U (a, t), pU (d, t)) B
	α 分業	(pU (d, t), U (a, t)) C	(U (d, t), U (d, t)) D

いして，諸個人の専門化，各々が各自の職務を遂行することを求める。諸個人が，自活するという戦略と協力して作業を分担するという戦略を選択する際，機械的連帯の社会において諸個人は他者と同質的であることが求められるため，自活するという戦略が社会的に要求される。それゆえ，機械的連帯の社会では，諸個人は自活するという戦略を選択した方が，協力して作業を分担するという戦略を選択するよりも得られる効用は高くなる。それにたいして，有機的連帯の社会において諸個人は専門化することが求められるため，作業を分担するという戦略が社会的に要求される。

つまり，諸個人の効用という観点からみれば，機械的連帯の社会における効用と，有機的連帯における効用は異なったものとしてとらえられる。理念型としての機械的連帯の社会では，諸個人は完全に同質的であるが，実際には多少の差異が存在している。異なる他者との接触を繰り返すことによって，集合意識が希薄化し，他者と異なる行為，つまり専門化していくことが社会的に許容され，要求される。効用それ自体は個人の満足度を示すものだが，機械的連帯の社会から有機的連帯の社会になるにつれ，社会によって要求されるものが変化するというデュルケムの考えを踏まえれば，諸個人の効用は社会に依存して決定されていると想定するべきであろう。

それゆえ，前節において，固定化していた効用を時間に依存するものとし，自活するという戦略による効用 a を U (a, t)，協力して作業を分担するという戦略による効用 d を U (d, t) とする。また，小社会 X と小社会 Y，2 つの小社会

からなる社会を仮定しているので，xにとってyが自活するという戦略をとったとしても，y以外のものと協力して作業を分担するということが可能であり，協力して作業を分担するという戦略による効用は $U(d, t)$ と確率 p の積とする。さらに，$U(a, t)$ は t にたいして逓減，$U(d, t)$ は t にたいして逓増，$U(a, 1) > U(d, 1)$，t を大きくしていくと，ある時点 t において $U(d, t) > U(a, t)$ となる t が存在するとする。なぜならば，時間の経過によって動的密度等が増加し，集合意識が変化するという仮定より，諸個人は次第に他者と異なる行為を行うことが社会的に求められていくからである。以上を踏まえて前節のゲームを再構成すると図5—2のようになる。

まず，$t = 1$ のとき，このゲームのナッシュ均衡はAとなる。これがデュルケームの想定する理念型としてのアルカイックな社会である。そして，$t = 2, 3, 4 \cdots$ とこのゲームを繰り返していく。すると，$U(a, t)$ は t にたいして逓減，$U(d, t)$ は t にたいして逓増であるから，ある時点 t' において $U(a, t') < U(d, t')$ となる。このとき，$U(a, t') > pU(d, t')$ ならば，ナッシュ均衡はAとDになる。さらに，繰り返しゲームを行っていけば，ある時点 t'' において $U(a, t'') < pU(d, t'')$ となり，ナッシュ均衡はDとなる。これがデュルケームの想定する理念型としての近代社会である。このとき，xとyは，二人とも作業を分担するという戦略 β（分業）をとっているという点では同じ行動をとっている。それゆえ，一見すると，デュルケームが理念型とする近代社会における諸個人の差異化が達成されていないようにみえる。

しかし，作業を分担するという戦略 β（分業）をとるという点では，xとyは確かに同じ行動とみなされるが，作業を分担するということはその作業の中身は異なっているとみなすことができる。したがって，このゲームのナッシュ均衡Dは，まさにデュルケームの想定する理念型としての近代社会であるといえる。

ただし，ここの分析では，ゲームをかなり単純化したものとして定式化しているため，アルカイックな社会と近代社会との対比，またその移行に関して，デュルケームが問題とした様々な要素について看過している可能性があるかもしれない。

しかし，上記のように，『社会分業論』のアルカイックな社会，近代社会，そしてその移行を単純化して解釈することによって，逆に，デュルケームが問題視していた，伝統的な「古典派経済学」が前提とする素朴な方法論的個人主義の問題点が浮かび上がる。たとえば，「古典派経済学」にとって諸個人の効用は変化

しないものとされるが，諸個人の効用それ自体社会的影響を受けるものであり，社会の制度的側面を無視することはできないといったこともその一例である。

おわりに

「古典派経済学」では，通常，効用は変化しないものとして想定されている。それにたいして，本章では，デュルケームの機械的連帯の社会から有機的連帯の社会への移行において，効用それ自体が社会に依存し変化すると仮定した。デュルケームの動的密度や物的密度の増加という概念を，単純に時間の経過にともなって増加すると想定し，ゲームを繰り返し行っていくことによって，ゲームの構造自体が変化するということを試みた。

このことによって，初期においてゲームのナッシュ均衡が，デュルケームの想定する理念型としてのアルカイックな社会であったのにたいして，時間の経過にしたがってナッシュ均衡が，デュルケームの想定する理念型としての近代社会となることを示した。

『社会分業論』のアルカイックな社会，近代社会，そしてその移行をゲーム論で読み解くことによって，諸個人の効用それ自体が，実は社会に依存したものであることを明らかにした。ただし，理念型としての近代社会における諸個人の差異化が，単にそれぞれが自己の利益を追求することが可能な社会と置き換えるならば，それはまさにデュルケームが批判した経済的個人主義と同一のものとなる。

デュルケームは，諸個人を単なる利己的人間ではなく，道徳といった社会的要素を含みこんだ社会的人間としてとらえている。たとえば，諸個人を単に経済的効用を最大化するのものとしては想定していない。効用に対するこのようなデュルケームに内在する視点は，「古典派経済学」の問題を乗り越える1つの糸口であり，行動経済学や応用ゲーム理論の近年の発展等にみられる，現代経済学における経済主体把握の修正の先駆的視点といえる。また，逆に，諸個人を規定する道徳という観点からすれば，ホモ・エコノミカスではなくホモ・インスティテユショナリスという人間像がそこでは示唆されており，制度派やコンヴァンシオン理論等のヘテロドクス経済学の萌芽としてみなすことも可能であろう。効用が社会的影響に依存するととらえるならば，どのような形で効用の社会依存性をとらえることができるのか，あるいは諸個人の行動を効用とは異なる尺度でとらえるのか等の問題は今後の課題である。

結

　本書では，従来，経済学においてほとんど顧みられることのなかったデュルケーム社会学を,経済学的視点から再解釈することを試みた。社会学の巨匠として，社会学の領域において膨大な数のデュルケーム研究が存在しているが，それらはデュルケームの社会学的方法や宗教社会学に関して大きなウェイトが置かれており，デュルケームの経済的側面に関する研究は少ない。また，それらは，「デュルケームが経済現象とどのように対峙することによって自身の社会学を発展させたのか」ということが主題となっている。それゆえ，経済学の領域からデュルケーム社会学に内在する経済的側面を浮かび上がらせ，これを逆に伝統的な「古典派経済学」が往々無視してきた社会的側面に照射し，それが抱える問題を乗り越える1つの糸口としてデュルケームの「社会経済学」を分析することは，非常に意義のあることといえる。

　デュルケームの主要著作としては，『社会分業論』,『社会学的方法の規準』,『自殺論』,『宗教生活の原初形態』が挙げられるが，本書では，特に『社会分業論』に焦点を当てて分析した。デュルケーム社会学は，『社会分業論』をはじめとする初期の時代から，『宗教生活の原初形態』に至る後期では様々な変化がみられる。しかし，『社会分業論』が経済社会へと突き進む近代社会をその分析の中心に据えていることを考えれば，デュルケームの「社会経済学」を検討するために，まず第一に『社会分業論』をその研究対象とすることは当然のことである。また，経済学にたいするデュルケームの言及の多くは，『自殺論』が執筆される前までになされている。それゆえ，デュルケームが経済学を研究していたころを中心に検討し，その時にデュルケームがおこなった経済社会分析を考察するならば，『社会分業論』が最も重点的に分析されるべきであるといえる。

　すでに指摘したとおり，デュルケームは社会学者であるため，経済学においてほとんど扱われてこなかった。したがって，経済学者たちにとって『社会分業論』は馴染み深いものとはいえない。そのため，第1章において，『社会分業論』の全体像について概観した。さらに，第2章では，デュルケームが当時のイギリス古典派やドイツ歴史学派,社会主義等をどのようにとらえていたのかを通して，デュルケームの経済観，あるいはデュルケームなりの「経済学」を明らかにした。

それは，簡略化していえば，経済学を道徳の科学として再構築する試みといえるだろうか。道徳等の社会的側面を経済学に内包させる試みは，道徳の分析を主として近代社会を考察する『社会分業論』にわれわれをたちかえす。デュルケームの想定する「経済学」は，実は『社会分業論』において展開されているといえる[1]。それゆえ，第3章で，『社会分業論』をデュルケームの「社会経済学」として分析した。

『社会分業論』では，機械的連帯にもとづく社会と有機的連帯にもとづく社会の2種類に社会が類型化され，それぞれ前者をアルカイックな社会，後者を近代社会として定義される。アルカイックな社会の理念型は，同質な諸個人からなる単一の環節社会である。そこでは諸個人は類似することが求められ，確定的な集合意識が道徳として規定される。近代社会の理念型は，差異化した諸個人からなる組織的社会である。そこでは，諸個人は差異化しているため，分業が道徳となっている。この社会において，諸個人は単に自己の利益を追求する利己的存在ではなく，社会的正義に則って個人の人格を発達させるということそれ自体が社会的価値，あるいは道徳となる。このように理解するならば，諸個人の行為は社会的要素に規定されているといえる。このような観点を，社会的人間，あるいは制度に規定された人間ホモ・インスティテュショナリスとみなすならば，デュルケームの「社会経済学」はコンヴァンシオン理論や制度派といったヘテロドクス経済学の胎児であったといえる。

このような社会的側面を内包したデュルケームの「社会経済学」は，当時のフランス経済思想の流れの中において，実は位置づけることが可能なのである。当時のフランス経済学は，レッセ＝フェールにみられるように，自由主義的経済思想が主流であった。しかし，次第に産業化にともなう労働や貧困問題に直面し，自由主義的経済思想も変化し，必ずしも経済的自由のみが追及されるわけではなくなっていく。さらに，明らかに自由主義的経済思想とは異なる立場の経済学者も出現し，そこでは福祉国家的な国家像も模索される。デュルケームの「社会経済学」はそうした流れの中において，多くの共通項をもつものであることを補論

---

1) もちろん，デュルケーム社会学に内在するデュルケームの「社会経済学」的要素をすべて描き出すためには，『社会分業論』だけでなく，デュルケーム後期における宗教論や教育論といったものまでも網羅する必要があるであろう。この点については，今後の課題の1つにあげられる。

において明らかにした。

　デュルケームの「社会経済学」を主に『社会分業論』を通じて，またそれに加えて，デュルケームの経済観を踏まえながら析出したうえで，第4章，第5章において，この「社会経済学」を制度移行の観点から分析した。『社会分業論』で展開されている，アルカイックな社会から近代社会への変容をベースに，それをさらにミクロ的視点から読み直し，ゲーム理論によって再構成した。効用の変化をどのように想定するかなど検討していくべき課題はあるものの，デュルケームの制度移行を単純化し，ゲーム論で読み解くことによって，デュルケームの「社会経済学」がより鮮明なものとなった。

　本書の主要な目的の1つは，デュルケーム社会学を「経済学」として解釈しようとすることであった。そのために，『社会分業論』を中心に，デュルケームの「社会経済学」について考察し，デュルケーム社会学に内在する経済学的側面を把捉した。すでに何度も明示してきたように，近代経済社会をアルカイックな社会と対比することによって，デュルケームは社会を機械的連帯の社会と有機的連帯の社会の2つに分類する。それぞれの社会は，社会構造自体が異なっており，諸個人を規定する道徳も異なっている。機械的連帯の社会では，諸個人は同質化することが要求されるため，諸個人は他者と同じように行動することが社会によって求められる。それにたいして，有機的連帯の社会では，諸個人は差異化し専門化することが要求されるため，諸個人は他者と異なる行動をとることが可能となる。これをミクロ的視点から読み替えるならば，機械的連帯の社会では，諸個人は，他者と異なる行動をすることよりも他者と同じ行動をすることによってより効用が大きくなり，有機的連帯の社会では，諸個人は他者と同じ行動をすることよりも他者と異なる行動をすることによって効用が大きくなる。

　経済学の分析対象は，当たり前のことながら経済的現象である。それゆえ，その分析において，理論化の過程で社会から純経済的側面を抜き出すことに力点が置かれがちとなる。純経済的側面に注力することによって，経済的現象を析出し理論化することができるといえるが，その一方で，逆にそのことによって経済的現象の社会的側面が閑却される。たとえば，伝統的な「古典派経済学」では，諸個人は社会とは無関係に，単に自己の利害を追及するものと想定されている。しかし，デュルケームは社会学者であるため，経済現象と対峙する際に，常に社会の内部における一現象としてとらえる。経済社会としての近代社会を分析するさいにも，それをアルカイックな社会と対比することによって，デュルケームは，

いかに諸個人が社会的影響にしたがって変化するのかを，機械的連帯の社会から有機的連帯の社会への移行として表出した。ミクロ的な観点から『社会分業論』をとらえなおすならば，機械的連帯の社会から有機的連帯の社会への移行とは，社会によって諸個人の行動が規定され，諸個人の効用自体が社会的影響のもと変化することを意味している。経済現象を社会学的観点から論及するデュルケームの分析を，経済学的観点から逆照射することによって，たとえば効用の不変性といった，伝統的な「古典派経済学」が前提する素朴な方法論的個人主義の問題点がより明らかとなった。このようなデュルケームの「社会経済学」に内在する視座は，応用ゲーム理論の近年の発展等にみられるような，効用の不変性を必ずしも仮定しない現代経済学にたいする先駆的なものとみなすこともできる。また，ホモ・エコノミカスとは異なるホモ・インスティテュショナリスという人間像は，制度派やコンヴァンシオン理論等のヘテロドクス経済学にたいする先陣であったともいえる。

　デュルケームは近代社会における経済的領域の重要性を認識していたが，デュルケーム自身は社会学の領域にとどまり続けたため，デュルケーム「社会経済学」として「経済学」を明示的に構築することはなかった。経済学を道徳の科学として再構築する必要性を指摘しながらも，それを「経済学」として提示しえなかったのは社会学者デュルケームの限界点といえるかもしれない。しかし，むしろ明示しえなかったからこそ，デュルケーム社会学に潜在する「経済学」は，一方で現代経済学にたいする先駆性，一方で制度派やコンヴァンシオン理論等のヘテロドクス経済学の萌芽という二側面を含みこんだものとして解釈することができるともいえる。

　では，デュルケームの「社会経済学」的考察による伝統的な「古典派経済学」にたいする批判が，現代経済学によって克服されたものであるのか，あるいは制度派やコンヴァンシオン理論といったヘテロドクス経済学の1つとして現代経済学と対峙しうるものなのか？　デュルケーム社会学に潜在する経済的側面をさらに汲みあげていくことによって，デュルケームが定式化しなかったデュルケームの「経済学」をより明確なものとして析出すること，あるいは定式化しえない限界を明らかにすることで，その答えを模索していくことが今後の残された課題である。

参考文献

(外国語文献)

Aimard, G. (1962). *Durkheim et la science économique*. Paris: Presses Universitaires de France.

Alpert, H. (1937). France's First University Course in Sociology. *American Sociological Review* 2, 311-17.

―――― (1939a). *Émile Durkheim and His Sociology*. New York (花田綾, 仲康, 由木義文訳 (1977)『デュルケームと社会学』慶應通信 (1988)).

―――― (1939b). Émile Durkheim and Sociologismic Psychology. *American Journal of Sociology* 45, 64-70.

―――― (1958). Émile Durkheim, Enemy of Fixed Psychological Elements. *American Journal of Sociology* 63, 662-4.

―――― (1959). Émile Durkheim, A Perspective and Appreciation. *American Sociological Review* 24, 462-5.

Arena, R. (1991a). Joseph Garnier; Libéral orthodoxe et théoricien éclectique. Dans Y. Breton, & M. Lutfalla (Éds.), *L'Economie politique en France au XIXe siècle* (pp. 111-139). Paris: Economica.

―――― (1991b). Adolphe-Jérôme Blanqui: Un historien de l'économie aux préoccupations sociales. Dans Y. Breton, & M. Lutfalla (Éds.), *L'Economie politique en France au XIXe siècle* (pp. 163-183). Paris: Economica.

Baslé, M. (1991). Paul Leroy-Beaulieu: Un économiste français de la IIIe République commençante. Dans Y. Breton, & M. Lutfalla (Éds.), *L'Economie politique en France au XIXe siècle* (pp. 203-246). Paris: Economica.

Baslé, M., & Gélédan, A. (1991). Frédéric Bastiat: Théoricien et militant du libre-échange. Dans Y. Breton, & M. Lutfalla (Éds.), *L'Economie politique en France au XIXe siècle* (pp. 83-110). Paris: Economica.

Besnard, P. (1993a). Les pathologies des sociétés modernes. Dans P. Besnard, M. Borlandi, & W. P. Vogt (Éds.), *Division du travail et lien social: La thèse de Durkheim un siècle après* (éd. 1re, pp. 197-211). Paris: Presses Universitaires de France.

―――― (1993b). La diffusion de l'édition français. Dans P. Besnard, M. Borlandi, & W. P. Vogt (Éds.), *Division du travail et lien social: La thèse de Drukheim un siècle après* (éd. 1re, pp. 251-256). Paris: Presses Universitaires de France.

———(2002). Suicide and anomie. In W. S. Pickering (Ed.), *Durkheim today* (1st ed., pp. 81-86). New York and Oxford: Berghahn Books.

Besnard, P., Borlandi, M., & Vogt, W. P. (Éds.). (1993). *Division du travail et lien social: La thèse de Durkheim un ciècle après* (éd. 1er). Paris: Presses Universitaires de France.

Blau, P. M., & Milby, R. L. (1993). Faits sociaux et structure sociale. Dans P. Besnard, M. Borlandi, & W. P. Vogt (Éds.), *Division du travail et lien social: La thèse de Durkheim un siècle après* (éd. 1re, pp. 135-146). Paris: Presses Universitaires de France.

Borlandi, M. (1993). Durkheim lecteur de Spencer. Dans P. Besnard, M. Borlandi, & W. P. Vogt (Éds.), *Division du travail et lien social: La thèse de Durkheim un siècle après* (éd. 1re, pp. 67-109). Paris: Presses Universitaires de France.

Breton, Y. (1991a). Michel Chevalier: Entre le saint-simonisme et le libéralisme. Dans Y. Breton, & M. Lutfalla (Éds.), *L'Economie politique en France au XIXe siècle* (pp. 247-275). Paris: Economica.

———(1991b). Les économistes français et les questions de méthode. Dans Y. Breton, & M. Lutfalla (Éds.), *L'Economie politique en France au XIXe siècle* (pp. 389-419). Paris: Economica.

———(1991c). La monnaie, le crédit et la banque en France. Dans Y. Breton, & M. Lutfalla (Éds.), *L'Economie politique en France au XIXe siècle* (pp. 525-553).Paris: Economica.

Breton, Y., & Lutfalla, M. (Éds.). (1991). *L'Economie politique en France au XIXe siècle*. Paris: Economica.

Charbit, Y. (1991). La population, la dépopulation et la colonisation en France. Dans Y. Breton, & M. Lutfalla (Éds.), *L'Economie politique en France au XIXe siècle* (pp. 451-484). Paris: Economica.

Cherkaoui, M. (1998). *Naissance d'une science sociale: La sociologie selon Durkheim*. Genève: Librairie Droz.

De Neve, J.-E., Ward, G. W., De Keulenaer, F., Van Landeghem, B., Kavetsos, G., & Norton, M. I. (2015). The Asymmetric Experience of Positive and Negative Economic Growth: Global Evidence Using Subjective Well-Being Data. Available at SSRN: http://ssrn.com/abstract=2506600 or http://dx.doi.org/10.2139/ssrn.2506600

Durkheim, E. (1885a). Compte rendu de Albert Schaeffle, Bau und leben des sozialen körpers: Erster Band. Dans V. Karady (Éd.), *Textes* (Vol. 1, pp. 355-377). Paris: Editions de Minuit (1975). (小関藤一郎・山下雅之訳 (1993)『デュルケーム ドイツ論集』行路社所収).

———(1885b). Compte rendu de Ludwig Gumplowicz, Grundriss der Soziologie. Dans V. Karady (Éd.), *Textes* (Vol. 1, pp. 344-354). Paris: Editions de Minuit. (小関藤一郎・山下

雅之訳（1993）『デュルケーム ドイツ論集』行路社所収）.

—— (1887). La science positive de la morale en Allemagne. Dans V. Karady (Éd.), *Texte* (Vol. 1, pp. 267—343). Paris: Editions de Minuit.（小関藤一郎・山下雅之訳（1993）『デュルケーム ドイツ論集』行路社所収）.

—— (1888). Le programme économique de M. Schaeffle. Dans V. Karady (Éd.), *Textes* (Vol. 1, pp. 377-383). Paris: Editions de Minuit.（小関藤一郎・山下雅之訳（1993）『デュルケーム ドイツ論集』行路社所収）.

—— (1889). Compte rendu de Friedrich Tönnies, Gemeinschaft und Gesellschaft. Dans V. Karady (Éd.), *Textes* (Vol. 1, pp. 383-390). Paris: Editions de Minuit.（小関藤一郎・山下雅之訳（1993）『デュルケーム ドイツ論集』行路社所収）.

—— (1893). *De la division du travail*. Paris: Presses Universitaires de France（2004）（井伊玄太郎訳（1989）『社会分業論上・下』講談社学術文庫（2000），田原音和訳（1971）『社会分業論』青木書店（2005））.

—— (1895). *Les règles de la méthode sociologique* (éd. 12e). Paris: Presses Universitaires de France（2004）（佐々木交賢訳（1979）『社会学的方法の規準』学分社（1995））.

—— (1896). Lettre à Célestin Bouglé, mardi 16 mai. Dans V. Karady (Éd.), *Textes* (Vol. II, pp. 392-393). Paris: Editions de Minuit (1975).

—— (1897). *Le suicide: Etude de sociologie*. Paris: Presses Universitaires de France (2002)（宮島喬訳（1985）『自殺論』中央公論新社）.

—— (1902). Compre rendu de Georg Simmel, Philosophie des geldes. Dans V. Karady (Éd.), *Textes* (Vol. 1, pp. 178-182). Paris: Editions de Minuit（小関藤一郎・山下雅之訳（1993）『デュルケーム ドイツ論集』行路社所収）.

—— (1928). *Le socialisme*. Paris: Presses Universitaires de France (1992)（森博訳（1977）『社会主義およびサン＝シモン』恒星社厚生閣）.

—— (1970). *La science sociale et l'action*. Paris: Presses Universitaires de France（佐々木交賢・中嶋明勲訳（1988）『エミール・デュルケーム 社会科学と行動』）.

—— (1975). *Emile Durkheim: Texstes, 3 vols.* (V. Karady, Éd.) Paris: Editions de Minuit.

Emirbayer, M. (1996). Useful Durkheim. *Sciological Theory, 14* (2), 109-130.

Fajnzylber, P., Lederman, D., & Loayza, N. (2002). What causes violent crime? *European Economic Review*, 46, 1323-1357.

Filloux, J.-C. (1977). *Durkheim et le socialisme*. Genève: Librairie Droz.

Gane, M. (2002). General sociology. In W. S. Pickering (Ed.), *Durkheim today* (1st ed., pp. 17-28). New York and Oxford: Berghahn Books.

Gélédan, A. (1991). Paul Cauwès: Un nationaliste pour l'Etat régulateur. Dans Y. Breton, & M. Lutfalla (Éds.), *L'Economie politique en France au XIXe siècle* (pp. 335-351). Paris:

Economica.

Gibbs, J. P. (2003). A Formal restatement of Durkheim's "Division of Labor" theory. *Sociological Theory*, 21 (2), 103-127.

Giddens, A. (1971), The 'Individual' in the Writings of Emile Durkheim. *European Journal of Sociology*, 12 (2), 210-228.

⸺ (1972). Introduction. In A. Giddens (Ed.), *Emile Durkehim: Selected writings* (pp. 1-50). Cambridge: Cambridge University Press (1998).

⸺ (1978). *Durkheim*. London: Fontana Press (1986).

Gilman, M.-H. (1991). Clément Juglar: Analyste des crises. Dans Y. Breton, & M. Lutfalla (Éds.), *L'Economie politique en France au XIXe siècle* (pp. 277-302). Paris: Economica.

Halbwachs, M. (1905). Les besoin et les tendances dans l'économie social. *Revue Philosophique*, 59, 180-189.

⸺ (1929). La psychologie collective d'après Charles Blondel. *Revue Critique*, 107, 444-456.

⸺ (1937). Le point de vue sociologique. *X-Crise Bulletin*, 34, 23-30.

Hawkins, M. (1996). Durkheim, The Division of Labour, and social Darwinism. *History of European Ideas, 22* (1), 19-31.

Heilbron, J. (1993). Ce que Durkheim doit à Comte. Dans P. Besnard, M. Borlandi, & W. P. Vogt (Éds.), *Division du travail et lien social: La thèse de Durkheim un siècle après* (pp. 59-66). Paris: Presses Universitaires de France.

Isambert, F. -A. (1993). La naissance de l'individu. Dans P. Besnard, M. Borlandi, & W. P. Vogt (Éds.), *Division du travail et lien social: La thèse de Drukheim un siècle après* (éd. 1re, pp. 113-133). Paris: Presses Universitaires de France.

Jones, R. A. (1986). *Emile Durkheim: An introduction to four major works*. Beverly Hills: Sage Publications.

⸺ (1993). La science positive de la morale en France: les sources allemandes de la Division du travail social. Dans P. Besnard, M. Borlandi, & W. P. Vogt (Éds.), *Division du travail et lien social: La thèse de Durkheim un siècle après* (éd. 1re, pp. 11-41). Paris: Presses Universitaires de France.

⸺ (1994). The positive science of ethics in France: German influences on "De la division du travail social". *Sociological Forum*, 9 (1), 37-57.

Jones, S. S. (2002). Reflections on the interpretation of Durkheim in the sociological tradition. In W. S. Pickering (Ed.), *Durkheim today* (1st ed., pp. 117-141). New York and Oxford: Berghahn Books.

Le Van-Lemesle, L. (1991). L'Institutionnalisation de l'économie politique en France. Dans Y.

Breton, & M. Lutfalla (Éds.), *L'Economie politique en France au XIXe siècle* (pp. 355-388). Paris: Economica.

Lenoir, R. (1993). Le droit et ses usages. Dans P. Besnard, M. Borlandi, & W. P. Vogt (Éds.), *Division du travail et lien social: La thèse de Drukheim un siècle après* (éd. 1re, pp. 165-183). Paris: Presses Universitaires de France.

Llobera, J. R. (2002). Political sociology. In W. S. Pickering (Ed.), *Durkheim today* (1st ed., pp. 69-79). New York and Oxford: Berghahn Books.

Logue, W. (1993). Durkheim et les économistes français. Dans P. Besnard, M. Borlandi, & W. P. Vogt (Éds.), *Division du travail et lien social: La thèse de Drukheim un siècle après* (éd. 1re, pp. 43-58). Paris: Presses Universitaires de France.

Luciani, J. (1991). La question sociale en France. Dans Y. Breton, & M. Lutfalla (Éds.), *L'Economie politique en France au XIXe siècle* (pp. 555-587). Paris: Economica.

Lukes, S. (1973). *Emile Durkheim: His life and works. A historical and critical study*. London: Penguin Press (1985, Stanford: Stanford University Press).

Lutfalla, M. (1991a). Jean-Baptiste Say: Le fondateur. Dans Y. Breton, & M. Lutfalla (Éds.), *L'Economie politique en France au XIXe siècle* (pp. 13-31). Paris: Econimica.

─── (1991b). Louis Wolowski ou le libéralisme positif. Dans Y. Breton, & M. Lutfalla (Éds.), *L'Economie politique en France au XIXe siècle* (pp. 185-201). Paris: Economica.

Lutfalla, M., & Breton, Y. (1991a). Introduction. Dans Y. Breton, & M. Lutfalla (Éds.), *L'Economie politique en France au XIXe siècle* (pp. 1-9). Paris: Economica.

─── (1991b). Conclusion générale. Dans Y. Breton, & M. Lutfalla (Éds.), *L'Economie politique en France au XIXe siècle* (pp. 589-603). Paris: Economica.

Marco, L. (1991a). Jean-Gustave Courcelle-Seneuil: L'Orthodoxe intransigeant. Dans Y. Breton, & M. Lutfalla (Éds.), *L'Economie politique en France au XIXe siècle* (pp. 141-161). Paris: Economica.

─── (1991b). Les agents dans la pensée économique française. Dans Y. Breton, & M. Lutfalla (Éds.), L'Economie politique en France au XIXe siècle (pp. 421-450). Paris: Economica.

Merton, R. K. (1934a). Recent French Sociology. *Social Forces, 12* (4), 537-545.

─── (1934b). Durkheim's Division of labor in society. *American Journal of Sociology*, 40 (3), 319-328.

Miller, W. W. (1993). Les deux préfaces: science morale et réforme morale. Dans P. Besnard, M. Borlandi, & W. P. Vogt (Éds.), *Division du travail et lien social: La thèse de Drukheim un siècle après* (éd. 1re, pp. 147-164). Paris: Presses Universitaires de France.

─── (2002). Morality and ethics. In W. S. Pickering (Ed.), *Durkheim today* (1st ed., pp.

55-68). New York and Oxford: Berghahn Books.

Mirowski, P. (1987). The philosophical bases of institutionalist economics. *Journal of Economic Issues*, 21 (3), 1001-1038.

Muller, H.-P. (1994). Social Differenciation and organic solidarity: The Division of labor revisited. *Sociological Forum*, 9 (1), 73-86.

Nau, H. H., & Steiner, P. (2002). Schmoller, Durkheim, and olid european institutionalist economics. *Journal of Economic Issues,* 36 (4), 1005-1024.

Orléan, A. (2011). *L'Empire de la valeur*. Paris: Edition du Seuil (坂口明義訳 (2013)『価値の帝国——経済学を再生する』藤原書店).

Parsons, T. (1937). *The structure of social action: A study in social theory with special reference to a group of recent european writers*. New York: McGraw-Hill Book Company (1949, Illinois: Free Press) : ch. VIII-XII. (稲上毅・厚東洋輔訳 (1992)『社会的行為の構造／デュルケーム論 (第3分冊)』木鐸社).

Parsons, T., & Smelser, N. J. (1956). *Economy and society: A study in the integration of economic and social theory*. New York: Free Press (富永健一訳 (1959)『経済と社会：経済学理論と社会学理論の統合についての研究1・2』岩波書店).

Pénin, M. (1991a). Charles Dunoyer: L'Echec d'un libéralisme. Dans Y. Breton, & M. Lutfalla (Éds.), *L'Economie politique en France au XIXe siècle* (pp. 33-81). Paris: Economica.

――― (1991b). Charles Gide: L'Hétérodoxe bien tempérée. Dans Y. Breton, & M. Lutfalla (Éds.), *L'Economie politique en France au XIXe siècle* (pp. 303-334). Paris: Economica.

Pickering, W. S. (1984). *Durkheim's sociology of religion: Themes and theories*. London and Boston: Routledge & Kegan Paul (2009, Cambridge: James Clarke & Co.).

――― (1993). L'évolution de la religion. Dans P. Besnard, M. Borlandi, & W. P. Vogt (Éds.), *Division du travail et lien social: La thèse de Durkheim un siècle après* (éd. 1re, pp. 185-196). Paris: Presses Universitaires de France.

――― (2002a). Durkheim: the man himself and his heritage. In W. S. Pickering (Ed.), *Durkheim today* (1st ed., pp. 9-16). New York and Oxford: Berghahn Books.

――― (2002b). Religion. In W. S. Pickering (Ed.), *Durkheim today* (1st ed., pp. 29-38). New York and Oxford: Berghahn Books.

Pickering, W. S. (Ed.) (2002). *Durkheim today* (1st ed.). New York and Oxford: Berghahn Books.

Pope, W. (1973). Classic on classic: Parsons' interpretation of Durkheim. *American Sociological Review*, 38 (2), 399-415.

Pope, W., Cohen, J., & Hazelrigg, L. E. (1975). On the divergence of Weber and Durkheim: A critique of Parsons' convergence thesis. *American Sociological Review*, 40 (4), 417-427.

Rajkumar, A. P., Senthlkumar, P., Gayathri, K., Shyamsundar, G., & Jacob, K. S. (2015). Associations Between the Macroeconomic Indicators and Suicide Rates in India: Two Ecological Studies. *Indian Journal of Psychological Medicine, 37* (3), 277-281.

Ravix, J. (1991). Le libre-échange et le protectionnisme en France. Dans Y. Breton, & M. Lutfalla (Éds.), *L'Economie politique en France au XIXe siècle* (pp. 485-523). Paris: Economica.

Reynaud, J.-D. (1993). La formation des règles sociales. *Dans Division du travail et lien social: La thèse de Durkheim un siècle après* (P. Besnard, M. Borlandi, & W. P. Vogt, Trads., éd. 1re, pp. 295-322). Paris: Presses Universitaires de France.

Sadri, M., & Stinchcombe, A. (1993). La modulation de l'assigné et de l'acquis dans les sociétés modernes. Dans P. Besnard, M. Borlandi, & W. P. Vogt (Éds.), *Division du travail et lien social: La thèse de Durkheim un sciècle après* (éd. 1re, pp. 279-294). Paris: Presses Universitaires de France.

Sampson, R. J. (2000). Whither the Sociological Study of Crime? *Annual Review of Sociology, 26*, 711-714.

Schmaus, W. (2002). Epistemology and philosophy of science. In W. S. Pickering (Ed.), *Durkheim today* (1st ed., pp. 39-54). New York and Oxford: Berghahn Books.

Schmid, M. (1993). La réception dans la sociologie allemande. Dans P. Besnard, M. Borlandi, & W. P. Vogt (Éds.), *Division du travail et lien social: La thèse de Durkheim un siècle après* (éd. 1re, pp. 231-250). Paris: Presses Universitaires de France.

Shumpeter, J. A. (1954). *History of Economic Analysis*. New York: Oxford University Press (1986).

Smelser, N. J. (1993). Le lien problématique entre différenciation et intégration. Dans P. Besnard, M. Borlandi, & W. P. Vogt (Éds.), *Division du travail et lien social: La thèse de Durkheim un siècle après* (éd. 1re, pp. 259-278). Paris: Presses Universitaires de France.

Sombart, W. (1934). *Deutschen socialismus*. Berlin-Charlottenburg: Bunchholz & Weisswange.

Steiner, P. (1994a). Durkheim, les économistes et la critique de l'économie politique. *Economies et Sociétés, 28* (4), 135-159.

—— (1994b). *La sociologie de Durkheim*. Paris: La Découverte (2005).

—— (1999). *La sociologie économique*. Paris: La Découverte (2011).

—— (2002). Division of labour and economics. In W. S. Pickering (Ed.), *Durkheim today* (1st ed., pp. 87-103). New York and Oxford: Berghahn Books.

—— (2003). Durkheim's sociology, Simiand's positive political economy and the German historical school. *European Journal of the History of Economic Thought, 10* (2), 249-278.

—— (2005). *L'Ecole durkheimienne et l'économie: Sociologie, religion et connaissance.*

Genève: Librairie Droz.
Swedeberg, R. (1987). The launching of economic sociology 1890-1920. *Current Sociology, 35* (1), 25-41, 135-144.
Thompson, K. (2002). Introduction. In W. S. Pickering (Ed.), *Durkehim today* (1st ed., pp. 1-8). New York and Oxford: Berghahn Books.
Tilman, R. (2002). Durkheim and Vebren on the social nature of individualism. *Journal of Economic Issues, 36* (4), 1104-1110.
Turner, J. H. (1990). Emile Durkheim's theory of social organization. *Social Forces, 68* (4), 1089-1103.
Valentinov, V. (2008). On the origine of rules: Between exchange and self-sufficiency. *The Social Science Journal, 45* (2), 345-351.
Vogt, W. P. (1993). L'influence de la Division du travail social sur la sociologie américaine. Dans *Division du travail et lien social: La thèse de Durkheim un siècle après* (éd. 1re, pp. 215-230). Paris: Presses Universitaires de France.
Walford, G. (2002). Education. In W. S. Pickering (Ed.), *Durkheim today* (1st ed., pp. 105-115). New York and Oxford: Berghahn Books.
Young, F. W. (1994). Durkheim and development theory. *Sociological Theory, 12* (1), 73-82.
Zafirovski, M. (1998). Socio-economics and rational choice theory: Specification of thier relations. *Journal of Socio-Economics, 27* (2), 165-205.
―――― (1999). A socio-economic approach to market transactions. *Journal of Socio-Economics, 28* (3), 309-334.
Zafirovski, M. (2002). Reconsidering equilibrium: A socio-economic perspective. *Journal of Socio-Economics, 31* (5), 559-579.

(日本語文献)
有江大介(1990)『労働と正義 ―― その経済学史的検討 ――』(新装版)創風社(1994)。
有安宗治(1985)「産業社会と社会学 ―― エミール・デュルケーム『社会分業論』の主題と構想に関する一考察――」『アカデミア 経済・経営学編』86, 209-238。
海野和之(1990)「分業と経済体制――E・デュルケーム『社会分業論』の経済社会学的検討――」『社会学年報誌』31, 33-45。
梅澤精(1994)「デュルケームにおける2つの社会変動――形態学的社会進化論と沸騰的社会変動論――」『社会学評論』45(1), 31-46。
重田園江(2010)『連帯の哲学Ⅰ フランス社会連帯主義』勁草書房。
北川忠明(1996)「デュルケームとロマン主義的近代批判」著:佐々木交賢『デュルケーム再考』(第1版, 169-188), 恒星社厚生閣。

ギデンズ，A.（1986）『社会理論の現代像——デュルケム，ウェーバー，解釈学，エスノメソドロジー』（第4版），（宮島喬・江原由美子・森反章夫・儘田徹・本間直子・田中秀隆・百々雅子 訳）みすず書房（2001）。
栗田啓子（1992）『エンジニア・エコノミスト——フランス公共経済学の成立——』東京大学出版会。
経済学史学会（2000）『経済思想史辞典』丸善。
小関藤一郎（1991）「デュルケーム研究の回顧と現状」，『関西学院大学社会学部紀要』63，1-23。
――――（1996）「分業論刊行100年を記念する最近のデュルケーム研究」『関西学院大学社会学部紀要』75，13-23。
佐藤滋正（2006）「デュルケムの社会分業論」，『オイコノミカ』42（3，4），79-103。
島津俊之（1995）「デュルケムの社会空間論——その意義と限界——」『経済地理学年報』41（1）20-36。
清水幾太郎（1978）『オーギュスト・コント——社会学とは何か——』丸善。
白鳥義彦（2003）「経済と社会学——デュルケーム社会学の一源泉——」『社会学雑誌』20，80-94。
杉谷武信（2006）「デュルケムの社会的連帯概念の諸要素について——人間の「喜び」としての社会的連帯——」『社会学論叢』156，21-37。
杉山由紀男（1988）「デュルケームの契約理論」『ソシオロジカ』13（1）73-97。
須藤悦安（2007）「イギリスにおける不当条項規制改革案について——ヨーロッパ契約法統合への対応の一側面」『創価法学』37（1）71-97。
高橋泰蔵・増田四郎（共同編集）（1984）『体系 経済学辞典 第6版』東洋経済（1996）。
田原音和（1971）「解説」著：デュルケーム，E.,『社会分業論』(435-466) 青木書店（2005）。
中島道男（1984）「デュルケームにおける経済・社会・道徳——〈制度〉の理論」『ソシオロジ』29（1）1-20。
――――（1996）「デュルケームの〈制度〉理論の意義——2つの制度観との関連で——」著：佐々木交賢『デュルケーム再考』（第1版，189-211）恒星社厚生閣。
バティフリエ，P.（編）（2006）『コンヴァンシオン理論の射程 政治経済学の復権』（第1版）（海老塚明・須田文明・片岡浩二・立見淳哉 訳）昭和堂。
濱口晴彦（1996）「デュルケームの幸福論——日常性のテキストとして『社会分業論』を読む——」著：佐々木交賢『デュルケーム再考』（第1版，83-101）恒星社厚生閣。
松井彰彦（2002）『慣習と規範の経済学 ゲーム理論からのメッセージ』（第5版）東洋経済新報社（2005）。
三隅一人 編（2004）『社会学の古典理論 数理でよみがえる巨匠たち』（第1版）勁草書房。
宮島喬（1978）「デュルケームにおける社会的なものと経済的なもの」『社会学評論』29

（2）57-67。

─── （1986）「社会学的思考の成立と展開」宮島喬 編『社会学の歴史的展開』（第1版，1-52）サイエンス社（1990）。

─── （1987）『デュルケーム理論と現代』（第1版）東京大学出版会。

吉筋知之（1982）「デュルケームの有機的連帯をめぐって」『神戸学院経済学論集』14（2）65-101。

索　引

（人名索引）

ア行

アシュレー（Ashley, William James）　14
有江大介　59
アリストテレス（Aristotle）　61
アルヴァックス（Halbwachs, Maurice）　12, 14, 96
アルパート（Alpert, Harry）　65, 76
アンファンタン（Enfantin, Barthélemy Prosper）　140
ヴァーグナー（Wagener, Adolph Heinrich Gotthilf）　13, 82-84, 89
ヴィルヌヴ＝バルジュモン（Villeneuve-Bargemon, Alban de）　139
ヴィレルメ（Villermé, Louis-René）　138
ウェーバー（Weber, Ernst）　44
ヴォロヴスキ（Wolowski, Louis）　137-139, 148, 150, 152-153, 155
海野和之　12
エマール（Aimard, Guy）　66
重田園江　12
オルレアン（Orléan, André）　14

カ行

ガリアーニ（Galiani, Ferdinando）　13
ガルニエ（Garnier, Joseph）　134, 136-137, 141, 153
カント（Kant, Immanuel）　87-88
ギデンズ（Anthony Giddens）　12, 21, 35, 61, 65, 76
ギュイオ（Guyot, Yves）　135, 141
クールノ（Cournot, Antoine Augustin）　138
グラスラン（Graslin, Jean-Joseph-Louis）　13
栗田啓子　133
クルセル＝スヌイユ（Courcelle-Seneuil, Jean-Gustave）　134, 136, 152
ケアリー（Carey, Henry Charles）　14
ゲイン（Gane, Mike）　11
コヴェス（Cauwès, Paul）　139, 141-143, 145, 152, 154, 156
コスト（Coste, Adolf）　68-70
小関藤一郎　11, 12
ゴナール（Gonnard, René）　135
コンディヤック（Condillac, Etienne Bonnot de）　134
コント（Comte, Auguste）　21, 28

サ行

佐々木交賢　12
佐藤滋正　12, 31
サン＝シモン（Saint-Simon, Claude Henri de Rouveroy）　14, 74
ジェヴォンズ（Jevons, William Stanley）　141
シェフレ（Schäffle, Albert Eberhard Friedrich）　13, 71, 135
シスモンディ（Sismondi, Jean-Charles-

Leonard Simonde de） 13, 14, 137
ジッド（Gide, Charles） 13, 135, 139, 141-144, 145, 154, 155, 156
シミアン（Simiand, François Joseph Charles） 12, 14, 66, 96
シュヴァリエ（Chevalier, Michel） 139- 141, 148, 153, 155
ジュグラー（Juglar, Clément） 139-141, 149, 151-153
シュタイナー（Steiner, Philippe） 12-14, 66, 96, 122, 130, 154
シュモラー（Schmoller, Gustav von） 12, 13, 66, 82-84, 89, 150
シュンペーター（Schumpeter, Joseph Alois） 133
ジョーンズ（Jones, Robert Alun） 12, 28, 33-34
白鳥義彦 12, 66
スペンサー（Spencer, Herbert） 21, 31, 38-42, 44, 73, 76, 86, 112-113, 119
スミス（Smith, Adam） 13, 14, 21, 94, 134
セイ（Say, Jean-Baptiste） 11, 13, 23, 94, 133-134, 140, 143-144, 145, 149, 152, 156
セン（Sen, Amartya） 122
ゾンバルト（Sombart, Werner） 65

タ行

デュノワイエ（Dunoyer, Charles） 134-135, 137, 147-148, 150, 151
デュピュイ（Dupuit, Arsène Jules Etienne Juvénal） 138
デュルケーム（Durkheim, Emile） 随所
テンニース（Tönnies, Ferdinand） 21, 32-34, 71, 73-74, 101, 103-105
トクヴィル（Tocqueville, Alexis de） 24
トラシー（Tracy, Antoine-Louis-Claude Destutt de） 134

ナ行

ナウ（Nau, Heino Heinrich） 64
中久郎 12
中島道男 25, 66
ネケール（Necker, Jacque） 13

ハ行

パーソンズ（Parsons, Talcott） 21, 76, 96, 102-103, 113, 119
バスティア（Bastiat, Frédéric） 11, 71, 134-137, 147-148
パッシー（Passy, Frédéric） 135
バティフリエ（Batifoulier, Philippe） 130, 179
ピカリング（Pickering, William S. F.） 12
ビュッヒャー（Bücher, Karl） 13
フィユー（Filloux, Jean-Claude） 93
ブーグレ（Bouglé, Célestin） 13
フーリエ（Fourier, François Marie Charles） 74, 137
フェヒナー（Fechner, Gustav Theodor） 44
プラトン（Plato） 43, 92
ブランキ（Blanqui, Adolphe-Jérome） 137-139, 151-152
プルードン（Proudhon, Pierre Joseph） 74, 137
ブレンターノ（Brentano, Lujo） 82
ブロック（Bloch, Maurice） 13

ベルヌーイ（Bernoulli, Daniel）　44
ベンサム（Bentham, Jeremy）　73, 134

マ行

松井彰彦　13
マルクス（Marx, Karl）　13, 74, 93
マルサス（Malthus, Thomas Robert）　151
宮島喬　12, 66, 104
ミル（Mill, John Stuart）　13, 14, 51, 78, 144, 156
メンガー（Menger, Carl）　82, 150
モース（Mauss, Marcel）　12, 14
モリナリ（Molinari, Gustave de）　13, 135, 141

ラ行

ラプラス（Laplace, Pierre Simon）　45
ラマルク（Lamarck, Jean-Baptiste）　134
リカードウ（David Ricardo）　13, 59, 121, 144, 151, 156
リシャール（Richard, Gaston）　93
ル・プレイ（Le Play, Pierre Guillaume Frédéric）　138
ルヴァッスール（Levasseur, Pierre Emile）　13
ルークス（Lukes, Steven）　11, 12, 16, 21, 28, 32, 34, 76, 101
ルソー（Rousseau, Jean Jacques）　74, 83, 87
ルモンティ（Lemontey, Pierre-Edouard）　24
ルロワ＝ボーリュ（Leroy-Beaulieu, Paul）　137-139, 150, 153

レヴィ＝ストロース（Lévi-Strauss, Claude）　11
レドレル（Roederer, Pierre Louis）　134
ロック（Locke, John）　134
ロッシャー（Roscher, Wilhelm Georg Friedrich）　150

ワ行

ワルラス（Walras, Marie Esprit Léon）　138, 141, 144, 156

（事項索引）

A-Z

EU　120

ア行

愛　26, 85, 100, 128
愛情　63, 125, 151
愛着　99
アジア社会　33
アメリカ　12, 66, 130
アルカイックな社会　15, 17-18, 28-29, 32-33, 44, 47, 59, 64, 72, 74, 105, 107, 109, 130, 145, 163, 168-169, 177-179, 181, 182, 184-185
安定　37, 40-42, 52, 113, 116, 118-120, 123, 148, 154
イギリス　68, 83, 120, 137
　学派　82
　古典派　15, 83, 183
　法　120-121

異常形態　21, 53, 55, 58
一般（的）
　　観念　88
　　社会学　77, 81
　　利益　73, 140
遺伝　51-52, 55, 122, 123, 124
インド　26
ウルトラ・リベラリスト／ウルトラ・リベラリズム　134-135, 137-141, 143-144, 145, 147, 151, 153, 156
演繹　75, 81, 87, 112, 123, 144, 151, 156
演繹法／演繹的方法　82, 88-89, 96, 141, 143, 144, 148, 153, 155
エンジニア・エコノミスト　133
穏健な自由主義（者）　134-135, 137, 139-141, 143-144, 145, 148, 151-152, 154, 156
音楽的感情　123

カ行

快　44, 146-147
階級　52, 55-56, 116, 122, 166
階級社会　52, 170
外在　65
外的
　　事実　102
　　条件　30, 44-45, 56-59, 63, 121, 123-125, 147
　　相異　44
　　特徴　52
　　不平等　58-59, 63, 123, 126-127, 147
　　諸力　58
科学（的）　25, 54, 69-70, 75, 77-81, 82, 88-89, 92-93, 95, 96, 102, 140, 142, 143, 149-150, 151, 153
　　経済学　133
　　機能　22, 106, 127
　　真理　25
格差問題　26
確定的　23, 28, 32-33, 48, 50, 55, 61, 102-103, 105, 108, 146, 162, 167-168, 171, 175, 184
確定度　106, 167-168
過剰生産　137
カスト　51, 55-56, 116, 166
下層階級　114
家族（的）　30, 31, 36, 41, 49, 80, 104, 108, 152, 168
　　環境　50, 51
　　組織　37, 38, 41, 166
　　分業　30, 108
家族法　108, 109
価値　23, 57, 59, 68, 79-80, 83, 89, 93, 99, 104, 116, 120-121, 125, 126, 128, 134, 149
家内制手工業　54
貨幣　79, 152
　　供給　138
　　制度　78, 150
神　106
環境　36-37, 49, 52-53, 88, 113, 118, 122, 127, 166
慣行　24, 49-52, 56, 64, 77, 128, 129, 131, 179
観察　59, 65, 70, 72, 74, 78-80, 85-90, 93, 96, 102, 108, 120, 138, 140-141, 143, 148-150, 151-153, 155, 161, 168
観察科学　144
慣習　40, 49, 68, 80, 130, 152, 164, 167,

168
感情　28, 32, 34, 67, 72, 84, 86, 99, 102, 103, 126, 161, 168
環節　36, 38, 41-42, 45, 48-50, 164-165, 167, 169-174, 175
　　器官　111
　　　（的）構造　45, 48, 50, 165, 166, 174
　　　（的）社会　36, 38, 42, 44, 47, 63, 164, 169, 175, 184
　　　（的）組織　37, 41, 166-167
　　　（的）類型　48, 50, 61, 63
観念　24, 65, 69-70, 76, 78, 79-80, 88, 89, 93, 102-103, 118, 121, 149-150, 161
観念論　69, 78-79
慣例　72
ギオマン出版社　142
機会の均等　30
機会の平等　30
機械的　32, 34, 65, 72, 73, 74, 99, 101, 103-105, 130, 162, 163
　　社会　32, 34
　　連帯　14-15, 17-18, 32-37, 39, 42-43, 46-47, 50, 54, 56-57, 59-60, 63, 64, 71-72, 95, 101-102, 104-107, 109- 110, 112-113, 121-123, 126, 128, 129-130, 145, 161,164-174, 175, 177, 179-180, 182, 184-186
　　器官　23, 33-34, 36-38, 41-42, 44, 52, 45-55, 61, 63, 104, 109, 114-116, 127, 148, 165-167, 168, 169-174, 175
危機　63
企業　38, 90, 92-93, 133, 136, 137, 138
技術　69, 77, 78, 140, 149, 150
規制　25, 40-42, 48, 50, 55, 58, 60, 62, 67-68, 85, 102, 112, 115-117, 123, 138,

142, 148, 154, 171
　的介入　139
　的活動　41, 58
　的器官　58
　的機能　42, 75
規制緩和　139, 143, 148
帰納（的）　89, 144, 151-152, 155, 156
帰納法/帰納方法　82, 88, 90, 153
機能　21, 22, 23-27, 29, 30, 31-37, 38, 41-43, 44, 46-47, 51-52, 56, 53-60, 62-63, 70, 74-75, 77, 84-85, 87, 89, 91, 94, 98, 104, 108-114, 116, 117, 119-127, 128, 129, 142, 146-147, 151, 162, 164-167, 170-173, 175
希薄（化）　48, 52, 102, 107, 113, 128, 161-162, 168, 172, 175, 178, 180
規範的　151, 178
義務（的）　23, 25, 30-31, 41, 57, 59, 61, 62, 69, 84, 108, 115, 118-120, 123-124, 128, 168
客観的　24, 70, 78, 79, 121, 149
　価値　88
　観察　79, 149
　事実　102, 149
　法則　69-70
教育　135, 138-140, 143, 148
教育論　184
供給　58
恐慌　53
共産主義　43, 71-72, 73, 91-93
凝集力　34, 103, 105, 118, 162, 167-168, 170-172
強制（的）　25, 34, 40, 41-42, 51, 68, 76, 115-116, 129, 142, 163
強制力/強制的力　25, 70, 148

行政　42
　　的規制　42
　　的機能　21, 37, 99, 114, 119
行政法　28, 30, 42, 101, 108, 164
競争（的）　46, 63, 93, 111-112, 116, 125, 138
共通意識　31, 102, 105, 110, 113, 161- 162, 167, 168, 169
共通道徳　42
協同（的）　29, 31, 42, 46-47, 54-55, 57, 59, 62, 108, 112, 114-115, 146, 162
　　関係　29, 42, 46
　　形態　31, 108
　　社会　43
　　法律　31, 34, 106, 108
協同組合主義　133-134
協同組合制度　78
共同体（的）　51, 71-72, 104-106, 164
協力　31, 60, 62-63, 125, 126, 177-179, 180-181
協力関係　34, 118-119, 169, 178
キリスト教政治経済学　139
規律　39
均衡　27, 40, 42, 49, 52, 57, 60, 71, 99, 107, 113, 116, 121, 146, 171, 177
近代社会　12-13, 15, 17-18, 21-22, 26, 27, 29, 32, 34-35, 38, 40, 42-43, 44, 47-53, 55-56, 58-61, 63, 64, 71, 72, 74, 99- 102, 104-105, 108-110, 114, 116-117, 119, 122, 124-127, 129-130, 145-148, 151, 154- 155, 156, 161, 163, 169, 172, 177-179, 181- 182, 183-186
苦痛　59, 92, 163
組合　142, 155
軍事（的）　39, 136

社会　39
　　諸機能　100, 114
　　類型　42
景気　140, 152
経験（的）　28, 41, 142
　　科学　151
　　論（者）　69, 82
経済（的）　11-13, 15, 17-18, 22, 24, 25, 26, 27, 37, 43, 51, 52, 55, 58, 62, 64, 65-67, 68, 69-70, 73, 75, 78, 80-82, 83, 84-85, 89-90. 92-95, 96-98, 99, 101, 104, 110, 113, 114, 116, 118, 119, 122, 131, 133, 137-138, 140, 141, 142, 144, 145- 150, 152-156, 171, 182, 183, 185-186
　　活動　25-26, 41-42, 43, 44, 70-71, 73, 84-85, 88, 91-92, 94, 97, 113-114, 119, 127, 131, 140, 156
　　関係　30, 40, 80, 83, 85, 116, 141
　　機能　13, 26-27, 37, 43, 72, 74, 75, 78, 81, 90-91, 100, 106, 113-114, 117, 119, 127, 129
　　効用　147, 174
　　効率性　26, 44, 136
　　事実　66, 69-70, 74-75, 86, 89-90, 140, 149, 152
　　社会　12-13, 21, 32, 38, 44, 64, 99-101, 110, 114, 145-148, 150, 153, 155, 183, 185
　　自由主義　145, 150
　　生活　84, 87, 90-91, 99
　　制度　43, 54, 76-77, 142
　　組織　43, 76, 80, 92-93, 152
　　秩序　92
ナショナリズム　133-134
人間　12, 21

索　引　**203**

　　不平等　91
　　　問題　15, 18, 65, 71, 90, 137
　　　欲求　99
　　　利益　94
経済科学　14
経済学（的／者／派）　11-18, 21-22, 24, 26, 30-31, 32, 44, 46, 47, 51, 56, 57-58, 62, 64, 65-71, 74-90, 93, 95, 96-98, 100-101, 111, 121-123, 127, 129, 130, 133-134, 138, 140-144, 145, 147, 149-156, 171, 173, 177, 182, 183-186
経済学会　69
経済学協会（Société d'économie politique）　134, 142
経済危機　136, 140
経済教育　138, 140
経済思想　17, 83, 133, 141, 153
経済社会学　16, 17, 77, 79, 81, 89-90, 96-97, 101, 152
経済主義　10, 93-95
経済政策　142
経済成長　26-27
経済法則　75, 83
経済理論（家）　65, 82, 96, 121, 131, 134, 142, 148, 153
芸術的機能　21
刑罰　28
　　的規則　28, 101
ケイパビリティ　122
刑法　27-28, 101, 163-164, 167
啓蒙第二世代　134
契約（者／的）　30-31, 40-42, 47, 54-55, 57, 73, 74, 108, 115-117, 118-122, 125, 137
　　関係　40, 47, 57, 113, 116, 118-119,

　　　120, 121
　　規則　57
　　生活　54
　　連帯　57
契約法　30, 37, 41-42, 57, 73, 108, 115-116, 120
ゲーム（理）論　14, 130, 175, 177, 182, 185-186
ゲゼルシャフト　34, 71, 73-74, 105
血縁関係　36-37
結果の平等　30
ゲマインシャフト　34, 71-73, 74, 103-105
権威　28, 36, 37, 39, 48-50, 116, 118, 164
限界効用逓減の法則　45
言語　77, 83
言語社会学　77
健康（的）　62, 117, 137
原始（的）　33, 105
　　（な）社会（型）　36, 47-48, 101, 165
　　単位　112
現代社会　18, 65, 67, 104
権力（者）　36, 39, 73, 165
合意　41, 116, 121
行為者　163
公益　140
交易　76
交換（者／物）　40, 42, 46, 57, 62, 77, 80, 89, 111, 118-121, 124, 171
　　価値　79, 152
　　関係　119
公共
　　サーヴィス／公的サーヴィス　136, 142
　　財　136
　　事業　136
　　支出　136, 139

利益　142
工業　54, 113, 133, 138
　　的機能　54, 91
工業化　137-138, 155
公共選択　135
工場　54, 89, 138
公正　57-59, 62-63, 120-121, 124-126, 150-151
公正価格　63, 125, 151
構造　15, 22, 37, 43, 50, 71, 77, 89, 165, 167, 172-173, 175, 178-179, 182
拘束（的）　33, 39, 49, 54, 56-57, 65, 67, 70, 77, 83, 84-85, 99-100, 102, 113, 123, 128-129
　　分業　55
講壇社会主義　13, 82, 96
公的
　　管理　139
　　機能　136
　　サーヴィス　136
行動経済学　14, 130, 182
幸福　26-27, 44, 117, 146-147
効用　45, 79, 80, 82, 89, 121, 122, 127-129, 130, 136, 149, 150, 173-174, 175, 177, 178, 180-181, 182, 185-186
　　価値論/価値説　121, 134
　　曲線　45
功利主義（者/的）　35, 47, 70, 84, 88, 112-113, 119
　　個人　97
　　個人主義　18, 73, 76, 87, 96, 122
　　人間像　88
　　利己主義　87
効率（性）　25-26, 44, 46, 56, 126, 136
効率化　44, 58

合理（的）　63, 80, 121, 142, 152, 178
　　主義者　69
　　主体　141
合理性　120
国民　139, 141-142
　　経済　82, 84, 150
　　社会　83-84
　　的感情　168
個人（的）
　　意識　53, 60-61, 72, 86, 102, 103, 105-106, 108-109, 124, 128, 133, 146, 162, 167
　　人格　23, 39, 43, 49-50, 51, 61-62, 102, 103, 107-108, 113, 117, 123-124, 126, 129, 145, 161-162, 167, 170
　　崇拝　63
　　要因　83
　　欲求　84, 88
　　利益/個人の利益/自己の利益　64, 73, 84-85, 117, 182, 184
　　類型　33, 105, 108, 166
個人主義（者/的）　35, 40, 64, 70-71, 73, 78, 86-88, 93, 107-108, 116, 136, 138, 140, 142-143, 147-148, 150, 151, 154, 156, 182
　　的道徳　70
国家
　　（の）介入　134, 139-140, 142-143
　　機能　42
　　政策　139
　　の監視　140
　　役割　42, 43, 137-139, 142-144, 145, 148, 154-155, 156
古典派（経済学（者））　13, 14, 16, 18, 21,

30, 32, 38, 40, 44, 53, 59, 63, 64, 67-70. 74-75, 79-81, 85-86, 88, 95, 96-97, 99, 101, 118-122, 124-126, 128, 129- 130, 144, 181, 182, 183, 185-186
子供　49, 137, 138
個別（的）意識　48
婚姻　41
コンヴァンシオン理論　15, 130, 131, 182, 184, 186
困窮　140, 143, 153

サ行

サーヴィス　30, 57, 120, 135
差異　13, 14, 21, 29, 38, 41, 52, 53, 62, 103, 120, 122, 127, 145, 155, 162, 164-165, 169-170, 173, 175, 180
差異化　37, 56, 64, 109, 123-124, 126, 128, 129, 163, 166, 173, 175, 177-178, 181, 182, 184-185
差異性　110
財産　45, 54, 80, 101, 152, 163
才能　122
搾取　136
産業（的）　26, 65, 78, 90, 137, 139, 150
　　関係　78
　　社会　40, 73, 137, 150
　　生活　78, 94
　　類型　42
産業化　21, 64, 133, 137-141, 143, 145, 147-148, 153-154, 184
産業主義（的）　94, 137
サン＝シモン主義　137, 140
自殺　26, 147
自殺率　26

市場　55, 59, 78, 136-137, 142, 154
市場主義的　136
自生的　46, 53, 55-58, 63, 76, 126, 136, 147
自然（的）　36, 52, 53, 57-58, 74-76, 86, 117, 123, 127, 166
　　状態　58, 60, 61
　　環境　45
　　生活　39
　　秩序　58, 123
　　不平等　56
　　（の）法則　19, 174
自然科学　81, 143
自然主義　136
自然法論者　76
氏族　35-36, 37, 164, 167, 169-171
自治体　155
失業　137, 140, 143, 154
実証（的）　150, 151
　　科学　95
　　主義（的）　143, 151
　　主義的方法　144, 152
私的　40
　　関係　49-50
　　経済　84
　　契約　40
　　サーヴィス　136
　　所有／個人的所有　36, 136, 138, 140
指導（者／的）　73, 83
指導権　28
自発性　29, 40, 43, 56, 87, 123
自発的　29, 77, 121
司法　42
　　的機能　22, 37
資本　22, 45, 54, 114, 136, 137

資本家　119, 136
資本主義（化）　65, 66, 82, 90, 143
　的企業　93
　（的）社会　73-74
市民　114, 168
社会（的）　11, 13-15, 16, 17-19, 22-25, 28-50, 52-54, 56-64, 65-68, 70-78, 80-81, 82-88, 90, 91, 92-98, 99-117, 118-130, 135, 136, 137, 139, 142-143, 144, 145-150, 154-155, 161-167, 168-174, 175, 177-182, 184-186
　意識　72, 83, 94
　価値　53, 57, 120, 121, 122, 124, 128, 147, 163, 184
　環境　47-48, 52, 61
　関係　30, 40, 46, 52, 57-58, 83, 113, 119
　監視　49
　環節　41, 45, 165
　危機　114
　規制　41, 154
　機能　51-52, 53, 55, 56, 62, 72, 78, 81, 85, 89, 91, 119, 122-123, 125-126, 171
　規範　67, 154
　凝集　59
　規律　70
　均衡　74, 96, 117
　（の）構造　35-38, 51, 58, 63, 87, 123-124, 166-167, 169-170, 173, 185
　拘束　68, 88, 93
　事実　15, 65, 67, 74, 75, 79, 81, 86-87, 90, 92-93, 95, 96, 97, 174
　信念　57, 128, 129
　生活　18, 33, 43, 52-53, 57, 65, 73, 76, 81, 95-96, 106, 119, 122-123, 171-172
　正義　66, 139, 184
　制度　22, 86
　存在　35, 84, 112, 125
　秩序　23, 27, 56, 82, 136, 143
　紐帯　56, 107, 167, 170
　不平等　56
　分業　22, 31, 51, 108
　（の）密度　45, 52, 53, 173-175
　用役　57, 122
　欲求　74, 84, 88, 121
　利益／社会の利益　61, 84, 94
　（諸）力　56, 58, 85, 123
　類型　15, 18, 35, 37, 62, 100-101, 103, 163
　類似　28, 33, 62, 102-103
　連帯　27-29, 59-61, 102, 105, 147, 161, 169
社会化　91, 109, 148
社会改革／社会改良　66, 92, 134, 138-139
社会科学　67, 75, 76, 81, 89, 93, 96, 143
　的方法　66
社会学（者）11-13, 14, 15-18, 25, 28, 64, 65-67, 74-77, 79-81, 87, 89, 90, 95-98, 99, 145, 156, 174, 179, 183, 184, 185-186
　的人間　13
　理論　96
社会経済学　11-18, 66, 81, 95, 96-98, 117, 129-131, 133, 139, 141, 142, 144, 145, 156, 157, 177, 183-186
社会経済問題　122
社会形態学　77
社会実在論者　76

社会進化　142
社会主義（化/学派/者/的）　13, 14, 65-66, 68, 71, 73, 74, 78, 82, 90-95, 96, 97, 135, 136, 137-138, 140-143, 145, 150, 153, 183
　　主義理論　90, 138
社会性　52
社会政策　82
　　学会　82, 83
社会生理学　77
社会体　22, 71, 83, 92, 165
社会の無規制化　85
社会法則　86
社会保障（法）　68
社会問題　133, 134, 135-136, 137, 138-143, 145, 147-148, 150, 152, 154-155
社会有機体　74
社会理論　161, 177
自由　30, 40, 48-50, 51, 52, 57-58, 60, 67-68, 77, 101, 109, 122-123, 136-137, 142, 150, 154, 163, 184
自由意志　61, 115
自由企業制度　138
自由競争　136-137, 142-143, 154
自由交換　40
自由主義（者/的）　11, 68, 92-93, 122, 133-144, 145-148, 150, 151-155, 156, 184
　　学派/経済学　21, 92, 94, 96, 97, 139, 142-143, 151, 154, 156
　　国家像　137
自由主義度　34, 108, 113, 144, 146, 156, 162, 166, 170, 175, 178
自由貿易　134, 135, 136
　　主義　83
　　政策　83
　　派　83
自由放任（レッセ＝フェール）　94, 137, 142, 147, 153-154, 184
　　主義政策　82
収穫逓増　135
習慣　55, 59, 72
宗教（的）　33, 74-75, 77, 87, 106, 164
　　意識　34
　　感情　168
　　機能　99, 106, 114
　　信念　76, 77
　　生活　43, 76,
　　制度　76
　　犯罪　34, 106
　　法律　164
宗教社会学　77, 183
宗教論　12, 184
集合（的）
　　意識　15, 28-29, 31, 33-36, 39, 46, 47-53, 54, 57, 59, 61, 63, 86, 102-103, 104, 105-108, 113, 128, 130, 146, 162, 164-165, 167-168, 170, 172-173, 175, 177-178, 179-181, 184
　　環境　48
　　慣行　129
　　慣習　84
　　規制　94
　　経済　84
　　感情　168
　　信念　129
　　生活　47, 49, 80, 90, 114, 117, 152
　　制度　87, 128
　　利益　84
　　秩序　47
　　類型　28, 32, 33, 39, 47, 59, 72, 103,

　　　　105, 109, 161
私有財産　91, 92
重商主義　134
習俗　68
集団生活　53, 166
重農主義　134
主観的　147
　　価値　70
商業　113, 135, 136
　　生活　78
　　組織　78
　　的関係　78, 150
　　的機能　91
消極的
　　自由主義　138
　　連帯　30, 60, 109
商工業的環境　114
小工場主　111
商法　28-29, 101, 108, 109, 163
職業　37, 43, 52, 58, 116, 119, 120-121, 127-128, 166, 168
　　集団　129, 155
　　生活　50, 51
　　精神　50
　　的環境　37, 50, 127, 166-167
　　的規制　50
　　（的）組織　37-38, 166, 167
　　団体　43
　　（的）道徳　38, 42-43, 50, 63, 114, 120, 148
植民地主義／反植民地主義　135, 139
女性　137, 164
所有（者／物）　73, 165
進化　22, 88, 164
人格（的）　23, 33, 34, 35, 39, 53, 57, 59, 61-62, 72, 108, 122, 146, 162, 164, 168, 184
　　の崇拝　60
　　の尊厳　107
　　の尊重　126
人口　45, 49, 110
　　問題　139
新古典派　97
新自由主義　155
身体的特徴　52
信念　32, 49, 51-52, 56, 72, 102, 103, 104, 128, 161
進歩　26, 39-40, 42, 48, 50-51, 56, 61-62, 89, 138, 146-147
人類　62, 127, 146
人類愛　62
数学（的）　121, 141, 143-144, 152
　　才能　141
　　精神　124
正義　30, 58, 63, 121, 124, 126-127, 150
制裁　27-28
生産（者／物）　44, 46, 47, 57, 59, 70, 77-78, 85, 89, 111, 120, 121, 135, 150, 170
生産効率　58
生産性　27, 136, 140, 146
生産組織　93
生産力　24-26,
政治
　　単位　36
　　秩序　143
　　的規制　42
　　的機能　22, 106, 127
　　的生活　76
　　的制度　76
　　的組織　80, 127, 152

政治‐家族的　36, 37
政治経済学　14
正常（的）　24, 29, 54, 55, 56, 57-59, 63, 68, 74-76, 91, 94, 101, 109, 114, 117, 123, 147, 163
精神　65, 70, 90
　　　的生活　52-53
精神化　52
生存競争　46, 111, 118, 136
制度（的）　17-18, 25, 38, 59, 64, 73, 77-78, 80, 98, 128-131, 142, 152, 161, 167, 173, 175, 177, 179, 182, 184-185
制度（学）派　12, 14, 66, 75, 97, 130-131, 182, 184, 186
政府
　　　の介入　75, 135, 136, 137, 153
　　　支出　136
　　　の役割　137
生理的分業　51
世界主義　94
世襲（的）　51, 123
世俗化　43, 106
世俗的生活　34
積極的
　　　介入　148, 155
　　　協力　29, 108
　　　連帯　30, 109
善　63, 69, 126
先天的能力　123, 124
専門化　22-23, 25, 27, 31, 33, 37, 38, 44, 46, 48, 52, 54, 56, 59-61, 64, 72, 108, 110-111, 113-114, 118, 122, 123-124, 147, 167, 178, 180, 185
専門的
　　　機能／専門の機能　31, 41-42, 108, 166

能力　52
部分　58
総合科学　77
相続　140
組織　36, 38, 39, 45, 55, 78, 91, 94, 105, 142, 147, 150
　　　的構造　45, 48, 174
　　　的社会　38, 42, 44, 50, 56, 63, 125, 151, 170, 175, 184
組織化　32, 37, 39, 44, 55, 59, 63, 72, 73, 77, 84, 87, 91, 94, 103, 147, 161
訴訟法　28-29, 101, 163
村落　167, 171

タ行

体積　42, 52, 53, 173-174, 175
大陸法　120
男性　164
地域的
　　　環境　51
　　　区画　37, 41, 166
　　　差異　166
小さな政府　142
知識社会学　11
秩序　58, 73, 85, 136
中央銀行　138
中央集権化　36, 165
中央集権的　39
中産階級　140, 153
抽象　61, 75, 88-89, 149
抽象化　32, 34, 46, 47-48, 49, 52, 72, 89, 103, 113, 128, 141, 144, 166, 168, 172-173, 178
抽象的　34, 48, 49, 50, 67, 69, 74, 75,

85, 129, 148-149, 151, 153, 155, 175
　科学　143
　個人　85
中心器官　36, 42, 148, 166
紐帯　40, 46, 60, 72, 104, 111, 124, 165
調整ゲーム　179
調整問題　179
調和（的）　30, 31, 47, 55, 56, 71, 72, 82, 94, 123, 125, 135, 136, 146
　協同　63
低級社会　39, 52, 106, 164
哲学者　61
伝統（的）　11, 14-15, 18, 21, 29, 30, 32, 38, 40-41, 48-50, 53, 63, 64, 67, 69, 72, 80, 85, 95, 99, 101, 104, 115, 120, 124, 126, 128, 129-130, 153, 181, 183, 185- 186
　慣行　129
　感情　168
　経験　116
　社会　32, 101
ドイツ　13, 82, 83-86, 89, 96
　学派　82, 89
　経済学者　13
　社会思想　32, 101
　社会主義　65
　人　68
　歴史学派　15, 21, 66, 83, 150, 183
統一（性）　35, 47, 58-59, 63, 103
統一社会　62
同業組合　43
　制度　77
　的組織　155
統計（学/的）　79, 80, 83, 93, 97, 144, 152-153, 155-156
道徳　16-17, 23-26, 28, 30, 35, 40, 42-43, 47-48, 49, 51, 55, 57, 60, 61, 62-64, 66, 68-70, 74-75, 77, 80-89, 91, 93, 95, 96-98, 99-100, 104, 108-109, 112, 114, 117, 124-126, 129-130, 137, 144, 146-148, 151, 154, 161, 167, 170, 172-173, 175, 182, 184-185
　（的）秩序　27, 61, 143
　的意識　23, 85, 108, 146
　的価値　61
　的環境　129
　的観念　77, 78
　的規制　82, 114
　的規則　59-60
　的機能　27-28, 43, 84, 114, 117
　的現象　24, 85-86
　的個人主義　60, 61, 70, 87
　的社会　42
　（的）生活　25, 95
　的制度　76, 86
　的組織　80, 152
　的紐帯　47, 112
　的特質　25, 60
　的密度/動的密度　45-46, 110, 179, 181, 182
　的無規制状態　99, 114
道徳科学/道徳の科学　17-18, 57, 89-90, 95, 96, 98, 133, 184, 186
道徳学（者）/道徳倫理学　69, 79, 82, 99
道徳社会学　77
道徳律　48
道徳（理）論　82, 84, 88
道徳・政治科学アカデミー（Académie des sciences morales et politiques）　134, 142
独裁制　39
特殊

索 引　**211**

　　意識　29
　　科学　75, 77
　　的諸機能　108
独占　142
　　的産業　139
都市　45, 49

ナ行

内的
　　運動　47
　　生成　57, 123
　　能力　126
　　不平等　57, 121-122, 127-128
ナッシュ均衡　178-179, 181, 182
肉体的差異　123, 124
人間意識　39
人間の構造　146
農業　135
農民　138, 170
能力　31, 44, 51-52, 55, 113, 116-117, 122-123, 124-126-128, 147, 150, 172-173
能力差　121
能力的不平等　121

ハ行

発展　24, 26, 27, 138, 140, 143, 146-147, 153
犯罪　26, 28, 87, 164, 168
犯罪学　26, 168
犯罪類型　34, 106, 168
販路の法則　134, 140, 149
非正統の自由主義（者）　134, 139-140, 143-144, 145, 148, 156

非主流派経済学者　156-157
百科全書家　134
病的　62
病的類型　55
平等（化/性）　31, 49, 53, 54, 56-58, 63, 121-123, 125, 139
平等論　31
貧困（問題）　26, 133, 135, 137-141, 143, 147-148, 150, 153-154, 184
復原的制裁　27, 28, 29, 60
復原的法律　29, 31-33, 40, 47, 106-108, 109, 163
服装　52, 168
物（質）的密度　45-46, 182
物理的諸法則　75-76
フランス　137
　　自由主義教義　141
　　自由主義経済学/学派　42, 141, 154
　　自由主義（経済）思想　133
　　経済思想　13, 43, 131, 133-134, 139, 157, 184
　　主流派（経済学（者））　11, 143-144, 147-150, 151-153, 155-156
分業（化）　13, 15, 21-27, 28, 29, 30-31, 33-37, 42-43, 44-48, 49, 50-51, 53-59, 60-63, 72, 91, 108-109, 110-112, 114, 116-117, 118, 122-126, 129, 146-147, 162-166, 168-173, 178, 179, 181, 184
文明（化）　24-26, 33, 39-40, 76, 147
平均（的）
　　価値　120
　　強度　28, 105, 167
　　幸福　147
　　成員　102
平和（的）　62, 125

関係　118
　　形態　136
　　主義　135
法（的）／法律（的）　27-28, 33, 41-42, 48, 49, 50, 59, 60, 62, 68, 74-75, 77, 85, 89, 91, 102, 106, 120, 124, 138, 148, 163-164, 167-168
　　形態　40, 57
　　規制　47, 99, 114, 135, 137, 154
　　規則　101
　　生活　33, 106
　　制度　76, 77, 78
　　組織　30, 80, 152
法学（者）　89, 142
封建的　83, 122
法社会学　77
法則　22, 75, 77, 80, 86, 87, 89, 153, 174
方法論　11, 12, 66, 83, 89, 148, 150, 151-153, 155-156
方法論争　150
方法論的個人主義　11, 14, 21, 60, 101, 150, 181, 186
保護主義（者）／保護事業／保護政策　77, 134, 137-139, 142
ホモ・インスティテューショナリス　14, 128, 130, 182, 184, 186
ホモ・エコノミカス　14, 128, 130, 141, 182, 186
本能　76

　　　マ行

マクロ経済指標　26
待ち合わせゲーム　179
マルクス主義　93

マンチェスター学派／マンチェスター派／ドイツ・マンチェスター派　7, 83
未開社会　33, 34, 35, 37, 39, 61, 106, 129, 164, 166, 170
美学　77
美学社会学　77
身分（制）　23, 52, 73, 113, 122, 124, 127, 170
　　社会　51, 122
民法　27, 101, 163
無規制　41, 54-55, 63-64, 99, 114, 117, 154-155
無規制的分業　53

　　　ヤ行

雇主　54, 59
有機‐心理的条件　51
有機体　22, 23, 33-34, 53, 104, 117
有機的　32, 33-34, 36, 52, 53, 72, 73, 74, 104-105, 130, 144, 163, 169
　　環境　61
　　社会　32, 34, 103-104
　　連帯　13-15, 17-18, 31, 32-37, 40, 42-43, 46-47, 50, 54, 56-58, 60, 62-63, 64, 71-72, 95, 101-103, 107-110, 112, 114, 116, 118, 122-128, 129-130, 145-146, 148, 150, 161-163, 165-167, 168-174, 175, 177, 179-180, 182, 184-186
有機物　22
有効労働量　57, 120, 121
有用　57-58, 123
ヨーロッパ　15, 120
　　国民　80, 152

社会　33, 62
　　法　120-121
　　民族　62
用役　25
抑止的制裁　27, 29, 59, 101
抑止的法律 / 抑止法　28-29, 31-34, 40, 47, 102, 106-107, 163-164
予先観念　70, 96
欲求　58-59, 63, 68, 83, 87, 91, 113, 116-118, 120, 121, 146

ラ行

利益　77, 83, 118, 128, 135, 136
利己主義　30, 39-40, 75, 108, 112, 124, 149
利己的　38, 42-43, 91, 146, 182, 184
　　個人　91
　　精神　30, 125
　　欲求　87
理想（型 / 像 / 的）　23, 56, 58, 62-63, 70, 76, 116, 122, 126, 148, 151
　　社会（類型）　105, 117
利他主義　39, 42
利他的精神　30, 125
立法者　85-86, 138
理念型　31, 35, 53, 63, 104, 110, 114, 117, 125, 128, 129, 164-165, 169, 174, 175, 177-178, 180-181, 182, 184
隣人愛　30
倫理　104
倫理学　82, 88
類似　26-29, 32-37, 39, 44-45, 46, 47, 50, 55, 59, 61-62, 72, 74, 100, 102-105, 111-112, 124, 150, 153, 161-162, 164-165, 168-173, 175, 177, 184
　　的諸環節　36
類似性　12, 97, 122, 130, 148, 171
歴史　83, 138, 150, 151
歴史家　80
歴史学（派）　79, 80, 82, 83
歴史的比較 / 歴史的方法 / 歴史分析　93, 97, 140, 142, 149, 150, 152, 155
連帯　15, 27-36, 39-40, 43, 46-49, 53-56, 58-62, 72, 100, 102-105, 107-110, 114, 116-117, 123-124, 126, 129, 146-147, 161-165, 171
連帯主義　15, 139
ローマ　37, 164, 165, 168
ローマ法　120
老人　143
労働（者）　22, 24, 38, 41, 44, 51-52, 53-59, 60, 78, 85, 89, 91, 108, 114, 116, 118, 119, 135-138, 140, 146, 168, 184
　　階級　54, 82, 137, 138, 140
　　組合　89-90
　　生産物　40
　　生産力　44
　　の規制　135
　　問題　135
　　量　58, 120
労働価値説　121

著者略歴

吉本　惣一（よしもと　そういち）

東京生まれ。
神戸大学経済学部卒業。
横浜国立大学大学院国際社会科学研究科経済学専攻修了。
大学間交換留学プログラムによりパリ12大学マスターコースに留学（2005-2006）。日仏共同博士課程によりパリ12大学マスターコースに留学（2007-2008）。横浜国立大学大学院国際社会科学研究科グローバル経済専攻単位取得満期退学。横浜国立大学大学院国際社会科学研究科グローバル経済専攻過程博士号（経済学）取得。横浜国立大学大学院国際社会科学研究院科学研究費研究員（2014-2015）。横浜国立大学成長戦略研究センター研究員（2016-）横浜国立大学経済学部非常勤講師（2016-）

蘇る『社会分業論』──デュルケームの「経済学」──

2016年10月15日　第1版第1刷印刷
2016年10月25日　第1版第1刷発行

著　者　吉本　惣一
発行者　千田　顯史

〒113―0033　東京都文京区本郷4丁目17―2
発行所　（株）創風社　電話（03）3818―4161　FAX（03）3818―4173
　　　　　　　　　　振替 00120―1―129648
　　　　　http://www.soufusha.co.jp

落丁本・乱丁本はおとりかえいたします　　印刷・製本　光陽メディア

ISBN978―4―88352―224―8